The Details
Of History

历史的细节 卷二

马镫、骑士与文明

杜君立 - 著

天地出版社 TIANDI PRESS

图书在版编目（CIP）数据

马镫、骑士与文明 / 杜君立著. — 成都：天地出版社，
2021. 4（2021年10月重印）
（历史的细节）
ISBN 978-7-5455-6145-6

Ⅰ. ①马… Ⅱ. ①杜… Ⅲ. ①世界史－通俗读物 Ⅳ.
①K109

中国版本图书馆CIP数据核字（2020）第219163号

MADENG, QISHI YU WENMING
马镫、骑士与文明

出品人	杨　政
作　者	杜君立
责任编辑	杨永龙　李晓波
装帧设计	今亮后声
责任印制	王学锋

出版发行　天地出版社
　　　　　（成都市槐树街2号　邮政编码：610014）
　　　　　（北京市方庄芳群园3区3号　邮政编码：100078）
网　　址　http://www.tiandiph.com
电子邮箱　tianditg@163.com
经　　销　新华文轩出版传媒股份有限公司

印　　刷　河北鹏润印刷有限公司
版　　次　2021年4月第1版
印　　次　2021年10月第2次印刷
开　　本　880mm×1230mm　1/32
印　　张　13.75
彩　　插　16页
字　　数　273千字
定　　价　68.00元
书　　号　ISBN 978-7-5455-6145-6

咨询电话：（028）87734639（总编室）
购书热线：（010）67693207（营销中心）

如有印装错误，请与本社联系调换

几乎没有什么发明像马镫这么简单，但也几乎没有什么发明像马镫这样对历史有如此的催化作用。

—— 林恩·怀特

行天莫如龙，行地莫如马。马者，兵甲之本，国之大用。安宁则以别尊卑之序，有变则以济远近之难。

—— 马援

目 录

第三章　蒙古的征服

第四章　马镫革命

第五章　骑士的世界

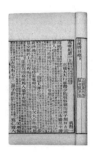

引 子

1533 年 11 月 16 日，美洲新大陆的印加帝国正面临一场严重的危机。

印加帝国是当时新大陆最大且最文明的帝国，在过去的岁月中，他们纵横捭阖，独步天下。如今，他们遇到了一个前所未有的敌人——来自旧大陆的西班牙人。

自从 1492 年哥伦布"发现"新大陆，西班牙就开始了一场旷日持久的征服战争。1519 年，科尔特斯以 16 匹马和数百名战士征服了阿兹特克帝国。如今，印加帝国迎来了另一个征服者皮萨罗。

皮萨罗与科尔特斯是舅甥关系。与科尔特斯相比，58 岁的皮萨罗虽然是个文盲，但他非常冷酷和机敏。虽然他只带了一百多名招募来的士兵，但他的马比科尔特斯要多好几倍，而且这些骑兵都是久经战阵的真正骑士。他们身披重甲，全副武装，踩在马镫上，令人望而生畏。

为了将这些高头大马跨越大洋运到新大陆，皮萨罗费尽周折。虽然在漫长的航程和逼仄的海船上不少马因病死掉，但最终来到新大陆的这些马，还是发挥了意想不到的作用。

皮萨罗来到印加帝国后，才发现这个帝国比想象的更加庞大，简直不可战胜，因为他的人实在是太少了。但就军事谋略而言，皮萨罗要自信得多。他决定采取斩首战术。他知道，皇帝是印加帝国的灵魂，也是这个大帝国的弱点。

皮萨罗邀请印加皇帝阿塔瓦尔帕会面，这是一场鸿门宴。但阿塔瓦尔帕还是如约而至。皮萨罗毫不费力，就劫持了印加皇帝。

因为皇帝在西班牙人手里，印加人一筹莫展，只好倾尽举国之力，来满足皮萨罗的敲诈勒索。当印加人的黄金填满关押他们皇帝的囚室时，皮萨罗的目标终于实现了。他并没有将皇帝还给印加人，而是杀了他。

失去黄金又失去皇帝的印加人愤怒了。

此时的皮萨罗与他的祖国西班牙相距半个地球，身处印加帝国的腹地，他和他的骑士所面对的，不仅是8万印加军队，还有数百万印加人民。有利的一点是，虽然他们人数少得可怜，但他们有马，这不仅是印加人没有的，而且是他们从未见过的。

这些西班牙骑士并不是第一次面对数倍于己的敌人。在骑士精神的鼓舞下，他们绝不会畏惧撤退。他们先是集体祈祷，然后拔剑持枪，策马猛冲向敌人。

印加人从来没有见过这样的高头大马，更没有见过铁甲钢枪的骑士阵列。几十匹战马狂奔着冲过来，连地面都在颤抖，印加人顿时魂飞天外，四散奔逃，几万印加军眨眼间就崩

卷二 马镫、骑士与文明

溃了。

即使对于今天的人来说，也无法想象，168 人怎么可能征服一个人口达 600 万的大帝国。

这个奇迹真的发生了，在世界军事史上留下了最不可思议的一幕。

但人们不应该忘记，在 168 人之外，另外还有 62 匹马。[1]西班牙人靠着马匹征服新大陆，并不是一个传说，而是真实的历史。

当然，胜利不会属于那些马，甚至不属于那些骑士，这是皮萨罗和西班牙国王查尔斯五世的荣耀。

1- 在卡哈马卡战役中，皮萨罗共有 168 人和 62 匹马，此后还进行了一系列战役，才占领印加帝国首都库斯科，彻底征服了印加帝国。后来的四次战役中，西班牙的骑兵数量分别为 80、30、110 和 40 不等，每次都能击败成千上万的印加士兵。

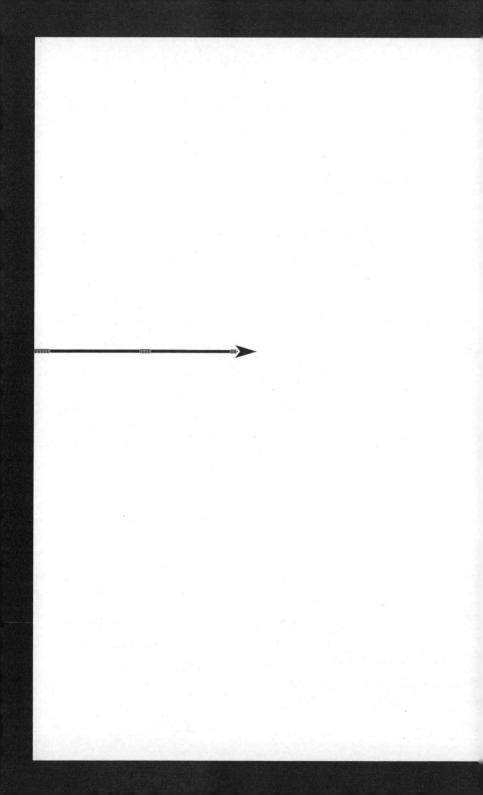

第一章 马的驯化

当人遇见马

直到 100 多年前，人类最快的移动速度，只有每小时 65 公里左右，即马最快的奔跑速度。

所谓历史，就是人类文明的发展过程。不同的生产方式决定了不同的文明形态。在远古时代，人类还是自然界的一部分，只能以采集果实和猎取动物来满足生活需求。

当时，人与马之间，是猎杀者与被猎杀者的关系，马只是人类的食物。

距今约 1 万年前，人类由食物的采集者和猎取者，逐渐演进为食物的生产者。采集者进而种植谷物，开始农耕；狩猎者进而驯养动物，开始游牧。这无疑是一场生物革命，而动物的驯化更有着非同一般的作用。

这种驯化也出现在农耕社会。

当农业出现剩余时，就有了驯化。驯化动物消耗了定居社会赖以生活和生存的谷物剩余。这种"拘兽以为畜"的驯化过程，从公元前 10000 年前人类驯化狗开始，然后是食用性动物羊和猪，最后是动力型动物牛和驴。

事实上，正是动力型动物的出现，才帮助人类形成了剩余物资。剩余物资引发了掠夺和贸易。无论是丝绸之路还是茶马古道，都是由这些驯化的动力型动物帮助人类完成了古代贸易。犹太人是最善于经商的民族，《旧约》中格外忠告人们要善待这些动力型动物。

大约 5000 年前，一种新的动力型动物被驯化了，这就是马。

驴从体态上跟马很像，但个头小很多，"驴"的繁体字为"驢"，"盧"源自"臚"，意思是腹部前端。古人认为，"驢力在臚（前腹）"，故驴善牵引，多做力畜。"马力在膊（前腿）"，所以马很善于奔跑。与驴相比，马的速度更快，力量更大。与其他动力型动物比起来，马也更具优势，在动力和操纵方面，完全超过了以往任何其他家畜。

马的出现，对人类剩余物资构成前所未有的改变——使掠夺和战争更加容易施行。

大多数动物都是躺着睡觉，而马是站着睡觉的动物，也是世界上跑得最快的动物之一。

普氏野马至今依然生活在草原地带，人类通过驯化野马获得了一种全新的行动能力

　　马的速度源自它的长腿和肌肉强健的肩、臀。马的四肢由肌肉带动，能够最大效率地利用能量。此外，每条腿的末端都是由一个脚趾形成的马蹄，这样马就好像永远在用趾尖奔跑，使四肢得以更加充分地伸展开来。

　　从生物学角度来说，马属于哺乳动物奇蹄目，即每条腿上只有一个脚趾（原生的第三趾），其余的四个趾都先后退化了。趾的减少有利于快速奔跑。"马的身体结构之完美体现在当它奔驰的时候。它用蹄尖着地，配以合理的上、下腿骨和韧带运动，像一架生物机器。"[1]

1- 刘文锁：《骑马生活的历史图景》，商务印书馆 2014 年版，第 2 页。

单就速度而言，人类正常的步行时速为 5 公里，跑步时速为 10 公里，而一匹马的速度是人的 2 倍以上。马的行走速度与人相似，但奔跑速度相当快，小跑速度为 19 公里 / 小时，慢跑速度为 25 公里 / 小时，而飞奔速度可高达 70 公里 / 小时，可以连续奔跑 100 公里以上，所以中国古语说"路遥知马力"。

在人类中，博尔特是跑得最快的"飞人"，但任何一匹马都比他快得多。

没有马之前，无论是人还是物，或者是命令、信息，移动的速度都不会超过人行走的速度。有了马以后，人类世界的移动速度突然提高了好几倍。

马最先是与轮子一起出现的。

马车的出现，迅速改变了人类社会的组织模式。

人自直立行走以来，第一次因为驯化了马而让自己的双脚离开了地面，并借助轮子移动得更快。"乘舆马不劳致千里，乘船楫不游绝江海。"（《说苑校证·说丛》）

布封在《自然史》中，以马来作为开篇第一的动物。他用诗意的语言这样赞叹：

> 人类所曾做到的最高贵的征服，就是征服了这豪迈而剽悍的动物——马：它和人分担着疆场的劳苦，同享着战斗的光荣；它和它的主人一样，具有无畏的精神，它眼看着危急当前而慷慨以赴；它听惯了

兵器搏击的声音，喜爱它，追求它，以与主人同样的兴奋鼓舞起来；它也和主人共欢乐：在射猎时，在演武时，在赛跑时，它也精神抖擞，耀武扬威。但是它驯良不亚于勇毅，它一点儿不逞自己的烈性，它知道克制它的动作：它不但在驾驭人的手下屈从着他的操纵，还仿佛窥伺着驾驭人的颜色，它总是按照着从主人的表情方面得来的印象而奔腾，而缓步，而止步，它的一切动作都只为了满足主人的愿望。这天生就是一种舍己从人的动物，它甚至于会迎合别人的心意，它用动作的敏捷和准确来表达和执行别人的意旨，人家希望它感觉到多少它就能感觉到多少，它所表现出来的总是在恰如人愿的程度上；因为它无保留地贡献着自己，所以它不拒绝任何使命，所以它尽一切力量来为人服务，它还要超出自己的力量，甚至于舍弃生命以求服从得更好。[1]

马是造物主赐给人类的最完美的礼物，堪称动物中的"贵族"，宁静、高贵、潇洒、勇敢，有很强的个性。

马的外表温驯安静，但骨子里却桀骜不驯，有一种强烈的竞争意识，宁可累死也不认输。许多战马都由于剧烈地奔跑而

---

[1] [法]乔治·布封：《自然史》，桂金译，台海出版社2017年版，第1页。这篇名为《马》的文章被选入中学语文教科书（2011年人教版七年级下册第六单元第29课）。

累死在战场上。和所有动物一样，马也有某种程度的攻击性，并且能够成为坚毅的甚至是狂热的战士。有些马甚至学会了用牙齿和马蹄攻击敌人。

马和人一样，都是群居性动物。这是马之所以被驯化的重要因素。据动物专家的研究发现，马对主人的驯服、效忠，与马群服从领头雄马的习性有直接关系。

好马如君子，马对人的态度好恶分明。想要驾驭它，仅有勇敢是不够的，还要有智慧、抚爱和关心。动物学家指出，一匹成年马的智商相当于一名5岁的孩子。人与马之间常常会产生一种奇异的信任和眷恋，这种心灵默契是其他动物所不具备的。

马虽然身体庞大，却拥有极好的记忆力。所谓"老马识途"，就是当人迷路时，还可以借助马的记忆力从原路返回。

人马传说

不论中外，马都是最晚被驯养的家畜。

马的祖先是野马。野马的性格暴烈不羁，与斑马相似。人们也曾经试图驯化满身条纹的斑马，但斑马却有咬人的习惯，而且咬住就不放。

与大象相比，马并不是最雄伟的动物。

《史记·大宛传》记载：大宛西南有大夏，大夏东南有"身毒国"，其国临大水，乘象以战。身毒国即古印度[1]。印度次大陆没有马匹，但有很多大象，人们就驯化了大象，并骑着它对抗亚历山大的骑兵。亚历山大初战大败，落荒而逃；再战大胜，大象把印度人踩成了肉饼。

迦太基的汉尼拔也曾经使用战象与罗马共和国作战，更

1- 印度的梵文为"Sindhu"，中国古代音译为"身毒"，但在希腊语中为"India"，后来英语延续了希腊语习惯。作为征服的标志，希腊人给他们取了"印度"这个名字。古代印度主要包括今天印度、巴基斯坦和孟加拉国等国的领土，但南亚次大陆从未统一过，在它领域内的大小国家也没有一个自称印度，因此印度之名只是泛指其地，古希腊人以印度河以东之地统称印度，中国《史记》称之为身毒，到唐朝玄奘在《大唐西域记》中改译为印度，遂沿用至今。

人对马的驯化，是人类驯化动物以来最神奇的突破

神奇的是，他的 10 万大军竟然赶着 37 头战象翻越了阿尔卑斯山。

与骑马相比，战象的操纵性较差，然而大象可以轻而易举地让战马感到恐惧，令它们变得难以控制。如果大象排成一排，就能有效地吓阻骑兵的冲锋。《罗马史》中写道：象队是两面有刃的武器，不但可以使敌人败北，而且可陷本军于败北，这位将军十分明智，绝不轻易冒昧地使用这一武器。

确实，大象相对于人，实在是太庞大了，因此就过于危险，而马却很少踩人。

第二次布匿战争之后，古罗马人曾迫使迦太基人接受和谈，规定作战中禁止使用大象。可以说，这是人类有文字记载的历史上最早的一次武器限制。

古中国也有很多驯象的故事，如"商人服象，为虐于东夷"[1]。"商人"就生活在今天的河南省。河南简称"豫"，豫州之豫，为象、邑二字之合文。按《说文》的解释，"豫"为"象之大者"，也就是大象。

与马相比，老虎无疑更凶猛，但却难以驯化；即使驯化了，也没有那么多肉来养它。

在城濮之战中，骑马的楚国军队被骑着"老虎"的晋国军队打得大败，或者说吓得大败，其实晋国人骑的也是马，不过披着老虎皮而已。

跟牛一样，马最早的用途是用来拉车，但马的速度要远远快于牛。作为一种划时代的武器，马车的阵势也更为壮观，更具有冲击力。因此战车一度成为战争的主要武器。

大约在公元前2000年，人类终于骑在了马背上。

1- 罗振玉《殷虚书契考释》中说：象为南越大兽，此后世事。古代则黄河南北亦有之。为字从手牵象，则象为寻常服御之物。今殷墟遗物，有镂象牙礼器，又有象齿，甚多，卜用之骨，有绝大者，殆亦象骨，又卜辞卜田猎有"获象"之语，知古者中原象，至殷世尚盛也。王徵君（静安先生）曰：《吕氏春秋·古乐篇》：商人服象，为虐于东夷，周公遂以师逐之，至于江南。《孟子》卷三云：周公相武王诛纣、伐奄，三年讨其君，驱飞廉于海隅而戮之，灭国者五十，驱虎、豹、犀、象而远之，天下大悦。

最早的马叫始祖马，出现于 5000 万年前的北美洲。早期的马形体较小，如同美洲驼，载着人走不了多远。随着马在驯化过程中越来越高大健壮，骑马就成为一种完全不同于其他驯养动物的伟大创举。

骑马的出现，在当时所引发的震动，绝对不亚于后来现代飞行器的发明。

即使从表面上看，一个骑在马上的人，也要高出别人一大截，而他移动的速度和力量则更加令人惊叹，如此，一种不言而喻的优势就迅速建立起来了。接下来，当人类驯化了大多数动物和植物之后，骑马几乎已经成为一种典型的人类姿势，或者说，是人类主宰整个世界的最具象征性的行为。

人是一种文化动物，任何技术都会形成其独特的文化。

马被人类视为一种高贵的动物，是身份和地位的象征。中国人认为马是行走在地上的龙，阿拉伯人认为马是真主的恩赐。

对早期人类这种酷爱战争的动物来说，马一旦被驯化，无论是用作战车还是骑兵，都可以说是一场革命。即使到了成吉思汗时期，欧洲的步兵集团对蒙古的轻装骑兵依然束手无策。

据说，马和骆驼最早的起源地是北美洲，它们在冰河纪时代跨越白令陆桥，漫游到中亚草原；然而当哥伦布"发现"新大陆的时候，这里已经没有马和骆驼的任何痕迹。

估计那些野马都被当作猎物而被赶尽杀绝了。

因为新大陆没有马，所以西班牙冒险者皮萨罗只用了 62 匹马和 168 名士兵，就轻易地征服了偌大的印加帝国。

马的历史也构成人类一大半的战争史。将马用于战争所带来的机动性，或许只有后来火车、坦克和飞机的发明才得以超越。

最早骑马的是中亚一带的游牧民族，他们被称为"斯基泰人"。

在当时，横冲直撞的斯基泰人是一个令所有无马的民族闻风丧胆的噩梦。

斯基泰人在中国的《史记》《汉书》中被称为"塞"或"塞种"、尖帽塞人或萨迦人，说他们善于养马。

在不断的迁徙中，斯基泰人扩散到从欧洲的多瑙河一直到内蒙古的鄂尔多斯沙漠的广大地域，是史载最早的游牧民族。他们与不同民族不断接触，吸取了多种文化，甚至还有希腊文化的一些特点。

作为最早驯养马匹的民族，斯基泰人堪称游牧民族的鼻祖。斯基泰文化对欧亚草原后来的一系列游牧民族，包括匈奴和突厥，都产生了深远影响。

所谓"斯基泰人"，其实是当时人们对马这种可怕的新动物，以及"人＋马"这种新现象的共同命名。

在中国最古老的史前典籍《山海经》中，有不少"马身人面"的记载。在希腊神话中，马跟骑马的人构成一种新物种，

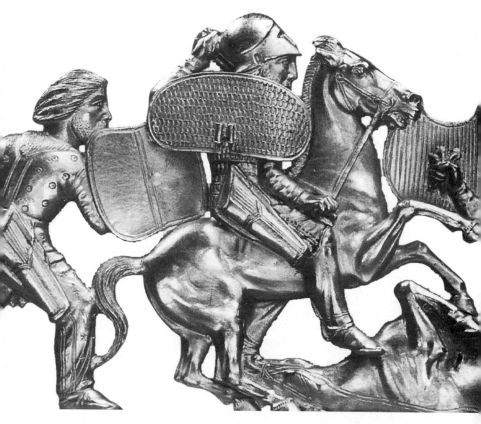

出土于乌克兰东部的黄金雕塑。研究者推测骑士的身份很可能是波斯人或者斯基泰人

这就是希腊人发明的半人半马的传说。[1]

　　这或许不是一种巧合。

　　在中国古代传说中，龙是一种神奇而尊贵的动物，而龙的

1- 对现代人来说，最熟悉的莫过于一种叫作"人头马"的法国白兰地，它的标志就来自
　　这个半人半马的古希腊传说。

荷马史诗中，特洛伊城之所以被攻破，就是因为一个木马。考古学家认为特洛伊城

就在达达尼尔海峡出海口东岸，与西面的希腊遥遥相望

形象主要来自马。[1]人们不仅把马比作龙，也常常将龙与马并列在一起，如"行天莫如龙，行地莫如马"，所谓"龙马精神"。古人甚至幻想出长着一双翅膀、腾空飞翔的"天马"。

在著名的特洛伊战争中，希腊联军最后用一个巨大的木马攻破了特洛伊城，在此之前，他们围攻了10年也未能得逞。"木马计"的成功，就是利用了当时人们对马的敬畏和崇拜之心。

1-《周礼·夏官》中说："马八尺为龙，七尺以上为騋，六尺以上为马。"战国时期的一尺相当于23.1厘米。

战争的动物

人类自古好战，但只有当马被驯化之后，战争才变得更加普遍和残酷。

战争不仅是一种财富大比拼，更是一场能量比赛。

在冷兵器时代，战争的主要能量来源几乎只有人的肌肉。如果说打仗是力气活，那么胜负往往在于两个人之间的机械功率比较。比如，男人比女人的功率大，壮年人比老人和孩子的功率大。所以只有青壮年男子才能当兵。

研究表明，人在长时间做功的情况下，即使消耗的功率超过 1000 瓦，其中只有约 100 瓦的功率可作为机械功输送到体外；而马可以在长时间内以 500 瓦的功率做机械功，短时间内的机械功率更可以达到 700 至 800 瓦，即 1 马力。不言而喻，人输出机械功的本领比起马的本领小多了，小到只有马的十分之一左右。

与马相比，人是一种很羸弱的动物。如果说人与人之间功率相仿的话，那么如果加上一匹马，没有马的人将必败无疑，而另一方则"马到成功"。

毫无疑问，在冷兵器时代，马力成为最大功率的战争机器。谁拥有马，那么无论机动能力，还是冲击力，他都占据极大优势。

因为率先引进了马，古亚述王国迅速崛起；后来丧失马的来源，亚述又迅速没落，可谓"成也萧何败也萧何"。

就中国古代史而言，大多是北方征服南方，鲜有南方北伐成功的，其中一个重要原因，就是北方拥有马。

其实世界历史上同样如此，总是北方入侵南方，从草原地带入侵到农耕地带。如公元4世纪，匈奴人和鲜卑人入侵汉晋；5世纪时，阿提拉入侵欧洲；10世纪时，契丹人占领华北；12世纪，金人征服北宋；13世纪，蒙古人征服南宋、伊朗；14世纪，帖木儿征服伊朗；16世纪，巴布尔征服印度；17世纪，满洲人征服明朝。

人类自从游猎采集进入安土重迁的农业时代之后，关于财富，出现了"生产"和"抢劫"两种获得方式。草原经济根本无法产出足够的商品，贸易无法长期维持，最后只能演变为军事劫掠，而以生产为主的农耕经济，往往成为游牧者的抢劫对象。

古代美索不达米亚人头马身雕塑

相对于没有马的农耕民族来说，拥有马的游牧民族具备了一种能量优势；他们将战争模式与生产模式合二为一，两者之间可以随意切换，"出则为兵，入则为民"。

这就形成了冷兵器时代的一种典型现象，即文化上处于落后的游牧民族屡屡战胜先进的农耕民族，所谓"野蛮战胜文明"。

有了马，游牧民族面对定居者时处于明显的武力优势地位。他们随时都可以找到定居者，进行抢劫。即使抢劫失败了，也没有什么严重后果，因为他们可以快速逃走。

当抢劫的获益远远大于生产时，战争便成为游牧民族的一项主要活动。

对中国历史来说，北方的游牧民族就常常通过劫掠和勒索中原王朝得以维持经济，而不是依靠发展羊群来壮大。

> 就其本质来说，草原社会不具有侵略性，但游牧民族确是一个天生的骑兵军团，这一点是毋庸置疑的。草原上的生活，特别是政治生活是残酷的，为争夺水草的争斗迁徙，和闲暇时期游牧民族男性有组织的集体狩猎，也是战争游戏。无疑，游牧民族不能通过贸易来满意地获得的东西，就会从定居民族那里抢

夺，这就是所谓的贸易／抢夺的共存。[1]

从匈奴人到满洲八旗[2]，从成吉思汗到皮萨罗，马的出现，使人类成为一种狂热的战争动物。

大象比马更高大，但大象在战争中的作用远远比不上马。骑在马上的人不仅具有强大的冲击力，更重要的是其机动性，这使骑兵成为战争的主导者。

在冷兵器时代，谁拥有马，谁就拥有战争的主动权：想打仗时，就纵马前来攻击；不想打仗时，就骑马逃跑。没有马的一方，不管愿意打还是不愿打，都必须接受有马一方的安排，这是何其无奈和泄气——躲又躲不开，追又追不上。

这就像约翰·基根描述的那样，骑马民族以五倍于步行的速度驰骋于战场，他们将远程奔袭、战场快速迂回、高效投射技术，以及人与马的协调互动等这些惊心动魄的概念赋予战争。对游牧民族来说，战争没有任何仪式和典礼的意味。他们追求的是迅速、彻底和没有英雄色彩的胜利。

1- ［英］S.A.M. 艾兹赫德：《世界历史中的中国》，姜智芹译，上海人民出版社 2009 年版，第 145 页。

2- "满洲"是满族部族名。清《郎潜纪闻》："乾隆四十二年上谕：我朝肇兴时，旧称满珠……而汉字相沿，讹为满洲。"范文澜《中国通史简编》释："女真、蒙古崇信佛教，文殊（文殊师利）菩萨最为一般人所尊仰，文殊音转为曼珠或满住。"满族的军队组织和户口编制制度，以旗为号，分正黄、正白、正红、正蓝、镶黄、镶白、镶红、镶蓝八旗。

被西方人称为"上帝之鞭"的阿提拉曾经宣称:"被我的马践踏过的地方,都不会再长出新草。"后来驰骋欧亚大陆的成吉思汗,其实只是阿提拉的翻版。

无论从哪方面来说,一切从大草原出发,打开征服之路、侵入文明地区的骑马民族都是打"真正的战争"。他们缺乏对使用武力的限制,目的单一,除非彻底胜利,否则不会甘心终战罢兵。他们的战争没有克劳塞维茨式的政治目的,也没有想改变对方的文化传统,更不是为了追求物质发展或社会进步。他们的目的是赢得财富去维持一种不变的生活方式,保持他们的祖先从马上射出第一支箭以来始终不变的天性。他们是为战争而战争的武士,对劫掠、风险和胜利有着动物般的满足与兴奋。[1]

1-［英］约翰·基根:《战争史》,林华译,中信出版社 2015 年版,第 205 页。

马上优势

马一出现，立刻就打破了人类战争中的空间阻隔。

作为一个以速度见长的动物，马出现以后，欧亚大陆的距离突然被迅速缩短。即使在火车问世之后的很长一段时间里，空间距离对于交战的双方依然是难以克服的阻碍，因此在极其漫长的历史中，马是人类消除这个战争限制的唯一手段。

同时，马的出现，使战争从静态走向动态，运动战成为一种神奇的新战术。恺撒在论述运动战时说："胜仗是用脚走出来的，手只是把它捡起来而已。"

有了马的世界，战争就无处不在。正因为马的出现，偏居欧亚大陆西陲的欧洲持续遭到来自东方的冲击。培根因此将盛产马匹的北方称为"好战之地"——

> 战争取决于三种因素：战场、武器和战术。在古代时期，战争往往来自东方。波斯人、亚述人、阿拉伯人、鞑靼人，这些侵略者都是东方人。高卢人是西方人，但在欧洲历史上，他们只发动过两次战争。一次是古柯西亚，一次是古罗马。此外，我们在历史

古罗马银币上的骑兵形象

上经常看到北方民族侵略南方，由此可见，北方也
是好战之地。[1]

轮子与马的结合，既象征着征服和法律，也标志着政治和
技术。轮子和马使庞大的帝国获得了有力的技术支持，统治成
为一桩可以轻松实现的事。

在人类历史上，从公元前 2000 年左右马出现以后，整个
古代亚欧大陆的农耕世界，都经历着来自北方游牧部落持续不
断的入侵，后者总是和马一起来的。赫梯人洗劫巴比伦，亚述
人攻入欧洲，雅利安人冲入印度，希腊人侵入爱琴海……《荷
马史诗》中的英雄也是驾着双轮马车凯旋的。

史学家汤因比曾说，游牧民族属于停滞的文明，但马的驯

1-［英］培根：《培根人生随笔》，何新译，人民日报出版社 2007 年版，第 202 页。

服不仅仅改变了游牧民族的文化，也打破了农耕民族和游牧民族之间的军事均衡。

虽然农耕民族人口远远大于游牧民族，但马的介入使军事力量的天平倒向游牧民族，这导致了游牧民族对农耕民族的两次（公元前 1700 年和公元前 1200 年）大规模侵袭，从而结束了辉煌的古文明时代。

我们不妨将非洲作为一面历史的镜子。

因为远离欧亚大陆的北部草原，直到公元 500 年左右，马才传入西部非洲，立刻就造成革命性的政治效果。虽然在西非养马并非易事，但马在军事方面的优势，尤其是对付没有马的部落民族时的优势，在短时间内就重组了西非的政治版图，遂有了加纳、马里、桑海等帝国的迅速兴起。

在公元前 1200 年的欧亚大陆，骑在马背上的游牧民族再一次闯入农耕文明的中心地带。伴随着这次入侵，军事技术发生了重大变革。

这次入侵持续的时间虽然比第一次入侵要短，但却决定了自那以后 3000 年内人类军事史的基本走向，也预示着骑兵时代的来临。

自从马被驯化之后，人类对马的使用可分为三个阶段：

第一个阶段，以马驱动战车，人移动的速度大大提高，但却受到地形限制；第二个阶段，人骑在马上，骑士靠夹紧双膝和手扶来保持稳定，即使有了马鞍，但重心依然过高，人有落

土耳其出土的石棺浮雕，大约制作于公元前 5 世纪，展示了骑马作战的情景

马的危险；第三个阶段，为马配备了马镫，骑者的重心下移，人依靠下肢来驾驭马，上肢获得解放，从而成就了一种最完美的骑乘方式。

可以说，关于马的每一次技术进步，都对人类社会和文化产生极其深远的革命性影响。尤其是人学会骑马后，从战马身上获益良多，远非战车可比。

公元前 8 世纪，亚述军队实现了战车向骑兵的全面转型。

但当时骑马是一件十分辛苦的事，因为还没有发明马镫。没有马镫，当马剧烈奔跑或腾跃时，骑士们必须手脚并用，以免落马。

因此，这一时期骑兵主要利用的是马的快速移动，马承担的是运输功能，而非作战。在实际战斗中，仍以脚踏实地的步兵为主。大多时候，骑兵到达目的地后，往往会下马，以步兵身份投入战场，亚历山大时代的马其顿骑兵，也主要以这种方式参加战斗。

马镫是骑马时踏脚的装置。如果说马的出现改变了整个古代战争的面貌，那么马镫则将马的作用发挥到极致。

无论马还是马镫，军事优势最后都导致了政治上的控制力。

对游牧民族来说，没有马镫和马鞍的情况下，他们照样能够骑马，这叫作"骣骑"；但有了马镫后，骑射效率会大大提高，让他们能够在快速疾驰中准确地回射，这是草原战士最厉害的一种战术。

骑兵出现以后，以其不可思议的机动性彻底改变了传统战争的力量平衡。

骑兵的机动性强，冲击力强。战争的展开需要接触面，骑兵可以很快地聚集，从四面八方进攻。

相比农业民族，游牧民族人口要少得多，但骑兵的出现弥补了这种落差，他们可以通过快速移动，在某个特定的时间和地点内，实现一定的"人口优势"，从而形成压倒性胜利。

人类历史因为骑马民族的出现而迅速改观。

老子梦想中那种"小国寡民"的时代结束了，原本人口繁多、物质发达的农业帝国，很快就被人丁稀少的骑马民族击败和统治。

在公元前 800 年前后，欧亚草原经历了一次深刻的文化转型，而这形塑了之后 2500 年的世界历史。南方的文字文明第一次开始遭遇那些随其畜群穿越内陆亚洲草原的游牧骑马民族。将这些民族与其祖先相区别的是其所发明的骑兵：骑马而行、机动灵活的牧民们运用各种弓箭，在远处就能轻易地将箭排山倒海式地直接射向他们的敌人。尽管他们人数很少，但是在几个世纪中却统治着草原，建立起周期性威胁其定居邻居的强大帝国。[1]

从世界史来看，马的出现引发了一场横贯亚欧大陆东西的民族大迁徙运动，从公元 1 世纪开始，直到五六世纪方才结束。

这一历史变迁，导致亚欧大陆南部文明地区政治格局发生巨大变化。

匈奴人、鲜卑人、阿尔瓦人、哥特人和阿拉伯人的铁蹄尚未远去，13 世纪爆发的马镫冲击波，代表着游牧力量的顶点再次来临，几乎酿成席卷整个欧亚大陆的世界战争。

在很短的时间里，蒙古人联合突厥人，以极少的人数，依靠马的力量征服了西方的斯拉夫人和德意志人，而东方的宋王朝和阿拉伯帝国也望风而降。

1-［美］巴菲尔德：《危险的边疆：游牧帝国与中国》，袁剑译，江苏人民出版社 2011 年版，第 1 页。

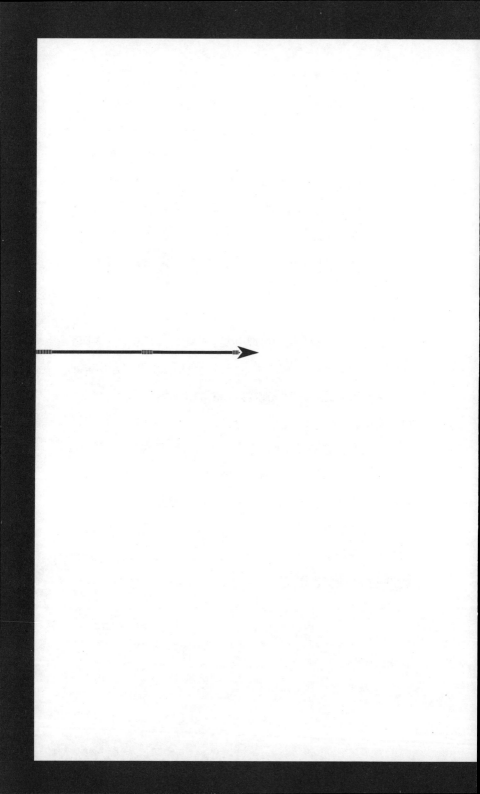

第二章　中国的马

伏羲中国

　　我们不应该忘掉一个重要的事实，就是中国有文献记载的历史起步于北方平原，这里甚至早在农耕文明之前，就开始了对马的驯化。

　　如果从文字史来推敲，"伏羲"二字其实指的就是驯化牲畜。

　　伏羲氏，不但是八卦的发明者，在历史传说中也是中国畜牧时代的开创者。张其昀在《中华五千年史》中推断，其为公元前4754 年人。也就是说，在距今 6700 多年前，中国就已经进入畜牧阶段。

　　大约在新石器晚期，中国人开始驯养马。"北海则有走马吠犬焉，然而中国得而畜使之。"（《荀子·王制》）据古文献所载，中国人对马的驯化和役使，可以追溯到遥远的黄帝、尧、舜时代，"黄帝、尧、舜……服牛乘马，引重致远，以利天下"（《周易·系辞下》），"黄帝作车，至少昊始驾牛，及陶唐氏制彤车，乘白马，则马驾之初也"（杜佑《通典·沿革》）。

　　"中国"一词最早见于西周初年的青铜器"何尊"的铭文，

其中"宅兹中国，自兹乂民"[1]，意为定都于天下之中，据此统治人民。此"中国"实则是指成周；或者说，与现代汉语中的"中原"大致同义。

从古到今，"中国"无论是作为国家，还是作为一种文化，都在不断地变化，用许倬云先生的话说，是"一个不断变化的复杂共同体"。

历史上，中国自认为是兼容并蓄的：一个"中华圈"包括朝鲜、越南、琉球群岛，有时还包括日本；一个非汉人的"亚洲内陆地带"包括满族、蒙古族、维吾尔族、突厥人和藏族，出于安全的原因，他们必须受到控制；此外还有一个蛮夷的"外层地带"，"他

1- 何尊 1963 年出土于陕西宝鸡，刻有长达 122 字的铭文，记载了周成王营建洛邑王城的重要历史事件。摘录如下："唯王初壅，宅于成周，复禀王礼福自天。在四月丙戌，王诰宗小子于京室，曰：昔在尔考公氏，克逑文王，肆文王受兹因（命），唯武王既克大邑商，则廷告于天，曰：余其宅兹中国，自兹乂民。"

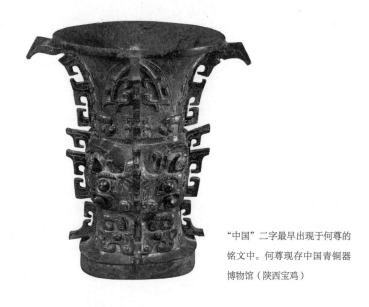

"中国"二字最早出现于何尊的铭文中。何尊现存中国青铜器博物馆（陕西宝鸡）

们只需要朝贡，并承认中国的优越地位"。[1]

按照梁启超的观点，中国的历史是中国文化圈不断扩张的过程，由中原的中国，扩大为中国的中国，东亚的中国，亚洲的中国，以至世界的中国。

地处黄河流域的"中国"（即中原），较早进入农业时代，自古以"中央之国"自居。中原以外是发展较晚的狩猎游牧部落：南为蛮，东为夷，西为戎，北为狄。正是基于文化歧视和

1-［美］塞缪尔·亨廷顿：《文明的冲突与世界秩序的重建》，周琪等译，新华出版社2002年版，第181—182页。

文明冲突，对蛮夷戎狄的戒备自古即是"华夷大防"。

在很大程度上，"中国"常常指的是一种古典文明。

"孔子之作《春秋》也，诸侯用夷礼，则夷之；进于中国，则中国之。"（韩愈《原道》）所谓"中国有恶则退为夷狄，夷狄有善则进为中国"，这种"有教无类"的优越感，主要是来自文化而不是种族。

陈寅恪先生就说："汉人与胡人之分别，在北朝时代文化较血统尤为重要。凡汉化之人即目为汉人，胡化之人即目为胡人，其血统如何，在所不论。"[1]人们认为文明必然战胜野蛮，这就是孟子说的，"仁之胜不仁也，犹水胜火"。

> 中国者，聪明睿知之所居也，万物财用之所聚也，贤圣之所教也，仁义之所施也，诗、书、礼、乐之所用也，异敏技艺之所试也，远方之所观赴也，蛮夷之所义行也。（《战国策·赵策》）

…………

人类的生存离不开一定的自然环境，在资源极其贫乏的沙漠和荒原地带，不仅人类无法生存，连动植物也难以立足。大自然为人类制造了各种不同的生存"边界"。在人类历史上，

1- 陈寅恪：《隋唐制度渊源略论稿 唐代政治史述论稿》，生活·读书·新知三联书店 2001 年版，第 200 页。

自新石器时代驯养动物与种植农作物以来，人类便在扩张其可利用的资源边界。其中一个重大突破，就是利用草食性驯养动物的游牧。

与人口大量聚居的农业相比，因为高寒贫瘠的地理原因，北方草原地区地广人稀，游牧生产方式原始落后，这注定了游牧文化的发展一般要晚于中原的农耕文明；再加上文化隔阂，因此游牧民族一直遭到中原文明的排斥和歧视。

中国志怪古籍《山海经》中说："人面兽身，名曰犬戎。"这可能指他们的游牧生活，也可能指其未开化。由此可见，民族之间的丑化是多么的历史悠久。

文字、书写和历史都是农耕社会的产物，因为游牧社会缺乏文字和记录历史的传统，今天我们想要了解他们，能看到的都是他者的记录，这其中自然会充满不解和敌意。

根据王国维先生的考证，匈奴人在远古时称为獯鬻，意思是未开化的糊涂虫；商代被称为鬼方，意思是孤魂野鬼；西周称之为猃狁，意思是凶恶的野狗；战国时期被称为匈奴，还是恶狗的意思；秦汉以后一般统称为"胡"，意思是胡作非为。东胡或者西胡，在中原文明看来，都是野蛮民族。[1]

1- 关于"胡"，《说文》："胡，牛颔垂也。"它本指动物下巴垂肉，后为何用以称外族？陈寅恪《五胡问题及其他》："胡本匈奴（huna）专名，去 'na' 著 'hu'，故音译曰胡，后始以之通称外族。"原来"胡"是匈奴音译首字。古人称胡须为"须"，《汉书·西域传》："自宛以西……人皆深目多须"，正因为胡人多须，大约从南北朝起，胡须也称"胡"。

大夏石马。现存于
西安碑林博物馆

马的出现虽然并未改变这种历史成见，但却使北方游牧者具有更大的暴力优势。虽然文明的沟壑一时难以填平，但这并不妨碍"落后野蛮"的游牧者依靠暴力，凌驾于先进的文明农耕者之上。

在《诗经》中，游牧民族带来的危险和恐惧近乎刻骨铭心，"靡室靡家，猃狁之故。不遑启居，猃狁之故。"[1]

吕思勉先生认为，中原所遭遇的威胁主要是"骑寇"——

自五胡乱华以后，而沙陀突厥，而契丹，而女真，而蒙古，而满洲，相继入据中原，以少数治多

1- 出自《诗经·采薇》。意思是说，没有妻子没有家庭，都是因为戎狄的缘故。不能安定下来，也都是因为戎狄。

数，皆是道也。侵掠之力，唯骑寇为强。春秋以前，我所遇者皆山戎，至战国始与骑寇遇……秦汉之世，盖我恃役物之力之优，以战胜异族；自晋以后，则因社会之病状日深，而转为异族所征服者也。[1]

马的意义，在于它扮演了冷兵器时代的力量——或者说暴力的象征。"阵马之勇，势比风樯，甚言马之有益于国也。"（章潢《马政叙》）

与北方游牧民族相比，中原地区因为农耕环境，在马力上先天不具有优势。相比山泽湖泊密布的南方，北方多平原林地，更适宜军事活动的展开，因此就中国历史而言，往往是北方决定南方，所谓得中原者得天下。[2]

中国古代养马场大部分都分布在北方，从西北、华北到东北，包括青海、甘肃、陕西、内蒙古、东北、河北等地区，主要是沿青海湖、河西走廊到祁连山、河套平原一带，也就是从敦煌、兰州到宁夏和包头一带，以及华北的阴山以南到大同和长城沿线一带，特别是北京，也就是幽燕地区，盛产"口马"[3]。

1- 吕思勉：《秦汉史》，上海古籍出版社 1983 年版，第 3 页。

2- 在中国历史上，南北战争一般都是北方胜，比如南方的后唐后蜀都亡于北方的宋朝，宋朝又亡于更北方的金朝。

3- 长城西北口外所产马匹称为"口马"，背腰平而有力，关节强大，蹄质坚硬，体质强壮结实，富于悍威，持久力较强，因而是理想的作战骑乘用马。

东北的马场主要在辽宁。

从气候和地理来说，南方基本不适合养马，但在海拔较高的云南一带也有马场，活跃在茶马古道的就是云南马。

"滇马"作为商旅驮畜可以，却不能作为战马。凡军兴，还非得"善驱驰，于营伍为宜"的"口马"不行。但北方马常常无法适应南方的湿热环境。乾隆中叶，清军与缅甸作战，"驱天下之马万里入滇，道死已过其半，迨抵军前，马已尽矣"（《皇朝经世文编·马政》）。

中国历代养马区域虽也有变迁，但主要马场都集中在西北和东北，这一格局并没有改变。隋唐时期的养马场集中在西北的陇右。相对于北方辽金，宋朝几乎没有像样的马场。明朝后期的骑兵很少，当时的西北草场可能已经退化或丢失，只剩下辽东一带的马场，而女真族就于此创建八旗，渐成气候。

周人走马

对夏商周三代时期的中国来说，"国之大事，在祀与戎"。这句话，其实说的就是马车。更准确地说，是马和车。它们不仅用来进行战争，也用来祭祀。

从历史遗迹可以证实的，则以殷墟发掘的商代晚期双轮马车最为著名。

在此之前，马就以其快捷健走、力大温良的优点，被用来驾车。"骅骝、骐骥、纤离、绿耳，此皆古之良马也，然而前必有衔辔之制，后有鞭策之威，加之以造父之驭，然后一日而致千里也。"（《荀子·性恶》）

将马匹应用在单人的武士战斗里——中国和世界各地一样（一直远到爱尔兰）——导致以步兵为主的男子集会所瓦解。马匹首先是用来拖战车的，有助于武士在战斗中获取优势。受过高度训练且身披昂贵装备的个别武士就此登场。中国的这段"荷马的"时代，也是历史上很久远以前的事了。[1]

马车因其强大的突击能力和机动性，很快就成为战争的利器。

"檀车嘽嘽，四牡痯痯，征夫不远。"[2]（《诗经·小雅·杕杜》）这种新式战车一般以四匹马或两匹马驱动，车上有甲士三人，一人驾车，两人搏杀。

战车最早开始使用，是在夏王启指挥的甘之战中。但直到商朝，马和马车其实在战争中应用得并不广泛。

相对于中原文明的商王朝而言，地处西北黄土高原的周部落无疑属于"蛮族"。当时，原始印欧人引起亚欧民族大迁徙，

1- ［德］马克斯·韦伯：《中国的宗教：儒教与道教》，康乐、简惠美译，广西师范大学出版社 2004 年版，第 58 页。

2- 大意是说，檀木的战车已很破旧，拉车的四匹马都已疲惫，远征的军人们归期不远了。

从而逼迫周人向东迁徙。

> 古公亶父，来朝走马。
>
> 率西水浒，至于岐下。
>
> 爰及姜女，聿来胥宇。
>
> 周原膴膴，堇荼如饴。
>
> 爰始爰谋，爰契我龟，
>
> 曰止曰时，筑室于兹。[1]

岐山位于关中西部的邠（州）凤（翔）间，岐山之南便是东西横亘、肥美宽平的周原。[2] 亶父率领周人沿着"水浒"，来到岐山下的周原，所谓"走马"其实就是骑马。顺便一提，这也是"水浒"二字的古老出处。

应当说，骑马并不比乘马车的历史更晚，只是没有马镫而已。

历史学家推测，周人在与印欧人或阿尔泰人的接触和斗争中得到了马，从而学会了骑马，和用马拉战车，"实始翦商"。

有了马之后，这种军事上的优势加速了周人战胜商人的过

1- 出自《诗经·大雅·绵》。大意是说，古公亶父早晨骑着马，沿着西水岸来到岐山下，和他的姜氏夫人来此定居。周原的土地真肥美，连野草都很香甜。众人开始商议，上天的旨意被刻写在龟甲上，告诉人们说，此时此刻，就在这儿筑屋栖居。

2-《史记·周本纪》记载：岐山在扶风阳西北，其南有周原。

程。在牧野，靠马拉战车武装起来了的周，通过战争手段取代了商。

周穆王时期，依然南征北战，东征西讨。《史记·秦本纪》说："造父以善御幸于周缪王，得骥、温骊、骅骝、騄耳之驷，西巡狩，乐而忘归。徐偃王作乱，造父为缪王御，长驱归周，一日千里以救乱。"《后汉书·东夷列传》特别提到战车："穆王后得骥騄之乘，乃使造父御以告楚，令伐徐，一日而至。于是楚文王大举兵而灭之。"

周人入主中原后，以自身文化为基础，融合商文化，奠定了中国3000年礼教传统的封建家国体制。

根据《周礼》，西周时期设有"夏官司马"的部门，其职掌是"帅其属而掌邦政，以佐王平邦国"。"司马"的本意就是管理马的官员，周朝设有大司马、小司马、军司马等官职，均为掌管军队的官，在先秦属六卿之一。

据说姜尚在周公"制礼作乐"的文化背景下，制定了中国第一部兵书——《司马法》，它的一个主要宗旨，就是让人民为国家养马，以为井田之赋。这是古代兵制中出赋车马的滥觞——

六尺为步，步百为亩，亩百为夫，夫三为屋，屋三为井，井十为通，通十为成，成十为终，终十为同，同方百里，同十为封，封十为畿，畿方千里。

西周盠驹尊。在驹尊的胸部和背部方盖内铸有铭文，记载了周王举行执驹礼的情景

故丘有戎马一匹，牛三头，甸有戎马四匹，兵车一乘，牛十二头，甲士三人，步卒七十二人。一同百里，提封万井，戎马四百匹，车百乘；此卿大夫采地之大者，是谓百乘之家。一封三百六十六里，提封十万井，定出赋六万四千井，戎马四千匹，车千乘，此诸侯之大者，谓之千乘之国。天子之畿内，方千里，提封百万井，定出赋六十四万井，戎马四万匹，兵车万乘，戎卒七十二万人，故曰万乘之主。(《通典·食货》)

在岐山东边一点的眉县李村，曾经出土了西周中期的"盠驹尊"。这是一件小马造型的青铜器，它的铭文中记载了周王主持"执驹之礼"，并赐给盠两匹马驹的事情。执驹礼是指每匹马到两岁时，说明这匹马已经成熟，要将小马牵离母马，开始驾车服役。

当时马是非常珍贵的，以至于周王亲自主持马的成年仪式。一些铭文记载，五个奴隶才抵得上"匹马束丝"。

在周的官制中，"校人"负责驯化和调教马，"质马"掌管给马分类。马一般被分为三种：第一种是可以用来驱动战车的"戎马"，第二种是用来打猎的"田马"，第三种是比较蠢笨、只能做杂役的"驽马"。

马作为一种文化象征，重塑了人类社会的既有格局——在中国古代，骑马和乘车是贵族的专享；在西方中世纪，骑马导致了骑士阶层的诞生。

从车到骑

在中国传统文化中，历史是一种经验总结。范晔在《后汉书·马援列传》中说："马者，甲兵之本，国之大用。安宁则以别尊卑之序，有变则以济远近之难。"

确实，对一个古代国家来说，马是非常重要的；没有马，就无法组建骑兵。马在和平时期有助于建立社会等级秩序；一旦发生战争，马可以随时保证战略支援。

由商入周后，战争规模越来越大，战车已经成为战争的主力，甚至是衡量一个国家实力的标准。到春秋时，出现了不少"千乘之国"，甚至"万乘之国"。

在孔子时代之前，中国实际处于十分机械的战争时代，战车是主要的，甚至是唯一的战争方式。战争双方排成整齐的车阵之后，正式宣布战争开始，经过一段时间冲杀之后，保持车阵队形的宣布获胜，溃不成军者宣布战败。

克劳塞维茨说，战争是政治的延伸。其实也可以反过来说，政治是战争的延伸。在许多历史时刻，国家完全是战争和暴力的产物，正如商鞅所说，"国之所以重，主之所以尊者，力也"（《商君书·慎法》）。

商代青铜马

春秋时期是一个典型的封建社会，也是中国历史上的尚武时代，当时国君大都亲自领兵作战，贵族子弟都以习武为荣。种地的"野人"（农民）是没有资格当兵的。

在这种背景下，儒家将"御"和"射"列为必修的"六艺"项目，其中"御"就是驾驭马车。孔子最得意的弟子颜回曾以此比喻治国之术，他说：

从前舜帝善于任人办事，造父善于驾驭马车。舜帝不竭尽民力，造父不竭尽马力。因此，舜帝时没有因为受不了压迫而逃散或反抗的人民，造父没有因为不服驾驭而逃跑的马。现在东野毕驾驭马，上车时把马缰绳勒得太紧，使马的身体过于挺直，让马左盘右旋前后进退缓行快跑耗尽了体力，然而却仍然不停地鞭打它，所以知道必然会出现纰漏。野兽到了穷途末路，就要咬人；禽鸟到了穷途末路，就会啄人；人穷困到极点，就会变得相互欺骗。[1]

商代可能已经出现了骑兵。

在殷墟发掘中，不仅发现有大量的奴隶陪葬，马也很多；其中有一座人马合葬墓，包括一人一马一套兵器，据此有人认为死者生前系骑士。[2]

汉字属于象形文字，从字体演变也可以推测出许多历史的内幕。比如，"骑"字的甲骨文为"奇"，上面的"大"为人形，下面的"可"为马形，"奇"本身意思是奇怪、罕见。

也就是说，在甲骨文时代，骑马还是比较少见的。

从军事史的角度来说，最迟到春秋时期，成建制的骑兵就已经开始出现，但仍以步车战为主，采取步兵和兵车混合编队。在一次发动几十万人的大型战役中，骑兵最多不过

1- 刘向《新序》。原文为：昔者，舜工于使人，造父工于使马。舜不穷其民，造父不尽其马，是以舜无失民，造父无失马。今东野毕之御也，上车执辔，御体正矣；周旋步骤，朝礼毕矣；历险致远，而马力殚矣。然求不已，是以知其失也。……兽穷则触，鸟穷则啄，人穷则诈。自古及今，有穷其下能无危者，未之有也。

2- 在商代，甚至已有骑射活动的出现。考古学家在殷墟第十三次发掘中，曾发现一人、一马、一狗被活埋于一坑中，死者随葬有戈、刀、弓矢和御马的"策"。马的头部上留存原系在辔上的玉、石、蚌饰，还有一件"U"形的御马衔。结合墓葬的埋葬方式和人、马、弓矢葬于一起的情况推断，墓主人应是一位骑射者。所以《殷墟卜辞研究·科学技术篇》中指出："殷墟发掘既有骑射的遗迹，卜辞里又有'先马'和'马射'的例子，那么，可以肯定地说，殷代的单骑和骑射已经盛行了。"

五六千骑。

秦穆公二十四年（前 636 年），秦以"革车五百乘，畴骑二千，步卒五万，辅重耳入之于晋，立为晋君"（《韩非子·十过》）。所谓"畴骑"，即是职业骑士。

这 2000 名"畴骑"应当是中国历史上较早的骑兵，比胡服骑射还要早 300 多年。

骑兵较之车兵具有较大优势。车兵只有在平原之上才能发挥威力，而骑兵在较狭小的地形也能作战，比车兵更为机动灵活。"夫骑者，能离能合，能散能集，百里为期，千里而赴，出入无间。"（《通典·兵典》）与战车相比，骑兵不仅机动性更强，甚至是战场上唯一可以进行机动作战的兵种。

此外，战车作为一台制作工艺极其复杂的大型机械装置，造价极其昂贵，战车兵一般也都是贵族。但战争也是要讲究投入产出和性价比的。从这个角度来说，战车远不如骑兵和步兵更简单、更廉价，也更实用。

战车阵形刻板而缺少变化，骑兵出现以后，给予了战争指挥者更多选择，也极大地扩大了战场的范围。这使得战争具有更大的可能性，也更像一门艺术。

春秋时代的军事家孙膑说，"险则多其骑"，即地形越复杂，骑兵的作用越大——

用骑有十利：一曰迎敌始至；二曰乘虚背敌；三曰追散击乱；四曰迎敌击后，使敌奔走；五曰遮其粮食，绝其军道；六曰败其津关，发其桥梁；七曰掩其不备，卒击其未整旅；八曰攻其懈怠，出其不意；九曰烧其积聚，虚其市里；十曰掠其田野，系累其子弟。此十者，骑战利也。夫骑者，能离能合，能散能集，百里为期，千里而赴，出入无间，故名离合之兵也。(《通典·兵典》)

胡服骑射

在马镫发明之前，骑马并不是一件容易的事情。

马不是固定的桌子，马的身体会因为人的用力而移动，不要说骑马，单是上马就不简单。人必须跃身上马，用两只手借力让自己跳起来，爬上马背。这对于穿着轻便服装的人都够难了，如果穿着长袍宽袖，顶盔带甲，那更是难上加难。

人想要骑马，首先要驯马，让马彻底摆脱其野生状态，教它不要怕人，要习惯驮着人走，教它在人上马时能稳定配合，听从指挥。

一般而言，人是通过控制马的头部来支配马的行动，即在马的前门牙（或牡马犬齿）及其臼齿之间安置马嚼子，马嚼子两边连着勒带，勒带连着笼头。人通过缰绳控制马嚼子，从而能够操纵马的行动。

一匹能拉车载人的马并不见得就能参加战斗，这就如同一个能干活的人不一定就是合格的战士。

在自然状态下，马是没有任何负载的，喜欢成群行动。就它的天性来说，对各种异常的景象、味道或声音都非常警惕，随时都准备快速逃离这些危险。它们就是这样成功进化的，从而逃脱了各种危及族群的灭顶之灾。

马遇到人之后，先是被杀来吃肉，紧接着是被征服和奴役。马虽然害怕人和各种武器，但战马必须驮载手持武器的士兵，服从指令，还要远离马群单独作战，对各种奇异可怕的东西不畏惧，能够走向危险而不是远离。

要把马训练成合格的战马，就如同训练士兵一样，必须扭转它们的天性。最常用的手段是暴力体罚。马嚼子通常装有尖钉，只要用力一拉，就会给马造成巨大的痛苦和身体伤害。

因此，人是通过控制马的身体进而控制了马的意志，制造身体上的痛苦并非人的本意，人试图以这种痛苦来告诫马——是谁在掌控它。如此一来，马就成为人的奴隶，失去独立意志的马，也就成为人的身体延伸，变成人的"四足"。

在布封笔下，人与马的命运是类似的——

从小就被人养育、后来又经过训练、专为供人驱使而培养出来的马。它的教育以丧失自由而开始，以接受束缚而告终。对这种动物的奴役或驯养已太普遍、太悠久了，以至于我们看到它们时，很少是处在自然状态中。它们在劳动中经常是披着鞍辔的；人家从来不解除它们的羁绊，纵然是在休息的时候；如果人家偶尔让它们在牧场上自由地行走，它们也总是带着奴役的标志，并且还时常带着劳动与痛苦所给予的残酷痕

从马车到骑马，作为中间媒介的车被抛弃了，人与马结合得更加紧密

迹：嘴巴被衔铁勒得变了形，腹侧留下一道道的疮痍或被马刺刮出一条条的伤疤，蹄子也都被铁钉洞穿了。[1]

骑兵出现以后，人的机动性和自由度突然之间提高了，再也不用像战车那样受到局限，也没有翻车之虞。

骑马带来的速度，强化了人对时间和空间的控制，这对战争来说尤为重要。

李世民和成吉思汗都善于使用骑兵作战。骑兵时代的战争变得非常富于想象力，尤其是历史上那些长途奔袭的战例，如官渡之战，让骑兵成了真正的"奇兵"。

1-［法］乔治·布封：《自然史》，桂金译，台海出版社 2017 年版，第 4 页。

历史学家姚大中在《姚著中国史》中写道："马被利用到
'骑'，堪誉为人类文明空前的升进，人类文化史划期性大事，
意义足可与开创动力时代的机器发明相比拟。"[1]

从公元前 4 世纪赵武灵王"胡服骑射"开始，中国正式进
入马上时代。

所谓"胡"，指的北方游牧民族。"胡服骑射"的核心在于
"骑"，赵国人放弃长袍宽袖的传统服装，改穿裤装胡服，是为
了更方便地骑马。[2]

一部中国古代史，也是一部中原农耕定居汉族与北方游
牧民族的"互动史"。在这种互动中，马扮演了某种媒介角色。
和平时期，马是北方从中原换取丝绸和茶叶的等价物；战争时
期，马是北方侵凌中原的利器。

按照姚大中先生的观点，中国历史一直以一种独特的"双
轨性"演进，即游牧文化与农耕文化互相之间的碰撞与交流，

1- 姚大中：《姚著中国史 1：黄河文明之光》，华夏出版社 2017 年版，第 272 页。
2- 严格地说，骑射之法，并不是始于赵武灵王。顾炎武《日知录》说："春秋之世，戎
　狄之杂居于中夏者，大抵皆在山谷之间，兵车之所不至。齐桓、晋文仅攘而却之，不
　能深入其地者，用车故也。中行穆子之败狄于大卤，得之毁车崇卒，而智伯欲伐仇
　犹，遗之大钟，以开其道，其不利于车可知矣，势不得不变而为骑。骑射所以便山谷
　也，胡服所以便骑射也。是以公子成之徒，谏胡服而不谏骑射，意骑射之法必有先武
　灵而用之者矣。"惠氏曰："按《韩非子》'秦穆公送重耳畴骑二千'，则单骑不始于六
　国。"按苏秦以周显王三十五年说燕，三十六年说赵；赵肃侯之十七年也，距武灵王
　胡服，凡二十六年，而其言已历称某国骑几千匹，某国骑几万匹，是骑射之法，在武
　灵王未胡服之先已盛行矣。

一方面是胡人的"汉化"，另一方面也是汉人的"胡化"。从赵武灵王的胡服骑射来说，就是一种典型的"胡化"。正是这种不同文明之间的双向交流，构成了中华文明的演进史。

作为游牧民族，匈奴人的生产生活都离不开马。或许是因为处于游牧水平的匈奴无法制造精良的战车，结果便发展出了骑马术。

无论是历史记载还是考古发现，马匹在古代匈奴人的生产和生活中有极其重要的地位。匈奴人食马肉、饮马乳，以马匹作为交通工具，当然主要是骑马放牧和作战。4世纪的罗马史学家马西米纳斯有一段神奇的描述，他说：这些纵横欧洲的匈奴人不但打仗时骑马，就是平时也常常待在马上。他们能在马背上吃饭、闲谈、交涉，甚至可以在马背上睡觉和解手。

有一个微妙的历史细节，热衷厚葬的汉人以玉器瓷器陪葬，匈奴人陪葬的却是马头。

马的征服与统治

在战国七雄中，北方的赵国时常遭受北方游牧民族骑兵的侵扰。赵武灵王之所以推行"胡服骑射"，用后世的话来说，就是"师夷长技以制夷"。

当时赵国四周强敌环绕，"今中山在我腹心，北有燕，东有胡，西有林胡、楼烦、秦、韩之边，而无疆兵之救"（《史记·赵世家》）。武灵王担心如果不尽早进行军事改革，"是亡社稷"。于是，雄才大略的武灵王不顾群臣反对，毅然决定着胡服、习骑射，以骑兵取代华而不实的车兵，作为正式兵种。

赵国开军事变革之先河，经过短短十几年，便由一个小小中山国都敢侵犯的弱邦，崛起为唯一能够同秦相抗衡的强国。赵军灭中山国后，又南抑魏、齐，北逐三胡，开疆千里，还占领了如今的陕北一带，对秦都咸阳构成直接威胁。

赵武灵王这一突破华夷大防的大胆举措，不仅促进了骑兵的兴起，也迅速改变了春秋以来的传统作战方式。

成书于战国时代的兵法《六韬》[1]，就已经将骑兵与传统的战车分开并列，并有一篇专门讲述骑兵战术的"战骑篇"。"车者，军之羽翼也，所以陷坚阵，要强敌，遮走北也。骑者，军之伺候也，所以踵败军，绝粮道，击便寇也。"（《六韬·均兵》）很明显，当时骑兵主要担任侧攻和包抄，而不是进行正面冲击。对骑兵来说，贸然冲击敌阵是非常危险的，"凡以骑陷敌，而不能破阵，敌人佯走，以车骑返击我后，此骑之败地也"（《六韬·战骑》）。

作为军队组织，骑兵的编制为"五骑一长，十骑一吏，百骑一率，二百骑一将"，战斗时则以"三十骑一屯，六十骑一辈"来编队。

骑兵作为独立的兵种虽然出现得比较早，但只有到了赵武

1-《六韬》也叫《太公六韬》《太公兵法》，出自中国先秦黄老道家典籍《太公》，据传为姜太公吕望所撰。全书共六卷，计六十篇。一度被传是伪书，直到 1972 年在山东临沂银雀山汉墓中发现竹简《太公》。

中国历史乃至世界史中，大多是北方征服南方，马在其中扮演了重要的角色

灵王以后，各诸侯国才普遍装备了数量庞大的骑兵部队。

拥有骑兵最多的国家，是与西北戎狄毗壤的秦、楚、赵三国，各拥有骑兵万匹；其次是魏国和燕国，亦分别有 5000 匹和 3000 匹。

这一时期，中原各国骑兵总数不下五六万匹，这已经是一支庞大的骑兵队伍。

随着骑兵数量的增多，骑兵在战争中的作用也越来越明显。

在秦赵两国发生长平之战时，"秦奇兵二万五千人绝赵军后，又一军五千骑绝赵壁间，赵军分而为二，粮道绝"（《史记·白起列传》）。秦国 5000 骑兵以迅雷不及掩耳之势，绕过赵军侧翼，断其粮道，将赵军分割包围，使 45 万赵军全军覆没，从而创造了"兵贵神速"的经典战例。

当时有一个典故，叫"廉颇老矣，尚能饭否"。廉颇为了证明自己还有战斗力，当场吃了很多饭；事实上，他主要表现的还是骑马。《史记》中写道："赵使者既见廉颇，廉颇为之一饭斗米，肉十斤，被甲上马，以示尚可用。"由此可见，骑马已经成为战争的日常。

在战火频仍的秦汉时代，中国骑兵逐步从战争的配角成为主角，并迅速走向成熟。

秦灭六国，中国短暂而辉煌的"封建"时代在秦人的马蹄下灰飞烟灭，秦始皇将自己命名为中国人的"第一个皇帝"，他不仅实现了帝国之内的"车同轨"，还修建了世界第一条高速公路"直道"。

秦始皇千秋万代的皇帝梦虽然被陈胜、吴广打断，但帝国最基层的一个小小亭长——比嬴政小三岁的刘邦终于圆了这个皇帝梦。此后两千多年，一个大一统的帝国延绵不绝。

这一切都来自马的出现。没有马，也就没有一个巨大的秦汉帝国。

自从马进入人类社会之后，骑马和乘车便成为一种统治的古老标志，正如步行是被统治的"贱民"的典型特征。

中国将步行者称为"徒"，将官吏称为"司徒"，将反抗的平民称为"暴徒"，将流放的苦役犯称为"刑徒"，将平民的劳作称为"徒劳"（意思就是白忙活）。

轮子与马的结合，既象征着征服和法律，也标志着政治和技术。马车将轮子和马完美地结合在一起，使庞大的帝国获得了有力的技术支持，从此以后，统治便成为一桩可以轻松实现的事情。

虽然刘邦恢复了秦始皇建立的秩序，但秦始皇精神遗产的真正继承人却是刘彻。在汉武帝时代，帝国的暴力机器终于实现了从战车到步兵，再到骑兵的革命性转变。从此以后，"兵马"就成了军队的同义词。

与小国寡民相比，维持一个庞大的帝国并不容易，首先必须面对的就是技术问题。如果成本高得已经超出获得的利益，那么帝国就必然崩溃。马车需要宽阔的道路和平坦的路面，而良好的道路还需要经常保养。相对而言，骑马就简单得多，比起轮子来，马蹄子简直对道路毫不挑剔，兼容性要好得多。更不用说省得去制造复杂的马车。

毫无疑问，骑马的普及，使统治者几乎摆脱了道路的限制和对道路的依赖，这大大降低了统治和镇压的成本。

御马之术

作为通俗历史作家，房龙善于将复杂的历史说得非常简单，他说，统治意味着暴力，世界上所有的美丽辞藻堆砌在一起也改变不了这个事实。

与步兵和车兵相比，骑兵意味着更加普遍和有效的暴力，骑在马上的统治者更加危险。在一个没有水泥、沥青和橡胶的古代，放弃轮子也意味着减少了道路的约束，帝国的统治无远弗届，无孔不入。

"十骑服百人，百骑服千人。"如果将骑马这件事看作一个数学问题，其实是对人与马之间关系的重新换算。去掉车之后，人与马的关系更加紧密，进而合二为一，极大地加强了骑马者的暴力优势。

反过来，骑马的出现，也进一步强化了马在国家统治中的技术重要性。

不用说，骑马在促进战争的同时，也极大地提升了国家与统治。正如东汉时期的军事家马援对皇帝刘秀所言："夫行天莫如龙，行地莫如马。马者兵甲之本，国之大用。安宁则以别尊卑之序，有变则以济远近之难。"（《后汉书·马援

列传》)

古语云，一马（车）当三人。就是说，一个骑兵或一辆战车，在战斗力上至少相当于三个步兵，但实际上，往往可以起到十几个甚至几十个步兵的作用。吴起刚刚辅佐魏武侯时，就大谈马的重要性和决定性作用——

对于军马，饲养处要舒适，水草要喂得适中，饥饱要有节制。冬天马厩要温暖，夏天马棚要凉爽。经常剪刷鬃毛。细心铲蹄钉掌，让它熟悉各种声音和颜色，使其不致惊骇。练习奔驰追逐，熟悉前进、停止的动作，做到人马相亲，然后才能使用。挽马和乘马的装具，如马鞍、笼头、嚼子、缰绳等物，必使其完整坚固。凡马匹受伤，不是在即将结束时，就是刚开始时。不是伤于过饥，就是伤于过饱。如果天色已晚，路程遥远，就要乘马兼步行，宁可人劳累一些，不能让马太累。要经常保持马的体力，以防敌人突然袭击。如果能够懂得这些道理，就能无敌于天下。[1]

没有马的时代，人类是相对封闭的和独立的。"小国寡民，使有什伯之器而不用，使民重死而不远徙。……甘其食，美其

1- 出自《吴子·治兵》：夫马，必安其处所，适其水草，节其饥饱。冬则温厩，夏则凉庑，刻剔毛鬣，谨落四下。戢其耳目，无令惊骇；习其驰逐，闲其进止。人马相亲，然后可使。车骑之具，鞍、勒、衔、辔，必令完坚。凡马不伤于末，必伤于始；不伤于饥，必伤于饱。日暮道远，必数上下，宁劳于人，慎无劳马。常令有余，备敌覆我。能明此者，横行天下。

服，安其居，乐其俗。邻国相望，鸡犬之声相闻，民至老死不相往来。"（《道德经》）所谓的战争，只是掠夺而不是征服；当战争结束之后，胜利者远去，人们重新获得独立。

然而，马的出现改变了这一切。

统治者的反应速度得到极大提高，其可以在任何时候、任何地点，以很快的速度，集中力量去镇压一定区域内的叛乱。除非所有被统治者一起反抗，否则，只要统治者的总体力量大于（小部分）反叛者的力量，就可以维持很大区域的征服和统治。

因此可以说，人类的相对独立被马消除了。

因为马的出现，征服的范围逐步扩大，征服的程度逐步加深，宽松粗疏的间接控制越来越被严厉的直接统治所取代。

"当禹之时，天下万国，至于汤而三千余国"（《吕氏春秋·用民》），至西周初年，封国四百余，服国八百余。到了兵强马壮的秦始皇时代，天下一统，所有的国家都被消灭得干干净净，这就是秦帝国奠基的历史。

据说秦嬴政非常喜欢韩非，为了得到他，甚至不惜发动战争。韩非入秦后，对嬴政忠告说：如果想要以宽容温和的政治手段来应付一个乱世，就像是没有马具，却想驯服一匹凶悍的

汉代骑马俑

野马。[1]

　　秦相吕不韦主编的《吕氏春秋》中讲了一个宋人御马的故事。说是一个宋国人赶路，但马不走，他就把马杀了。秦人的先祖造父善御马，也不会这样做，"不得造父之道，而徒得其威，无益于御"（《吕氏春秋·用民》）。

　　但后来吕不韦还是被秦王所杀。

1- 出自《韩非子》。原文为："如欲以宽缓之政，治急世之民，犹无辔策而御悍马。"

秦帝国的暴力统一，让中国失去了很多进步基因，创立了长达2000多年的封建专制格局。

实际上，秦是从驯化马开始，直到最后，驯化并奴役了人，从而将御马术与御民术结合得如此天衣无缝，"故御马有法矣，御民有道矣。法得则马和而欢，道得则民安而集。"（《韩诗外传》）

秦之后，继承秦帝国衣钵的汉魏六朝，将州郡行政长官称为"牧"，将地方治理称为"牧民"。

秦的兴起

远古时代，秦只是一个小部落，地处偏远的西部。

近朱者赤，近墨者黑，因与游牧民族西戎接壤，秦人很善于驯马和驾车。从虞、舜、禹、汤直到周代——也就是所谓的"先秦"时期，这个"秦"部落多次以马力对中央王权提供支援。

在秦人祖先的谱系中，"造父以善御幸于周缪（穆）王"。秦人世代相传，到了非子时代，他们仍以御马为生。

非子居住在犬丘，喜爱马和其他牲口，并善于饲养繁殖。犬丘的人把这事告诉了周孝王，孝王召见非子，让他在汧河和渭河一带牧马，马匹在这里大量繁殖。后来孝王说：从前伯翳为舜帝掌管牲畜，牲畜繁殖很多，所以获得土地的封赐，受赐姓嬴。现在他的后代也给我驯养繁殖马匹，我也分给他土地做附属国吧。

于是孝王把秦地赐给非子作为封邑，并让他接管嬴氏的祭祀，号称秦嬴。[1]

1- 非子居犬丘，好马及畜，善养息之。犬丘人言之周孝王，孝王召使主马于汧渭之间，马大蕃息。……于是孝王曰："昔伯翳为舜主畜，畜多息，故有土，赐姓嬴。今其后世亦为朕息马，朕其分土为附庸。"邑之秦，使复续嬴氏祀，号曰秦嬴。(《史记·秦本纪》)

因为周孝王的恩赐，非子获得了"秦"的封号。"秦"字取"春"和"秋"各半，意为收获禾谷。很多年后，秦帝国征服天下，威名远扬，"秦"随之成为中国的称呼。[1]

按照周礼，负责牧场管理的官员称为"牧师"，估计非子就是一个牧师。古秦地即现代秦州（天水）一带，一直是周人的牧场。嬴非子的牧马之地，至今依然山清水秀，林丰草茂，不失为养马宝地。

1- 依据张星烺《"支那"名号考》（载《中西交通史料汇编》第一册，中华书局 2003 年版）考证，"支那"的原音为"秦"字的转音。中国的外语名号最早出现于印度，公元前 3 世纪，印度称中国为 Cina 或 Chinas，梵语摩诃至那（Mahachinasthana）即大秦国。此后，中国在希伯来文《圣经·旧约》中称 Sininm，罗马拉丁文称 Thin，希腊文称为 Sinae、Seres 或 Tznitza、Tzinista，中世纪阿拉伯文称 Cyn 或 Sin 或 Thin，最后形成英语"China"。另外，中国引进梵文佛经后，高僧又把 Cina 音译成"支那"。唐僧人义净《南海寄归内法传》："西国名大唐为支那。"唐玄宗《题梵书》诗有句："支那弟子无言语，穿耳胡僧笑点头。"唐后日本也以"支那"称中国。"支那"作为译音词原无贬义。清末民初，日本也属汉字文化圈，认为"中国"一词有文化宗主国的意思，遂故意以音译"支那"代之，以示轻蔑。中国人因此普遍认为"支那"一词含有贬义。

周宣王时代，非子的曾孙秦仲被封为大夫。在对西戎的战事中，秦仲被杀。秦仲以后，几代秦人在农牧之外也从事半垄断性商贸，当然仍以牧马为主。

周厉王堪称西周王朝的灾星，"至于厉王，王心戾虐，万民弗忍，居王于彘。诸侯释位，以间王政。宣王有志，而后效官。至于幽王，天不吊周，王昏不若，用愆厥位。携王奸命，诸侯替之，而建王嗣，用迁郏鄏。"（《春秋左传》）到了周幽王时代，西戎崛起，西周没落，只好东迁洛邑，并对秦人进行了安置，"赐之岐以西之地"。于是，秦仲之孙坐拥岐山以西的西周故地，成为一方诸侯，是为秦襄公。[1]

因为地缘关系，当时秦人半农半牧，颇受戎狄文化影响，故为东方诸侯所轻视。秦君多次想参加诸侯会盟，都被拒之门外，"秦僻在雍州，不与中国诸侯之会盟，夷狄遇之"（《史记·秦本纪》）。

古人讲天时地利人和。秦国的崛起，离不开几代君主的苦心经营，如秦文公设史官，治律法；秦德公建都雍城，大力促

1-《史记·秦本纪》记载："周避犬戎难，东徙雒邑，襄公以兵送周平王。平王封襄公为诸侯，赐之岐以西之地。曰：'戎无道，侵夺我岐、丰之地，秦能攻逐戎，即有其地。'与誓，封爵之。襄公于是始国。"秦襄公就这样得到周王的封赏。公元前750年，秦文公奉诏伐戎，得胜，"遂收周余民有之，地至岐，岐以东献之周"。秦以岐为基地，逐渐发展成为春秋时代的西部强国。

进商贸。"及秦文、德、缪居雍，隙陇蜀之货物而多贾。"(《史记·货殖列传》)

虽然地处偏僻，文化落后于中原，但秦国却广纳天下人才，"夫物不产于秦，可宝者多；士不产于秦，而愿忠者众"(《史记·李斯列传》)。如由余、百里奚、商鞅、张仪、范雎、李斯等都不是秦人，但却为秦所用。秦穆公用五张羊皮买百里奚的故事更成为千古美谈。

秦穆公重用由余，"伐戎王，益国十二，开地千里，遂霸西戎"(《史记·秦本纪》)。

孔子赞扬说：

> 秦，国虽小，其志大；处虽辟，行中正。身举五羖，爵之大夫，起累绁之中，与语三日，授之以政。以此取之，虽王可也，其霸小矣。[1]

秦国依靠这种实用主义发展模式，用几代人的时间取得了极大的成功，"民不逃粟，野无荒草，则国富，国富者强"(《商君书·去强》)。商鞅时期，秦国收取的各种赋税大约相当于民众年收入的80%。商鞅"变法修刑，内务耕稼，外劝战死之赏罚"，秦孝公以商鞅变法，建立起一个专制而强大的军

1-《史记·孔子世家》。孔子周游列国，最西到了晋国的边境，因此后世留下一个"孔子西行不到秦"的说法。儒生们据此认为，这是因为秦国人太野蛮，孔圣人不愿入秦。

秦始皇陵中以大量的兵、马、车来陪葬，体现了秦人对马的崇拜

事强国。

秦孝公死后，他的儿子便不满足于"公"，而称起了"王"，是为秦惠王。到了昭襄王时代，秦国终于成为令天下闻之色变的虎狼霸主。

但是，国力的增强并没有改变中原诸侯的傲慢与偏见。魏国公子无忌对魏王说："秦与戎狄同俗，有虎狼之心，贪戾好利无信，不识礼义德行。苟有利焉，不顾亲戚兄弟，若禽兽耳，此天下之所识也。"（《史记·魏世家》）

即使秦国很强大，秦国人的生活也并不让其他六国人羡慕。秦国接收了许多投机钻营的游士，但对普通农民却没有任何吸引力。商鞅看到秦国地广人稀，而相邻的三晋地狭人多，即使这样，他们也不愿意移民入秦。

公元前262年，秦国攻打韩国的上党郡，上党郡守冯亭派人前往赵国求助，其中就有"其民皆不欲为秦，而愿为赵"这样的话。随后，秦赵之间爆发了著名的长平之战。

长平之战后，赵国岌岌可危，赵王便想尊秦王为帝，结果遭到游士鲁仲连的坚决反对。他说，秦国是没有礼义的野蛮国家，把人民当牲畜奴隶对待，如果让秦王为帝，天下都免不了落得如此下场。要这样，我鲁仲连宁愿跳海而死，而不愿成为暴政统治下的臣民。[1]

1-《史记·鲁仲连邹阳列传》："彼秦者，弃礼义而上首功之国也，权使其士，虏使其民。彼即肆然而为帝，过而为政于天下，则连有蹈东海而死耳，吾不忍为之民也。"

伯乐相马

与中原传统的各诸侯国不同，因为缺少贵族传统，秦国从一开始就实行的是郡县集权制。

经过惠王、武王和昭王几代的积累，秦国虽然在文明程度上不及东方诸国，但却依靠专制高效的帝国体制，创造出一个相当强大的暴力机器。

秦孝公用商鞅之法，开始时"百姓苦之；居三年，百姓便之"（《史记·秦本纪》），行之十年之后，"秦民大悦，道不拾遗，山无盗贼，家给人足。民勇于公战，怯于私斗，乡邑大治"（《史记·商君列传》）。

自古以来，人民都害怕战争，如果能让人对战争狂热起来，那就可以成就帝国霸业。"民之见战也，如饿狼之见肉，则民用矣。凡战者，民之所恶也。能使民乐战者，王。强国之民，父遗其子，兄遗其弟，妻遗其夫，皆曰：'不得，无反'。"[1]

1-《商君书·画策》。大意是说，老百姓听说要打仗，欢喜得像饿狼看到肉；为了打仗，父亲送儿子，哥哥送弟弟，妻子送丈夫，欢天喜地上战场；都说，你要是没砍下敌人的脑袋，就不要活着回来见我。

商鞅建立的"尚首功"制度，完全以战场上砍下敌人人头的数量来封赏。粗略统计，从商鞅变法到秦始皇即位，秦军总共砍下了差不多 140 万颗人头。

到了秦王政时代，这个古老的养马部落，终于以可怕的暴力一统天下，"继六世之余烈，振长策而御宇内"（贾谊《过秦论》）。

应当承认，善于驯马、养马和贩马的秦人，常常不择手段地追求财富和权力，从而形成一种漠视人性的"功利主义"战争观，这完全不同于东方诸国根植于农耕社会——他们往往倾向于"民本"思想和伦理主义战争观。前者以杀戮为战争目的，后者则信奉"不战而屈人之兵"，这使秦国更加恐怖和可怕。

可以说，在统一六国的战争开始之前，秦国就已经取得了心理上的胜利。"凡人主之所以劝民者，官爵也。国之所以兴者，农战也。"[1]

在百家争鸣的春秋战国时期，秦国几乎没有诞生出一位有原创精神的本土思想家，但这种文化的落后，恰恰成为野蛮时代的优势。

值得玩味的是，春秋时期两位著名的相马大师，伯乐和九方皋都出现在秦国。

这是一个有趣的故事——

伯乐一辈子为秦穆公相马，秦穆公非常器重他。后来伯乐老了，秦穆公问他，你能不能找个聪明能干的年轻人来接班。伯乐说：我的孩子都不成器，我只能告诉他们一般的好马是什么样子，却没法告诉他们真正的"天下之马"是什么样子。但我有一个朋友叫九方皋，他相马的本事比我大，您可以请他来相马。

于是，秦穆公请来了九方皋。但这个九方皋相马时，居然连"牝牡骊黄"——即马是公是母、是红马是黄马——都分不清。

秦穆公当然很不高兴。

伯乐却对此甚不以为然。他还对穆公夸赞说：这正是九方皋比我高明的地方——"若皋之所观天机也，得其精而忘其粗，

---

[1] 《商君书·农战》。大意是：君主靠升官授爵来引导民众，国家靠农业和战争来兴盛。

在其内而忘其外。见其所见，不见其所不见。视其所视，而遗其所不视。"（《列子·说符》）

这里蕴含着一个简单的道理：千里马之所以是千里马，关键是它跑得非常快，这跟它是公是母、红毛黄毛没有任何关系。用一句现代名言说，就是不管白猫黑猫，逮住老鼠就是好猫。九方皋作为相马师，他只关心马是不是能跑，并不在意它的性别和毛色。

后来，被九方皋相中的沙丘之马，果然是一匹罕见的千里马。

不可否认，秦马成为这个中华第一帝国诞生的关键性历史细节。"秦马之良，戎兵之众，探前趹后，蹄间三寻腾者，不可胜数"（《史记·张仪列传》）；十寸为尺，八尺曰寻，秦马可跨越"三寻"，即两丈四，可见马之强健。

秦始皇有七匹御马，分别叫追风、白兔、蹑景、犇电、飞翮、铜爵、晨凫，仅从其名字就可知其不凡。

作为一种重要的军事力量，秦国对马的管理也实现了严格的标准化，军马被分为上中下三等。"秦律"对管理马政的各级官吏的绩效考核有明确的规定——

蕃马五尺八寸以上，不胜任，奔挚（絷）不如令，县司马赀二甲，令、丞各一甲。先赋蕃马，马备，乃粼从军者，到军课之，马殿，令、丞二甲；司马赀二

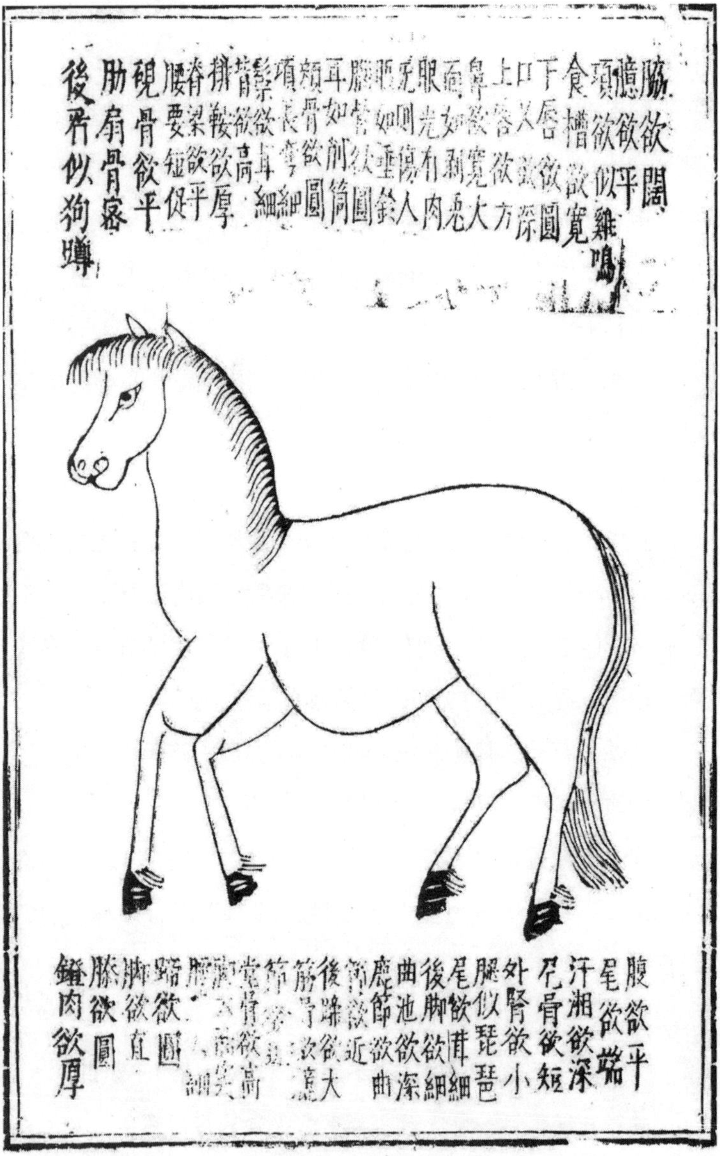

中国相马之术源远流长，人们常常以善于相马的伯乐来代指发现人才的人

甲，法（废）。[1]（《睡虎地秦墓竹简·秦律杂抄》）

睡虎地秦简在 1975 年出土于湖北云梦县，按照这个记载，可知秦国标准军马的高度为五尺八寸，约 1.34 米。这一标准也得到秦兵马俑出土陶马的证实。

毫无疑问，秦军之所以强大，在一定程度上应归功于秦国特有的牧马环境和马政制度。作为周人的马匹供应者，秦人将这一独特优势一直延续到了春秋战国。

从伯乐相马的传说可以看到，秦国为东周列国输送相马人才的同时，也向他们提供重要的马匹资源。这种贸易关系，一方面使得其他国家的财富源源不断地流入秦国，另一方面，当战争爆发时，其他国家的战马数量不断消耗，难以补充，而秦国却因为据有马匹资源，可以轻而易举地将这种资源优势转化为军事上的胜利。

公元前 318 年，韩、赵、魏、燕、楚等五国联合匈奴一起攻打秦国，结果为秦所败。

1-"蕘马"指乘骑用的军马。意思是说，军马体高应在五尺八寸以上，如不堪使用，在奔驰和羁系时不听指挥，县司马罚二甲，县令、丞各罚一甲。先征取蕘马，马数已足，即在从军人员中选用骑士。到军后进行考核，马被评为下等，县令、丞罚二甲；司马评为下等革职永不叙用。

兵强马壮

一部中国古代史，也是一部战争史。在相当长的历史中，马几乎就是军事力量的象征。

陈胜、吴广当年揭竿而起，大呼："王侯将相宁有种乎？"后晋成德节度使安重荣，出身军卒，眼见唐废帝、晋高祖都轮番称帝，说得更加直接："天子宁有种邪？兵强马壮者为之尔。"（《新五代史·安重荣列传》）

战国时期，骑兵虽然已经初露锋芒，但还不足以成为战争的主导力量，步兵和战车仍然很常见。

在马镫和马鞍等马具完善之前，骑马用于作战仍是比较少见的。根据《左传》记载，鲁昭公二十五年（前 517 年），"左师展将以公乘马而归"，《疏》引刘炫认为，这是骑马之开始，其实还是乘坐马车。

虽然有人认为，战国时步骑兵成为主要兵种，战车失去了重要性，但事实上，秦始皇时代的骑兵，其所占军力比例仍不过 2%，所谓"虎贲之士百余万，车千乘，骑万匹"（《战国策·楚策一》）。

从出土的秦始皇兵马俑就可以看出，马在当时军队力量构成中的大体地位。在二号坑中，有许多陶马，而且它们身上都有相应的马具，但唯独没有发现马镫。

马镫的缺失，对马上的格斗极其不利，因此当时骑兵的主要武器是远距离射击的弓箭，作战以骑射为主；而步兵和车兵多使用戟和戈，进行近身格斗。[1]

根据一些历史学家推论，中国在西汉时期就已经开始使用马镫，不过目前发现的马镫实物则要晚得多。在北燕贵族冯素弗墓中出土的一对木芯长直柄包铜皮的马镫，或许是世界上现存年代最早的马镫实物。

可以确定的一件事是，早期的马鞍和马镫都是木质的，或者用皮革和丝麻制成，这些材料都非常容易腐朽，难以留存。直到后来出现了金属马镫，才得以保存下来，但如果因此就断定汉代没有马镫，似乎过于绝对。

1- 在铁器普及之前，青铜剑在劈砍时很容易折断，故多以戟和戈等刺杀性武器为主。

秦代马鞍较低，汉代
时发展为高马鞍

事实上，秦汉时期虽然弓弩非常普遍，但保留至今的也只有箭镞和青铜弩机等金属部件。因为制作弓弩和羽箭的材料都是竹木角筋之类，难以长久保存。

汉代时，马鞍两端从平坦转为高翘，这很好地限制了骑手身体的前后滑动趋势，提供了纵向的稳定性。而马镫的使用，则通过固定骑手的双脚，提供了一个横向稳定性。这使得骑手在马上时，将下半身与马紧密而稳固地结为一体，上半身获得充分的自由。

在马镫和马鞍齐备之后，骑马的人就像站在地面上一样安全，甚至有人能够左手持刀，右手持矛，冲锋陷阵；即使在马上且驰且射，左右开弓，也不再是什么难事。

从某种意义上来说，马镫的发明几乎可以和轮子的发明相提并论。有了它，骑兵可以更轻松地在马上做各种动作，人类战争史才真正迎来了骑兵主导的年代。

骑兵最具杀伤力的战术便是冲击战术，而这需要人、马、武器三位一体，紧密结合，若没有马镫从中联结，这绝对是无法实现的。

在汉初的七国之乱中，灌孟多次以"突骑"冲击敌阵，最后战死。其子灌夫披上重甲，手持长戟，率领十几个随从，上马后以迅雷不及掩耳之势冲向吴军营帐，杀伤数十人，终于打败了吴军。[1]

对中国来说，骑兵全面登上历史舞台，是在三百年汉匈战争时期。但在此之前的楚汉战争中，骑兵就已经通过颠覆传统战争模式而改变了历史。

所谓"兵贵神速"，骑兵以其强大的机动性，使它可以承担追击、偷袭、断粮等各种任务，尤其是长途奔袭，往往会造成出其不意攻其不备的效果。在彭城会战中，项羽率 3 万骑

1—《史记·魏其武安侯列传》原文摘录：灌孟年老，颍阴侯强请之，郁郁不得意，故战常陷坚，遂死吴军中。军法，父子俱从军，有死事，得与丧归。灌夫不肯随丧归，奋曰："愿取吴王若将军头，以报父之仇。"于是灌夫被甲持戟，募军中壮士所善愿从者数十人。及出壁门，莫敢前。独二人及从奴十数骑驰入吴军，至吴将麾下，所杀伤数十人……夫身中大创十余……吴已破，灌夫以此名闻天下。

兵，一举击溃了刘邦的56万联军，刘邦仅得与数十骑逃遁。

> 项羽所率之三万精兵系骑兵，以精锐之骑兵，对
> 刘邦与诸侯军之步兵，故虽数目寡少，仍能获得赫赫
> 之战果。按项羽之所以有如许之精良骑兵，乃因巨鹿
> 战时，秦军中王离所率者，系蒙恬征匈奴三十万骑兵
> 中之一部分，内中且多楼烦骑兵，精勇异常。项羽获
> 得此项优良马匹与战士，故能编成强大之骑兵部队而
> 获得大捷。又试观刘邦败退荥阳后，即积极建立骑兵
> 部队，亦足窥知此中意味。[1]

刘邦从沛县起兵时，还只是一支民兵武装，骑兵的数量远
不及项羽，主要是步兵，再配合一些战车。夏侯婴在破李由、
击赵贲，进军洛阳，战蓝田直至霸上的历次战斗中，都"以兵
车趣攻战疾"。直到荥阳之战时，刘邦看到项羽的骑兵如排山
倒海一般，马上组建了自己的"郎中骑兵"，以灌婴为将。在
后来的战争中，这支精锐骑兵成为刘邦的一张重要王牌。

荥阳之战中，灌婴"受诏别击楚军后，绝其饷道，起阳武
至襄邑"，先后多次击败项羽的骑兵，"将郎中骑兵击楚骑于荥
阳东，大破之"，"击破楚骑于平阳，遂降彭城"（《史记·樊郦

1- 中国台湾三军大学编：《中国历代战争史》（第三册），中信出版社2012年版，第40页。

滕灌列传》)。

最后，灌婴率 5000 骑兵在垓下追击项羽，逼得楚霸王自刎乌江，楚汉战争宣告结束。

像这样大规模地、频繁地使用骑兵，可以在有限的时间、空间内，改变双方的力量对比，从而彻底扭转战局。

如果说这在楚汉战争时期尚不多见，那么对北方的匈奴来说，骑兵的战斗力就主要体现在数量上。这是游牧民族的天然优势。

汗血宝马

秦始皇时代，蒙恬挥兵 30 万镇守九原，"却匈奴七百余里，胡人不敢南下而牧马"。历史是如此巧合，秦始皇的谢幕与匈奴的崛起几乎发生在同一时间[1]。

冒顿是匈奴王头曼的儿子，但头曼不喜欢他，不仅把他送到月氏为人质，还想借月氏人的手除掉冒顿。头曼故意袭击月氏，以为这会促使月氏杀掉冒顿，但没想到冒顿偷了一匹快马，逃回匈奴。后来冒顿杀掉头曼，成为匈奴单于。

当时在草原地带，匈奴还比较弱小，东胡势力很大。东胡向冒顿提出，希望得到老单于的千里马。群臣劝说："千里马，匈奴宝马也，勿与。"冒顿说："奈何与人邻国而爱一马乎？"于是就把千里马送给了东胡。东胡又提出要冒顿单于的阏氏，也就是他的妻子，冒顿二话没说，就把女人送了过去。

东胡得寸进尺，又想要两国交界处的上千里空地，群臣又劝说："此弃地，予之亦可，勿予亦可。"这次冒顿拍案而起：

1- 秦始皇于公元前 210 年驾崩，冒顿于次年（前 209 年）杀死其父头曼，成为匈奴单于。

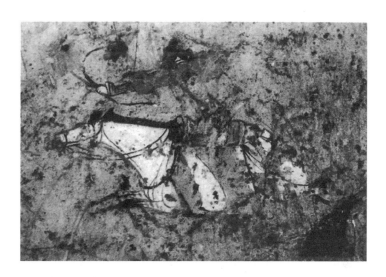

在汉墓中发现的骑射壁画

"地者，国之本也，奈何予之！"（《史记·匈奴列传》）

冒顿起兵攻打东胡，在马上宣布，落后于他的人一律处斩，于是人人争先。东胡毫无防备，一夜便亡于匈奴。

冒顿单于有雄才大略，匈奴一时兵强马壮，骑兵数量达到30多万，而中原地区却因连年楚汉之间的内战，使马匹资源损耗殆尽；及至汉帝国初建时，只有区区3000匹马，"自天子不能具醇驷，而将相或乘牛车"（《史记·平准书》）。

公元前200年，匈奴单于冒顿纵精兵40万骑，围高帝于白登七日，差点将自称"马上得天下"的刘邦灭于平城（今大同）。

汉朝皇帝连相同颜色的马都配不齐,匈奴围平城,却以马的颜色编队:西方全是白马,东方全是青马,北方全是乌骊(黑色)马,南方全是骍(赤黄色)马。

汉文帝时,担任太子家令的晁错,对汉匈军事力量专门进行了一番比较,"平原广野,此车骑之地,步兵十不当一"。晁错指出,匈奴三大优势就在于马,"上下山阪,出入溪涧,中国之马弗与也;险道倾仄,且驰且射,中国之骑弗与也;风雨罢劳,饥渴不困,中国之人弗与也";"若夫平原易地,轻车突骑,则匈奴之众易挠乱也"(《汉书·爰盎晁错传》)。

在马力就是军力的情况下,汉朝专门设立"马政",以加强养马事业,在北部和西部边地建立马苑36所,养马30万匹。

按照汉代军制,骑士被称为"材官","习射御为车,习骑驰为骑。有车骑之地,并征发其车骑称车骑;无车骑之地,徒征发其人,则称材官耳"[1]。

为了得到马,朝廷颁布法令,可以用马代替赋税,即"马复令"。"今令民有车骑马一匹者,复卒三人。车骑者,天下武备也,故为复卒。"[2]甚至一度要求,有条件的地区家家户户都要养马,并不许10岁以下的马出关。

1- 吕思勉:《秦汉史》,商务印书馆2010年版,第706页。

2- 汉·晁错《论贵粟疏》。意思是说,按现行法令,民间能输送一匹战马的,就可以免去三个人的兵役。战马是国家战备所用,所以可以使人免除兵役。

其实在战国时期，君主们就非常喜欢好马，对所谓的千里马孜孜以求。《战国策》中记载了一个故事，有君主花了五百金，仅仅是得到了一副死马的骨骸。

到了好战的汉武帝时代，对马的重视是如此急切，以至为了得到好马不惜发动战争，比如武力索取汗血宝马[1]。

太初元年（前104年），汉武帝派人以千金换大宛之汗血马，却遭到拒绝。武帝大怒，命李广利为贰师将军，率军大举远征大宛贰师城，结果大败。三年后，李广利再次卷土重来，围困大宛城四十余日，最后大宛王被杀，大宛开城纳降。"宛乃出其马，令汉自择之，而多出食食汉军。汉军取其善马数十匹，中马以下牝牡三千余匹"（《汉书·张骞李广利传》）。

很多人都对作为"中国旅游"标志的"马踏飞燕"印象深刻。这个铜制的奔马雕塑出土于雷台汉墓，墓主人是前凉的高官张秀，他割据着张掖和武威，这里距离大宛很近。

经现代马类专家确认，这个铜奔马属于中亚矮种马；准确地说，是大宛汗血马。

汉代厚葬之风盛行，该马应为墓主人张秀坐骑。张秀曾娶曹操之女为妻。可见直到汉末三国时期，来自大宛的汗血宝马仍然极受人们珍爱。广为人知的是，吕布的赤兔马就来自西

1-《汉书·张骞李广利传》记载，"初，天子发书《易》，曰'神马当从西北来'。得乌孙马好，名曰'天马'。及得宛汗血马，益壮，更名乌孙马曰'西极马'，宛马曰'天马'云。"

汉代铜塑马踏飞燕现在已经成为中国旅游标志

凉，其实也是大宛汗血马。吕布被曹操所杀后，赤兔马又被曹操转赠给关羽，从此成为关羽形象不可分割的一部分。

大宛马习惯"对顺步"奔跑，也就是马的同一侧的两条腿同时向同一个方向腾起。相对于中国一般马的四腿伫立的呆板形象，铜奔马之生动可谓空前绝后，乃至被视为"国宝"。

汉武帝国

汉文帝在吕后死后成为皇帝，以灌婴为太尉，宽俭待民，借与匈奴和亲的太平环境，韬光养晦，在边区大力发展养马。汉景帝时期更是大造马苑，设太仆牧师诸苑36所，分布在北边、西边，以郎为苑监，有官奴婢3万人，养马30万头。

汉朝养马的马苑主要在西北边郡，这些养马者也多系乌孙、羌人等善于牧马的少数民族。

当时，西域是中原获得马的重要来源。

西域是马的故乡，自古盛产名马，尤其以乌孙马和大宛马最为著名。这些马属沙漠马种，特点是体轻、灵活。中原马与之杂交后，形体由挽力型变为挽乘兼用型，身体变得更加结实，性情变得更为灵敏，行动更敏捷，力气没有减小，但速度提高了。

有了马，并不等于有了战马，能在战场驰突冲杀的战马必须进行调教训练，所谓"马先驯而后求良"。从前主要是为了驯马驾车，后来则是为了骑乘作战，对马的要求更高了。

一匹合格的战马，除了体格健壮，首先还要服从指挥，既能奔驰跳跃，又能闻令而止，在战场上保持队形，齐进齐止。

其次要有良好的视觉和听觉反应，能与骑马的战士保持互动，并能够在任何环境中都能保持镇定而不惊慌害怕。那些体质赢弱、性情顽劣难驯、反应迟钝、胆小懦弱的马都不适合用作战马。战马入伍后，还要根据其能力，将奔跳速度相近的马编排在一起，在战斗时以保持行动一致。

四十多年的文景之治，终于完成了汉帝国的原始积累，至武帝之初，"汉兴七十余年之间，国家无事，非遇水旱之灾，民则人给家足，都鄙廪庾尽满，而府库余货财。京师之钱累巨万，贯朽而不可校。太仓之粟陈陈相因，充溢露积于外，至腐败不可食。众庶街巷有马，阡陌之间成群，乘字牝者傧而不得聚会"[1]。

当时有"母马不能骑"的习俗。

据说是因为母马格外受重视，被视为一种重要的国家资源，可以保持马的繁衍。在明智的人看来，原本用来生产的母马，如果仅是用作坐骑，就有点暴殄天物了。另外，公马看见母马也会互相咬斗，发生事故。

马多了，马的用途也就跟着多起来，骑马的人也就多了，

1-《史记·平准书》。意思是说：七十多年国家无战事，人人自给，家家足用。粮仓都装满粮食，府库中剩余物资积压；国库中的钱多到串钱绳子都已朽烂，数量无法清点；京城的粮仓粟米一层压一层，因为装得太满，都流到谷仓外面来了，只好在露天堆放着，任由其腐烂。老百姓居住的大街小巷里，随时可看见马，田野里的马更是成群结队，因为公马有的是，骑母马的人便受到排斥，不能与人一起聚会。

1981年在关中出土的鎏金汗血宝马。推测可能是汉武帝的姐姐平阳公主的随葬品

骑马就变成了人们的日常活动。《盐铁论》中说："牛马成群，农夫以马耕载，而民莫不骑乘。"流传至今的汉画像石刻中，骑马或乘坐马车的图像也比比皆是。

"天子为伐胡，盛养马，马之来食长安者数万匹。"（《史记·平准书》）大汉帝国拥有如此巨大的战马规模，成为对匈奴强硬的最大底气。

汉武帝刘彻时期，已经拥有甲兵45万，军马60万匹，这无疑是中国骑兵的第一个高峰时代。当然，这也不是一蹴而就的，而是几代人长期休养生息、养精蓄锐的结果。

有了大量的战马，汉军便有了与匈奴人相同的机动能力、情报收集能力和战略主动权。张骞所谓"凿空西域"其实是一次改变中国历史的"地理大发现",西域地广人稀,向来是匈奴的势力范围。

据人类学家估计,当时整个蒙古高原有 80 万到 120 万人,而汉朝比匈奴人口多得多,正如贾谊对汉文帝所说:"匈奴之众,不过汉一大县,以天下之大困于一县之众,甚为执事者羞之。"(《汉书·贾谊传》)

在传统时代,农耕民族总要受到游牧民族的侵扰。农耕民族想要彻底消除游牧者的劫掠,就必须捣毁他们的巢穴,给他们毁灭性的打击。虽然他们的骑兵来去如风,但他们的营地和牲畜移动缓慢,非常容易成为袭击的目标,这就跟他们喜欢袭击定居者的村庄和城市一样。

寓防于攻,这是汉帝国打败匈奴的基本战术,它有一个前提,就是要拥有大量骑兵;否则,就无法穿越长城以外数百公里缺水地带,进击匈奴的后方草原。

汉武帝时代无疑是中国军事实现骑兵化的一个转折点。也就是说,战车基本上被骑兵取代,骑兵成为军队的主要攻击力量所在。

不同的作战形式必然需要不同的武器。在青铜器时期极度流行的戈和戟很快就衰落了,用来高速刺杀的矛成为骑兵的标配。汉代铸铁技术已经非常普及,这让铁矛的制作更加简单,杀敌的效力也更大。

汉武帝元光至元狩年间（前134—前117年），汉帝国对匈奴展开了波澜壮阔的马上战争。

与传统的车战和步战不同，骑兵战争是运动战，战场从空间上被扩展到前所未有的水平。就汉匈之战而言，整个战场从东到西，直线距离超过了2000公里，南北直线距离则超过了1000公里。在持续不断的汉匈大战中，双方骑兵你来我往，动辄都在万骑以上，一次甚至达到18万骑。元狩四年（前119年），汉军"发十万骑，私负从马凡十四万匹"（《汉书·匈奴传》），就是说，10万骑兵出发时，他们自己带的私家马还有14万匹。在这场战争中，年仅21岁的少年将军霍去病率领几万精骑驰骋大漠，封狼居胥，堪称传奇。

据雷海宗统计，汉武帝总共发动了16次以骑兵为主的对匈奴出击，其中6次出动10万骑以上，其余10次也有三四万骑兵。

这些出征基本都在春夏，每次持续3个月时间。

这种季节性战争严重打击了匈奴牧民的正常生产。战争发生在草原地区，怀孕临产的母畜在逃难奔跑中大量堕胎，这如同农耕民族庄稼绝收一样。很明显，匈奴一方在战争中损失非常大。

虽然目前还没有汉代马镫的实物证据，但从这种惯于长途奔袭的战争来说，如果没有马镫的广泛使用，如此壮观的骑兵

汉画像石中的骑马浮雕

时代几乎是不可能出现的。[1]

在霍去病墓前，有一尊巨大的石刻卧牛，牛身上赫然刻着两只马镫。虽然这不能作为当时使用马镫的实物例证，但有人通过对汉代画像石的观察发现，"虽然在画象（像）石上没有看见骑马用镫的形象，但从一些骑马人身体向后倾斜的情况推

1- 从讲究实证的考古角度来说，最早的单马镫出自一座西晋永宁二年（302 年）的墓葬；最早的完整双马镫出自冯素弗（？—415）的墓葬，这个马镫为桑木制成，包以铜片。木制马镫难以保存，马镫真正开始使用的时间仍无法确定。但可以确定的是，马镫出现和使用的真实时间应该比考古发现的实物早。即使汉代没有出现马镫，但为了保障骑兵的冲击力和稳定性，高大的马鞍已经非常完善，这种骑兵战术的革新给汉朝带来了巨大的军事优势。

测起来，脚下若是不蹬任何东西，是很难做到那样的"[1]。

马镫使战马更容易驾驭，并解放了人的双手。骑士可以在飞驰的战马上且骑且射，左劈右砍，横冲直撞，骑兵的冲击力得到最大释放。因此，《大英百科全书》将人类骑兵时代的实现归结为马镫的发明。

在人们用天文望远镜发现冥王星之前，科学家就已经通过计算推测出了它的存在。虽然历史没有假设，但我们仍可以大胆地推测，马镫这种对骑兵至关重要的发明，在两汉时代应该已经被普遍应用。

顾准先生对此也有类似的看说：

> 战国时代，战车显然被骑兵代替了，马镫的应用，我相信也不会很晚。即使李广时代还不知道马镫，也许此后不久就用上马镫了。[2]

1- 武伯纶：《关于马镫问题及武威汉代鸠杖诏令木简》，《考古》1961年第3期。

2- 顾准：《顾准文集》，华东师范大学出版社2014年版，第64页。

封狼居胥

经过近百年的消耗战，汉帝国犁庭扫穴，终于击败了匈奴。

"明犯强汉者，虽远必诛。"依靠马的速度和力量，汉武帝的骑兵控制了天山地区，从而使帝国的版图在秦代基础上进一步扩大，秦长城几乎沦为一种古老的摆设。

至汉平帝元始二年（2年），西汉已拥有东西9302里、南北13368里的广袤领土，人口接近6000万之多，耕地达到8270536顷。[1] 在以后的1000多年中，中国几乎很少超过这个资源高度。换句话说，汉代初步奠定了中国后世2000年的大致疆域，并让"天下一统"的中央帝国观念在全体汉族人的内心深深扎根。

大汉帝国无论是从军事、政治，还是经济、文化方面，都对周边地区乃至中亚产生了巨大影响。丝绸之路的开通，让中

1- 这里的"里"，是周、秦、两汉时期的长度单位，《穀梁传》曰"三百步为里"，《史记》记载秦"六尺为步"，汉承秦制，故一里为1800尺。同时，秦汉尺的长度如商鞅量尺等，都是一尺约等于0.231米。由此，汉时的一里等于现在的415.8米，为现代一里的83.16%。另外，古代1顷约为现代的3.33公顷。

国成为世界权力舞台的重要一极。而这一切，都基于强有力的军事力量，尤其是能征善战的骑兵部队。

汉帝国的崛起是军事竞争的结果，其强大所依靠的，是马的速度和力量。这个奇迹对一个农耕民族来说，殊为不易。

有一个值得注意的细节是，马镫增强了骑兵的突击作战能力，其专业化倾向也更加明显。

与匈奴人的骑射不同，汉朝骑兵以冲击近战为主。冲击意味着面对面的肉搏，这是非常危险而可怕的，这不仅需要严格的训练，而且只有在强有力的集权军事体制下，才能得到充分发挥，而匈奴的原始部落联盟比较松散，根本不可能与铁血汉军相抗衡。

汉朝实行盐铁专营，手工业非常发达，尤其是冶铁技术处于当时全世界最高水平。匈奴是游牧社会，生产力水平低下，在武器方面远远不及汉朝，一个汉兵可敌三到五个匈奴兵。

借助汉代优越的冶铁技术，以厚重的环首刀取代双面开刃的汉剑，更利于砍杀，使汉骑兵如虎添翼，再加上强弩和铁戟的长短程配合，使汉军面对匈奴骑兵时，拥有可怕的冲击力和杀伤力。

进入骑兵时代，战术与武器的创新改变了战争走向。当中原步兵惯用的正面冲锋战术被移植到马上，残酷的肉搏战便抵消了匈奴人的骑射优势。[1]

匈奴人遇到强敌时，打不过就逃跑。汉军采取绝对战争的极端方式，直接攻击游牧民，不管男女老幼还是牛羊牲畜，在汉军碾压下都无法幸免。这样一来，匈奴骑兵只得被动应战，从而丧失了战争的主导权。

实际上，匈奴军队进入汉地后，也是如此。从这个意义上，汉匈战争完全是一场无限战争。

李广之所以一生失意，或许与这种战争方式变革有关。

飞将军李广出身军人世家，长于骑射，喜欢兵对兵、将对将地与匈奴军队单打独斗，而这与汉军以斩杀人头论封赏的战斗要求格格不入。事实上，李广更像是一位标准的匈奴骑士。虽然他久经沙场，但在对匈奴的战斗中，却总是败多胜少。这或许是因为他总是与匈奴正规军硬碰硬，而其他年轻汉将更乐意攻击匈奴的大本营和牧场，每次都斩获颇多。

与李广相反，在汉匈大战中取得成功的竟是毫无军人背景

1- 可参阅：李硕《南北战争三百年》，上海人民出版社 2018 年版。

霍去病墓前的马踏匈奴石雕

的卫青、霍去病和李广利。用赵翼的话说，"三大将皆出自淫贱苟合，或为奴仆，或为倡优，徒以嬖宠进，后皆成大功为名将，此理之不可解者也"（《廿二史劄记》）。汉武帝曾经建议霍去病学学《孙子兵法》，霍去病甚不以为然。他说，会打仗就行了，用不着学那些古老的东西。[1]

············

在第五次反击匈奴的漠北之战中（前119年），卫青的西

1-《史记·卫将军骠骑列传》原文：天子尝欲教之孙吴兵法，对曰："顾方略何如耳，不至学古兵法。"

路军对阵单于亲自率领的 8 万匈奴骑兵。卫青派出 5000 骑兵，匈奴则以 1 万骑兵迎战。两军厮杀到黄昏，匈奴骑兵支持不住，终于溃败，单于趁夜黑逃走。天亮清点人数，汉军斩首万余。

霍去病的东路军大破匈奴左贤王军，"封狼居胥而还"。汉武帝后来在嘉奖霍去病的诏书中写道："骠骑将军去病率师，躬将所获獯鬻之士，约轻赍，绝大幕，涉获章渠，以诛比车耆，转击左大将，斩获旗鼓，历涉离侯，济弓闾，获屯头王、韩王等三人，将军、相国、当户、都尉八十三人，封狼居胥山，禅于姑衍，登临翰海。执卤获丑七万有四百四十三级，师率减什三，取食于敌，逴行殊远而粮不绝，以五千八百户益封骠骑将军。"（《史记·卫将军骠骑列传》）

匈奴此后无力再犯汉境。不幸的是，李广在此战后羞愤交加，自刎而亡。

可怕的汉军

历史往往会被一些不经意的细节所改变。

马和马镫曾使匈奴成为草原霸主。如今借助马镫，一个植根于农耕文明的民族，竟然打败了一个生活在马上的游牧部落，将强悍的匈奴从黄河之南，一口气驱赶到千里之外的漠北，"匈奴失阴山之后，过之未尝不哭也"（《汉书·匈奴传》）。

虽然游牧民族习惯于迁移，但面对汉军骑兵的长途奔袭，匈奴仍然处处被动。匈奴牧民不仅只有马，还有大批的牛和羊。特别是牛的移动性差，且路途上需消耗大量的水，因此说，迁移牛群并不是想象的那么容易。

此外，虽然匈奴人的物品不多，但仍有大量的生产工具和帐篷，要搬运这些物品必须依赖大车，用马和牛来驮运根本不行。无论马车还是牛车，在长途逃亡时都很糟糕，即使路途平坦，车子不出故障，速度也极其迟缓。

汉军每次出塞远征匈奴，都选择在青黄不接的春季。匈奴人的牲畜经过一冬后，都羸弱不堪，怀孕的母畜也行动不便。

汉军的战马因为有长途补给，能够千里奔袭，只要情报准确，匈奴人拖家带口，几乎无处可逃。既然匈奴人是全民皆兵，汉军也对他们不分军民，一旦发现就烧杀抢掠。从攻击匈奴军队到攻击其部落，这是一场典型的无限战争。

以前经常是匈奴骑兵侵入中原劫掠，如今轮到匈奴人频频领教被中原骑兵劫掠的滋味了。如元朔五年（前124年）春，汉军进袭匈奴，匈奴右贤王负责抵挡卫青所率之汉军主力；此役中，卫青的汉军掳获匈奴部众15000人，以及"畜数百万"。

如果站在游牧者的立场来看，匈奴人在两汉时期的遭遇也极其悲惨。但从中原主流历史的角度来说，对匈奴的战争堪称大汉王朝的奠基礼。马和马镫推动了汉帝国在政治、军事上的大幅度扩张，也将汉朝的政治和文化影响扩散到北亚和中亚。

霍去病的两次征伐与匈奴浑邪王的投降，使中国势力首次进入河西走廊。匈奴人失去了这块水草丰美、冬温夏凉、适宜畜牧的土地，留下"亡我祁连山，使我六畜不蕃息；失我焉支山，使我妇女无颜色"之哀歌。

由武威、酒泉、张掖、敦煌四郡构成"河西四郡"，是连接汉朝与西方世界的地理走廊。接下来，帝国版图甚至扩张到了帕米尔高原以西，从而开辟了中国连接西方文明世界的丝绸之路。

汉朝对河西通道的控制，也隔绝了蒙古高原与青藏高原这两大游牧区的联合，使中原农耕文化成为东亚地区的主导力量。被边缘化的匈奴"闻汉兵莫不畏者，称之为汉儿"[1]。从此以后，这个强大的主流民族被称为"汉族"。

汉军对匈奴的战争，基本是以匈奴模式进行的，即大力发展骑兵，采用匈奴人擅长的长途奔袭、快速机动、声东击西、突然袭击、包围追击等战术，当然也保留了汉人擅长的弩兵和冲击战术。

但总体来说，汉军作为进攻一方，劳师远征，深入草原荒漠，比匈奴的作战成本要高得多，而且每次出征，都要征发超出对手数倍的优势兵力。用晁错的话说，"兴数十万之众，以诛数万之匈奴，众寡之计，以一击十之术也"[2]（《汉书·爰盎晁错传》）。

在最后一次反击匈奴的漠北之战（前119年）中，霍去病兵出代郡，长途奔袭两千多里，大破左贤王军，"封狼居胥而还"，斩俘70443人。这场胜利最重要的是后勤保障。

汉军骑兵长途奔袭和迂回行动的背后，有数十万步兵在后方负责保护辎重，跟进和掩护骑兵。

骑兵能够像舰载机一样自由出击，离不开身后坚实可靠的"航空母舰"，这就是步兵大本营的作用。一旦离开这种支持，

1- 明代陈沂《询刍录·汉子》中写道："汉自武帝征伐匈奴二十余年，马畜孕重，堕殰疲极，闻汉兵莫不畏者，称之为汉儿。又曰好汉。"
2- 此处"以一击十"似应为"以十击一"之误。

内蒙古和林格尔汉墓壁画，墓主人是个东汉的护乌桓校尉。护乌桓校尉主要管理乌桓、鲜卑和北境其他民族

孤军深入的汉军就像一滴水掉进沙漠，极易全军覆没。李陵就因为后继无援，弹尽粮绝而降。

古代兵家说，兴师十万，日费千金。无论古今，战场成本都是极其高昂的。也就是说，汉朝是用大量资源消耗，来对付匈奴灵活机动的战略。

纵观历史，秦朝和明朝就是因为资源崩溃而覆灭。对汉武帝来说，几十年的战争，国力也是到了最后的极限。

汉匈战争最后变成漫长的消耗战，对战争双方都造成极大的损失。这无疑是一场双重的民族悲剧。

战争不仅会导致大量士兵死亡，也同样会让战马喋血沙场。"马革裹尸"既豪迈，也悲哀。在最后的漠北决战中汉军虽然获胜，但 10 万出征将士，阵亡者将近一半，而损失的战马更是多达 11 万匹。

漠北决战后十余年，汉朝再也无力发动对匈奴的大规模战争。

说起来，汉朝并不是没有人，而是没有了马。对一个编户齐民的帝国来说，总能找到源源不断的士兵参战，但对军马的消耗却无能为力，这不是短期内就可以解决的。汉武帝对此深感无奈，"当今务在禁苛暴，止擅赋，力本农，修马复令，以补缺，毋乏武备而已"（《汉书·西域传》）。

战争的代价

农耕条件下，靠天吃饭，积累是很有限的。战马在古代是极其昂贵的。

和草原游牧地区相比，中原农耕地区的养马成本更是要高得多。汉朝的战马吃的是粮食，匈奴则"马不食粟"，有经验的人往往通过查看马粪中是否有粮食的残渣，就能判断出马的身份。

从速度和耐力而言，马比牛具有更明显的优点，但从生物特性而言，马也有自身的劣势。同样是草食动物，马没有牛那样的反刍功能，马的胃在结构上非常简单，只有一个单室胃。这意味着，它吃下的纤维素饲料在消化时，需要小肠后面更大的盲肠。因为不具备反刍胃那样的效能，马比牛需要花费更多的饲料。也就是说，马吃得很多，但能消化吸收的却很少。

因此，养马必须添加精饲料，一般以谷物的草秸为粗饲料，大豆和粟等作为精饲料。

根据现代出土的汉代简牍记载，汉初每匹马每天消耗 2

斗精饲料[1]，相当于3个人的口粮。这还是包括军马、骟马、传马等的平均水平，上战场的军马每天消耗达到10斗，相当于15个普通人的口粮。因此有"军马一月之食，度支田士一岁"之说。

边疆运输困难，粮食少，人与马免不了争食。不得已的情况下，只能以粗饲料喂马，后来引进苜蓿，多多少少缓解了养马的窘困。[2]

总体来说，汉代大约20人缴纳的税赋才够养一匹马。

1- 《敦煌汉简》记载："贺私马一匹六月食麦五石二斗二升。"《张家山汉简》记载："马日匹二斗粟、一斗菽。传马、使马、都厩马日匹菽一斗半斗。"具体来说，根据食物粗精不一，马的身体差异，每匹马每日的食物标准有所不同，从一斗二升到二斗、三斗不等。

2- 《史记·大宛列传》说："马嗜苜蓿。汉使取其实来，于是天子始种苜蓿、蒲陶（葡萄）肥饶地。及天马多，外国使来众，则离宫别观旁尽种蒲陶、苜蓿极望。"苜蓿最早出自伊朗，相较于其他饲草，其蛋白质含量、含糖量都较高，方便储存，是马匹喜爱的食物。故汉以后人们开始大面积种植。苜蓿、葡萄由此传入中国。

同时，因为战线过长，运输成本一直居高不下。《史记·平准书》上说："千里负担馈粮，率十余钟致一石。"10 钟约合 64 石，换句话说，运输一石粮食到前线，需要消耗数十乃至上百倍的成本。

60 万匹军马的巨大负担，最终使汉帝国不堪重负。

有人根据居延汉简估算，出动 1 万名骑兵，需要 1320 辆大车运送一个月的粮饷，还有 360 辆车运盐。1 万匹马的饲料需要 1440 辆车运送。即使备用的马匹可以吃草原上的草，不用另外运送饲料，那么补给车队也不会少于 3000 辆，这还没有算车夫和杂役。

后勤负担如此沉重，以致一场战役很少能持续两个月以上的。霍去病之所以能长途奔袭，屡战屡胜，有一个重要原因是他常常不依赖后勤供给，直接从匈奴人那里缴获食物。[1]

在对匈奴的战争中，尤其是在长途远征中，汉军的死亡率都在 50% ~ 80%，全军覆没也很常见；马的死亡率比人更高，长途奔袭的代价极高，而在战斗中，马更容易成为弓箭手的目标。

《史记·匈奴列传》中说："初，汉两将军大出围单于，所杀虏八九万，而汉士卒物故亦数万，汉马死者十余万。匈奴虽病，远去，而汉亦马少，无以复往。"数十年休养生息所积累

1-《汉书·卫青霍去病传》载："骠骑将军（霍去病）……登临瀚海……取食于敌，卓行殊远而粮不绝。"

汉代铜马

的财富，武帝一朝就几乎消耗干净了。

　　据司马迁统计，仅元狩二年（前121年）一年之内，汉帝国为西域战争就花费了一百多亿钱。巨额军费甚至引发中国历史上最早的通货膨胀，"海内虚耗，户口减半"。汉宣帝时期的官员夏侯胜指出："武帝虽有攘四夷广土斥境之功，然多杀士众，竭民财力，奢泰亡度，天下虚耗，百姓流离，物故者半。蝗虫大起，赤地数千里，或人民相食，畜积至今未复，亡德泽于民。"（《汉书·夏侯胜传》）

　　对汉朝来说，汉匈战争是一场对外战争，也是一场无限战争，不管平民还是士兵都成为杀戮对象，因为皇帝是按人头数量来封赏的。匈奴这边也是如此。这种大屠杀不仅导致大量军人死亡，也伤及更多的平民，毁灭了生产活动。"兵连而不解，天下苦其劳"（同上书）。巨大的战争代价使汉帝国与匈奴两败俱伤，大汉帝国从武帝后期逐渐走向衰落。

征和四年（前89年），刘彻颁布《轮台罪己诏》，宣布"不复出军""思富养民"。两年后，刘彻死于五柞宫，谥号"武"。《谥法》说"威强睿德曰武"。

汉武帝之后的几代皇帝都转向休养生息，并对汉武帝时代的政策进行了很多批判和反思，著名的如汉昭帝时的《盐铁论》。

汉昭帝是汉武帝的儿子。到了汉武帝的重孙，也就是元帝时，贾谊之孙贾捐之曾发表过这样一段批评："武帝籍兵厉马，攘服夷狄，天下断狱万数，寇贼并起，军旅数发，父战死于前，子斗伤于后，女子乘亭障，孤儿号于道，老母寡妇，饮泣巷哭，是皆廓地泰大，征伐不休之故也。"（《容斋随笔·汉诽谤法》）

实际上，颇受汉武帝重用的主父偃当初也曾上过《谏伐匈奴书》，其中也有"百姓靡敝，孤寡老弱不能相养，道路死者相望"的话语，并以秦始皇和汉高祖为前车之鉴（秦始皇攻打匈奴导致民众造反，高祖攻打匈奴招致白登之围），试图劝阻汉武帝发动对匈奴的战争。

主父偃引经据典地告诫汉武帝：

　　《司马法》曰："国虽大，好战必亡；天下虽平，忘战必危。"天下既平，天子大恺，春蒐秋狝，诸侯春振旅，秋治兵，所以不忘战也。且怒者逆德也，兵者凶器也，争者末节也。古之人君一怒必伏尸流血，故圣王重行之。夫务战胜，穷武事，未有不悔者也。[1]

在传统时代，战争一直是人民必须面对的艰难选择，一味地好战会导致衰亡，而一味地反战、忘战，似乎结局更不妙。

"人类历史上的政治集团，无论大小，不为刀俎，必为鱼肉；若要两种都不作，是办不到的事。东汉以下的中国不能作刀俎，当然也不愿作鱼肉；但实际大半的时候总是任人宰割。"[2]历史学家雷海宗先生认为，汉帝国面临的问题，其实是中国永久的问题，这就是"兵"的问题。

农耕社会因为生产与战争的割裂，其本身是极端厌战的，民间流传着"好人不当兵"的俗语，结果是人人不当兵，一盘散沙的中国因此难以形成一个大的有机体。所谓国家，最后往往沦为内部野心家或外来征服者的战利品，使中国人无法自立自主，人们的命运总是不能掌握在自己手中。

1- 《汉书·严朱吾丘主父徐严终王贾传》。大致意思是，《司马法》说："国家再大，热衷战争也会灭亡；天下即使太平，无视战争的可能也会很危险。"古代社会里天下太平，天子演奏《大凯》的乐章，春秋两季要分别举行狩猎活动，诸侯们春天训练军队，秋季制造武器，时刻不忘战争。对人来说，发怒是背弃德行，武器是不祥的器物，战争是最糟糕的节操。古代人君一发怒则必然杀人，尸倒血流，所以圣明的天子对待发怒的事非常慎重。那些一心想打胜仗、使用武力不知节制的人，最终没有不后悔的。

2- 雷海宗：《中国文化与中国的兵》，商务印书馆2001年版，第49页。

冲锋陷阵的年代

在整个中国历史记忆中，汉帝国的崩溃无疑是一场巨大的灾难。按照文献记载，三国时期人口一度减少到不足千万。

造成东汉帝国衰亡的外敌并不是匈奴，而是另一个游牧民族——西羌。汉代许慎在《说文解字》中这样解释"羌"字："西方牧羊人也。"

持续一百多年的"羌乱"，几乎拖垮了东汉王朝。

段颎给皇帝算了下账，"永初中，诸羌反叛，十有四年，用二百四十亿；永和之末，复经七年，用八十余亿"（《资治通鉴·汉纪四十八》）。两次战争，21年时间，花费320多亿，羌乱仍未平息。其中五次出兵，甚至是全军溃灭。

段颎主动请缨，愿"以骑五千、步万人、车三千辆"，用两年时间，再花费54亿，彻底结束战乱。

段颎领命之后，每每身先士卒，冲锋陷阵，进行大小战役180次，斩敌首38600余，缴获牛马牲畜42万多，自身仅损失400多人，消耗军费仅44亿。"羌乱"被彻底平息。

《后汉书·段颎传》记载了一场段颎的战斗经过：

武威雷台汉墓出土的铜马俑，由此可以想象当时骑兵冲锋陷阵的情景

　　颖乃令军中张镞利刃，长矛三重，挟以强弩，列
轻骑为左右翼。激怒兵将曰："今去家数千里，进则
事成，走必尽死，努力共功名！"因大呼，众皆应声
腾赴，颖驰骑于傍，突而击之，虏众大溃。[1]

1- 大致意思是说，段颖命令军中拉紧弓弦，磨快刀枪，长矛三重，挟以强弩，左右两翼
　 布置轻骑。段颖激励兵将说："现在我们离家几千里，前进，事业就成功；逃走，死
　 路一条，大家努力共功名吧！"于是大呼喊叫，军队应声跳跃上阵，段颖驰马在旁，
　 突入敌阵进行攻击，虏军大崩溃。

这段记载明确地显示了汉军制胜的关键战术，是以骑兵"突而击之"。这里的"突"不是突然的意思，而是"突骑"之意；即以骑兵手持长矛，直接高速冲击敌人，这就是可怕的冲击战术。

《后汉书》中说，"光武北击群贼，汉常将突骑五千为军锋，数先登陷阵"。看来，以"突骑"作为先锋冲击陷阵，从汉初到汉末都十分常见。

求仁得仁，段颎果然靠战争获得了巨大功名，官至太尉。可惜，后来死于宦官之手。宦官害死段颎不算什么，偌大东汉王朝不久也在"十常侍之乱"中走向灭亡。

在接下来的乱世中，匈奴之裔建国前赵、北凉、夏，其支裔羯人建立后赵，移居关中的羌人建后秦，氐人建立前秦、后凉、仇池等国。在北边建国最多的是鲜卑：慕容氏建国前燕、后燕、南燕，段氏建辽西，秃发氏建南凉，乞伏氏建西秦。最后统一华北的北魏拓跋氏与北周宇文氏，也都出于鲜卑。

所谓"五胡十六国"，许多都是西北边郡的"五胡"所建。他们刚开始只是汉朝的雇佣兵，随着慢慢渗透汉境，形成军事政治集团，最后联合那些门阀士族，模仿汉朝建立了一种不伦不类的政权。

…………

319 年，石勒在襄国（今邢台）自称大单于和赵王，史称后赵。330 年，石勒统一华北，登基称帝。石勒不识汉字，对人们称他为胡人很不满，制定禁"胡"令，不得称"胡"，也不得写"胡"，违者问斩。原本从西域传入中原的"胡瓜"从此改名为"黄瓜"，虽然它是绿色的。

石勒是匈奴别部羌渠（康居）部落的后裔。他的一生堪称传奇，最早时仅靠"十八骑"起家。

史料记载，石勒"召集王阳、夔安、支雄、冀保、吴豫、刘膺、桃豹、逯明等八骑为群盗。后郭敖、刘征、刘宝、张噎仆、呼延莫、郭黑略、张越、孔豚、赵鹿、支屈六等又赴之，号为十八骑"（《南齐书·魏虏传》）。这其实是一支打家劫舍的响马，石勒在南征北战中不断招兵买马，积累战功，后来成为前赵的大司马、大将军，最后干脆取而代之，建立后赵。

在历史上，像"十八骑"这样能将姓名留下来的并不多。一些学者通过考证，发现这些人虽然不乏汉名汉姓，但其实大都是胡人，而且来自不同的民族：支雄、支屈六，出自月支人，当时叫作"支胡"；夔安来自天竺；刘膺、刘征、刘宝、呼延莫，皆是匈奴屠各部人；张噎仆、张越貌似汉人姓名，其实也是胡人，乌桓中张姓甚多，考虑到全名，张噎仆可能是乌桓人，而张越是石勒的姐夫，有可能同样是羯族；桃豹、郭黑略也是羯族人。这十八骑中，可以确定的胡人超过十人。王阳也可能是胡人，虽然王姓在胡人中不多，但乌桓姓王姓张的有的是。

唯一可以确定的是逯明和孔豚，这两人应该是汉人，因为逯姓和孔姓在其他少数民族中从未出现。

五胡十六国是一个分裂的时期，而且战争非常密集，典型的军事决定政治。战争主要发生在北方，骑兵成为决定战争成败的关键。整个华北平原，地势平坦，沦为骑马民族的逐鹿之地，所谓"得中原者得天下"。

仅仅依靠骑射，游牧民族匈奴面对中原农耕者的步兵时，并没有完全的胜算，比如李陵，就敢以五千步兵孤军深入。

这种力量对比在魏晋时期发生了剧变，骑射之外出现了冲击战术，这使得骑兵更具有攻击能力。诸葛亮说："登高履险，驰射如飞，进则先行，退则后殿，此之谓骑将。"（《将苑·将材》）

三国以后，冲击作战逐渐成为骑兵的主要战术，所用武器即马槊。

所谓马槊，也叫马矟，其实就是丈八长矛，换算为现在的长度将近4米。在《三国演义》中，张飞用的是丈八蛇矛枪，关羽用的是青龙偃月刀，实际上，两人可能都使用马槊。《后汉书·董卓传》中说，吕布用矛刺死了董卓，可见吕布也用矛，而不是什么方天画戟。

在合肥之战中，张辽一人一马一戟，在万马军中差点要了孙权的命，"辽被甲持戟，先登陷阵，杀数十人，斩二将，大呼自名，冲垒入，至权麾下，权大惊"（《通典·兵典》）。

冲击近战本来是为了对付匈奴的骑射战术，这在某种程度上大量吸取了步兵的战法。步兵缺乏机动性，其优势在于组织

三国时期东吴的骑士俑（鄂州博物馆藏）

马槊也叫马矟，其实就是长矛，形制不一，但都带有很长的木柄，便于马上冲锋

严密，依靠严格的纪律和配合，也可以对骑兵造成很大的杀伤力，用弓弩远射，用长矛和刀近战。

让骑兵迎着枪林箭雨冲击成建制的步兵阵地，同样需要严格的纪律和组织，这是松散的游牧民族所不能接受的。

在某种程度上，冲击战术是一种心理较量，步兵面对全副武装高速冲来的马队，与骑兵面对步兵阵地密密麻麻的长矛，有着同样的恐惧，结果是谁先崩溃，谁就输掉了战斗。

当骑兵遇到步兵阵列时，骑兵手持长矛，以最高速度向敌阵发起冲锋，一旦打乱步阵的秩序，造成混乱和崩溃，就取得了成功，这被称为"陷阵"。失去指挥和团队保护的弓弩手和步兵，在骑兵掩杀时基本没有逃生的机会。

当然，这种义无反顾的"冲锋陷阵"需要极大的勇气，即使人和马都装备了铠甲。

对骑兵来说，以很高的速度冲入敌阵之后，即使人和马没有受伤，也会失去速度优势。面对四周都是敌人的危险局面，这时也只能下马作战，这与早期骑兵到达战场后下马成为步兵非常相似。

在战术的运用上，骑兵常常选择轮番进攻，冲锋一次不成功，就退回，组织队伍再冲，直到把步兵方阵冲垮为止。骑兵还可以采用横冲的方法，从侧翼抵抗力比较薄弱的地方寻找突破口。

虽然冲击战术比骑射更容易对骑兵造成伤害，但它对步兵仍然具有相当的优势。除非像马其顿方阵那样具有严格团队精神的军队，一般步兵面对骑兵冲击，经常会因为恐惧而逃跑，从而使防线出现缺口，整支军队瞬间就发生崩溃。

当逐步汉化的北方鲜卑民族也学会了冲击战术后，中原对他们来说，就没有优势可言了。

投鞭断流

在中原与北方游牧民族的互动中，如果中原王朝处于统一的强盛时期，北方游牧民族就无机可乘，只能在边疆地区进行侵扰，勒索一些赏赐，如果不行，甚至选择内附。

反过来，如果中原陷入内乱，北方游牧民族就会乘虚而入，攻城掠寨，来了就不走，在中原建立自己的统治。

这在中国历史中经常出现，最后一次发生是在明朝末年，清朝因此而建立，最早一次发生或许可以上推到北魏——当时鲜卑人只是占领了北方。

在段颎的汉军中，步兵是骑兵的两倍，但决定战争胜利的却是担任突击任务的骑兵。可以想象，一旦游牧民族掌握了突击战术，这对中原军队来说无疑是一场灾难。

中原的农耕社会不具备养马条件，军队以步兵为主。因此，鲜卑骑兵获得了对中原步兵的战争优势，迅速入主中原，开启了一个南北分裂的局面，这是当年匈奴人做梦都想不到的。

从战争到政治，究其根源，在于内迁的游牧民族在政治和社会层面完成了脱胎换骨的转型。

汉画像石中的具装马铠

从赵武灵王的胡服骑射，到北魏孝文帝的禁胡服，历史转了一个大弯。

马鞍和马镫的革新发明，让技术改变了战术，因而改变了游牧民族与农耕民族的军事力量对比，也改变了中国的社会权力结构。

从秦汉"华夏帝国"到隋唐"中原帝国"，魏晋南北朝这段历史是一个承前启后的重要转折。

这四百年的分裂，再现了当年战国纷争的局面，战争与马的关系分外密切，一般是有马则胜，无马则输，马多必胜马少，战争越来越倚重骑兵化。动辄四五十万的大规模骑兵战，使骑兵的运用达到了一个高峰，而且这些骑兵一般都是装备铠甲的重骑兵。

不仅马上的骑兵装备了铠甲，而且连马也身披重甲。这种马铠也称为"具装"或"具装铠"。马铠总共由3000多片甲叶连缀而成，制作起来十分不易。官渡之战时，袁绍骑兵上万，只有300具马铠，而曹操连10具都没有。《晋书》记录姚兴击败乞伏乾归之后，"降其部众三万六千，收铠马六万匹"。可见当时骑兵装备的马铠数量已经很多了。

在某种程度上，马比人更重要，青壮年士兵可以随时随地征集，但战马却得之不易。为了征集尽可能多的战马，前赵刘曜下令平民不得乘马，后赵石虎则强行没收了民间所有的马匹。前秦苻坚为了攻打东晋，不管公私，所有马匹都被征用。

当时关陇地区盛产骏马。陈安因为占据关陇，一度拥兵十万。因为马力充裕，他的骑兵称雄一时，而陈安本人就擅长骑马战斗，他不仅"双带鞬服，左右驰射"，还能在马上运用"七尺大刀"和"丈八蛇矛"。

奈何生逢乱世，陈安有勇无谋，最终战败身死。刘曜"闻而嘉伤，命乐府歌之"，遂有《陇上为陈安歌》——

> 陇上壮士有陈安，躯干虽小腹中宽，爱养将士同心肝。骢骢父马铁瑕鞍，七尺大刀奋如湍，丈八蛇矛左右盘。十荡十决无当前，百骑俱出如云浮，追者千万骑悠悠。战始三交失蛇矛，十骑俱荡九骑留，弃

我骡骢窜岩幽。天大降雨追者休，为我外援而悬头，西流之水东流河。一去不还奈子何，阿呼呜呼奈子何，呜呼阿呼奈子何。

383年八月，苻坚率步兵60万、骑兵27万、羽林郎3万，以幼弟苻融为统帅，共90万大军从长安南下。

面对长江天堑，苻坚夸口说，"以吾之众旅，投鞭于江足断其流"。意思是说，他的骑兵数量之多，假如都把马鞭扔进长江，就足以让长江阻塞断流。

对苻坚来说，虽然有风声鹤唳、草木皆兵的说法，但淝水之战失败的直接起因，是苻融率领骑兵冲击晋军，"驰骑略阵"，结果失败，马倒被杀，再加上苻坚亦中箭，才导致前秦军溃不成军，自相践踏。

因为投水者太多，导致淝河水都阻塞断流，"投鞭断流"变成了"投尸断流"。

苻坚统一北方后，在关中建立了规模巨大的马场，许多羌人和鲜卑人被充作牧马的奴隶。后来苻坚在淝水一战大败，这些牧马者揭竿而起，真是后院着火。而且这些反抗者因为有充足的战马，战斗力十足、不可一世的前秦帝国瞬间崩溃。

当初苻坚发兵时，群臣一致反对，唯独大将慕容垂支持苻坚：陛下完全可以自决，何必问朝臣！结果苻坚大败，前秦亡国，慕容垂遂自立后燕。

慕容垂为鲜卑人，本是前燕皇子，在皇位争夺中败给慕容傈，不得已投靠前秦。按照慕容垂的想法，苻坚若赢了，他是功臣；如果输了，他就趁机独立。真是两头得便宜，果然一代枭雄。

游牧民族进入中原后，因为原先的族群差异，再加上汉化程度的不同，常常发生分裂，前秦是如此，北魏也是如此。

北魏分裂为东魏和西魏之后，不仅内部纷争不断，这种祸端甚至延伸到南方的梁朝，导致"侯景之乱"。

鲜卑化羯人侯景，因先天残疾，走路一瘸一拐，但却骑马如飞，而且能在马上左右开弓。侯景叛魏投梁后不久，再次发动叛乱，攻陷首都建康，囚死梁武帝萧衍，改"梁"为"汉"，称南梁汉帝。最无耻的是，他竟然自封为"宇宙大将军"。

北方不断发生分裂和内斗，一时之间难以进攻南方，南方也无力北伐，使中国南北统一的时间继续延后。魏晋南北朝这段历史长达四个世纪之久。

与北方相比，南方因为远离草原，战马非常稀缺，北方军队的步骑比例为 2:1 或 3:1，而南方军队常常达到 20:1，甚至 40:1，不足北方的 1/10。

…………

战争离不开地理因素。

正如战车的局限性，骑兵的战场在草原和平原地带，在山区、森林和河流较多的环境不仅难以施展，而且容易遭到步兵的埋伏和袭击。

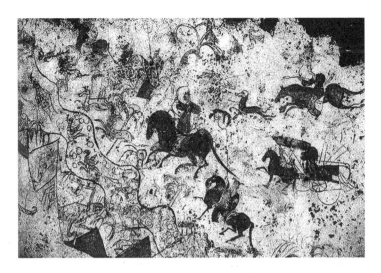

淝水之战导致中国南北对峙的局面又维持了 200 年，直到隋朝统一

中国南方因为密布江河湖泊，山林密集，使得在北方战无不胜的骑兵在南方无所作为，结果如同老虎与鲨鱼一样，形成南北对峙的局面。正如沈约在《宋书》中所论："夫地势有便习，用兵有短长，胡（北魏）负骏足，而平原悉车骑之地，南习水斗，江湖固舟楫之乡。"

昭陵六骏

从长时段来看，历史具有某种周期性。

作为"胡族所具有的以骑马为中心的军事力量"的产物，隋唐第二帝国在某种程度上是对秦汉第一帝国的恢复，同时它又接纳和混合了北方游牧民族的许多传统。

一个微妙的变化是，华夏汉人的民族记忆在不知不觉中，由"黄帝之裔"变成为"炎黄子孙"，炎帝成为与黄帝并列的华人祖先。修于唐代的《周书》记载鲜卑宇文氏的祖先由来，称"其先出自炎帝神农氏，为黄帝所灭，子孙遁居朔野"。

因为对周边游牧地区的接纳，唐朝之强盛丝毫不逊色于两汉。从国家到社会，在尚武精神的影响下，对马的崇拜也达到无以复加的程度。唐朝著名边塞诗人岑参在《送李副使赴碛西官军》这首著名的边塞诗中写道："功名只向马上取，真是英雄一丈夫。"

当时统治中国北方草原的，是强大的突厥。李渊、李世民父子在晋阳起兵前，曾经按突厥习惯训练骑兵，并向突厥借兵借马，以充军用。唐军中还有不少突厥骑兵参加，如名将史大奈就是西突厥特勤，他率领的突厥骑兵屡建战功。突厥马对唐

作为李世民手下第一猛将，尉迟敬德在后世成为民间的门神

代马种的改良起了很大作用，而突厥的骑兵装具和战术，也影响了唐代骑兵的发展。

"突厥所长，唯恃骑射。见利即前，知难便走，风驰电卷，不恒其陈。"（《大唐创业起居注》）突厥以轻骑兵击败了柔然的重骑兵，唐军也以轻骑兵击败了隋朝的重骑兵。

重骑兵虽然对阵步兵有很大的优势，但相对于轻骑兵来说，缺少机动灵活。唐朝以后，重骑兵逐渐被轻骑兵取代，其赖以存在的世族门阀制度和部曲私兵制也随之瓦解。

骑兵的轻装化，似乎并没有影响传统冲击战术，马槊和弓箭仍是常用的骑兵武器。尉迟敬德武艺高超，每次战斗，他都单枪匹马冲入敌阵，敌人的马槊从四面攒刺，也伤不到他；他不仅善于躲避，还常常能夺过敌槊，反刺敌人。这种神勇让他成为传奇人物，后来被民间当成了"门神"。

唐太宗李世民是马上皇帝，当年他亲率的"玄甲军"就是一支精锐的轻骑兵。李世民屡屡冲锋陷阵，"选精锐千余骑为奇兵，皆皂衣黑甲，分为左右队，队建大旗，令骑将秦叔宝、程咬金、尉迟敬德、翟长孙等分统之。每临寇，太宗躬被黑甲先锋率之，候机而进，所向摧靡，常以少击众，贼徒气慑"（《武经总要后集·出奇》）。

作为一名将领，李世民深得运用骑兵之妙，尤其是"阵后反击战"。

每当与敌军对垒相持时，他一方面督军"坚壁不动"，挫敌锐气；另一方面分遣精骑，抄掠敌人阵后，或切断粮道，以弱挡其强，使敌人溃败。在许多主力决战中，他都亲率为数不多的精骑，出其不意地冲入敌阵，或者迂回到敌后，给予致命打击。在敌人溃退时，他运用精骑的高速度穷追猛打，力求全歼敌人。

李世民取胜的秘诀，就是利用骑兵进行阵后反击战，用他自己的话说，"吾乘其弱，必出其阵后反击之"（《资治通鉴》）。

武德元年（618年）的浅水原决战中，他亲率几十个骑兵从敌军阵后冲入，前后夹击，敌军立刻崩溃。武德三年（620年），又以这种办法击败宋金刚，"太宗率精骑击之，冲其阵后，贼众大败，追奔数十里"（《旧唐书》）。武德四年（621年），李世民再次从阵后冲入，击败窦建德。

元代史学家胡三省说："秦王之破刘武周、宋金刚，与破薛仁杲、宗罗睺方略一也。"（《资治通鉴·唐纪四》注）

李渊父子当初起兵时缺乏骑兵，不得不向突厥求助，甚至手书称臣，许以"京师之财帛金宝入突厥"。这在当时只是权宜之计，但若无突厥帮助，也就没有李唐王朝。

请神容易送神难，后来唐朝为此付出了极大代价。突厥贪得无厌，"恃功骄倨，每遣使者至长安，多暴横"，以致"国用不足"。

武德七年（624年），突厥大军入寇长安，京城震动。李世民率百骑来到突厥军前，单枪匹马要与颉利可汗决斗，颉利可汗竟不敢应战。

两年后，李世民已经顶替李渊成为大唐皇帝，颉利可汗又率大军突袭长安。当时长安军队很少，群臣请求关闭城门固守，李世民又挺身而出，只带了六个随从——

> 出玄武门，幸渭上，与可汗隔水语，且责其负约。群酋见帝，皆惊，下马拜。俄而众军至，旗铠光明，部队静严，虏大骇。帝与颉利按辔，即麾军却而阵焉。（《新唐书》）

颉利可汗和众首领被李世民的果敢震住，按照突厥习惯，杀马为誓，结为兄弟之好，暂时避免了一场军事冲突。这就是著名的"渭水之盟"，但在李世民看来，却是"渭水之耻"。

唐太宗此后励志图强，发动了一场长达30年的战争，终于打败颉利可汗，消灭突厥势力，使许多突厥人加入唐军，一些能征善战的突厥将领甚至跻身长安贵族。对这些归化的突厥人来说，他们把李世民完全看作草原的可汗——"天可汗"。

唐太宗曾对侍臣说："自古帝王虽平定中夏，不能服戎狄；朕才不逮古人，而成功过之。……自古皆贵中华，贱夷、狄，朕独爱之如一，故其种落皆依朕如父母。"（《资治通鉴·唐纪十四》）

李世民做了皇帝以后，就很少再亲临战阵，极其怀念自己骑过的六匹战马，不仅给它们各自取了名字，还命人做成雕像，放在自己陵墓前，这就是"昭陵六骏"[1]。这些马也都属于突厥马，没有具装马铠，且身上大都有箭伤，其中"特勒骠"就是突厥特勒马。

1- 六骏是李世民在唐朝建立前先后骑过的战马，分别名为"拳毛䯄""什伐赤""白蹄乌""特勒骠""青骓""飒露紫"。为纪念这六匹战马，李世民令阎立德、画家阎立本兄弟二人，用浮雕描绘六匹战马列置于陵前。六骏中的"飒露紫""拳毛䯄"的浮雕像于1914年被打碎装箱盗运到美国，现藏于宾夕法尼亚大学博物馆。其余四块也曾被打碎装箱，盗运时被截获，现陈列在西安碑林博物馆。特勒骠是突厥汗国的高级官号之一，突厥人多以王室子弟为"特勒"。该马毛色黄里透白，唇微黑色，腹小腿长，为突厥良马，随李世民收复太原和河东失地立下大功，为纪念此马，故取名"特勒骠"，有赞美英雄、勇士之意。石刻细致地刻画出"特勒骠"壮硕的体形，矫健的身姿。唐太宗赞曰："应策腾空，承声半汉；入险摧敌，乘危济难。"

昭陵六骏之飒露紫。昭陵六骏是唐太宗昭陵的 6 块大型浮雕石刻，其中四块现存西安碑林博物馆

　　李世民在位 23 年，年号贞观，当时政通人和，亦称"贞观之治"。

　　吴兢是中唐时期的史官，他以一人之力，编撰了二十四史中的《梁书》《陈书》《齐书》《隋书》。同时，他还编撰了一部《贞观政要》，其中记录了不少唐太宗李世民的政治美德。

　　太宗有一骏马，特爱之，恒于宫中养饲，无病而暴死。太宗怒养马宫人，将杀之。

　　皇后谏曰："昔齐景公以马死杀人，晏子请数其罪云：'尔养马而死，尔罪一也；使公以马杀人，百姓闻之，必怨吾君，尔罪二也；诸侯闻之，必轻吾国，尔罪三也。'公乃释罪。陛下尝读书见此事，岂忘之邪？"

太宗意乃解。（《贞观政要·纳谏第五》）

宋朝司马光编撰《资治通鉴》的目的，多少有点类似《贞观政要》，其中也记载了一件趣事，说唐太宗有一匹好马，名叫"师子骢"，长得膘肥体壮，跑起来步履轻盈，但却野性难驯，无人能够调教驾驭。

当时，武则天还是一个普通官女，她在侍奉李世民时说：我能制服这匹马，但需要三件东西，一是铁鞭，二是铁楇，三是匕首；先用铁鞭打它，如果它不服，就用铁楇敲它的头，它要是还不听话，就直接用匕首割断它的脖子。

这段话貌似一个隐喻。后来李世民去世，武则天称帝，果然心狠手辣。她当政时期重用酷吏，以严刑峻法大兴牢狱，将一个大唐帝国弄得朝野震恐，告密成风，人人自危。

先秦时期，庄子曾借马与伯乐，来讥讽统治者的泯灭人性。他说：

马这种生灵，蹄子可以用来践踏霜雪，皮毛可以用来抵御风寒，饿了吃草，渴了喝水，高兴时欢蹦乱跳，这是马的天性。即使有金光宝殿，对马来说也没有什么稀罕的。马本来是自由自在的，可世界上出了伯乐，他说："我擅长治理马。"于

唐代墓葬壁画
中的胡人驯马

是，用火烧马毛，用剪刀剪马鬃，用凿子削马蹄，用烙铁烫印
记，用笼头和缰绳来拴住它们，用马槽和栏杆来圈禁它们，这
样一来，马便死掉十分之二三了。饿了不让吃，渴了不让喝，
让它们快速奔跑，或让它们猛地停下，让它们步伐整齐，行动
划一，前有横木缰绳的限制，后有皮鞭竹条的威逼，这样一
来，马就死了一多半了。[1]

1-《庄子·马蹄》。原文为：马，蹄可以践霜雪，毛可以御风寒，龁草饮水，翘足而陆，
此马之真性也。虽有义台路寝，无所用之。及至伯乐，曰："我善治马。"烧之，剔之，
刻之，雒之，连之以羁馽，编之以皂栈，马之死者十二三矣；饥之，渴之，驰之，骤
之，整之，齐之，前有橛饰之患，而后有鞭策之威，而马之死者已过半矣。

马粪与荔枝

作为关陇集团的政治产物，隋唐两朝多少都是承袭了鲜卑民族的统治，骑马的风俗极其普遍。

唐代疆域广阔，社会经济发达，骑马的高效快捷方便了人们的出行，同时也促进了对外贸易和文化交流。

丝绸之路兴起于汉，但在唐时最为繁荣，大量粟特商人由此鱼贯进入中国，玄奘也由此西行取经。[1] 在当时，沟通西域各个绿洲城市的，不仅有骆驼，也有大量的马。而且，比起骆驼来，马的速度优势是无与伦比的。

一般说来，在西域以外，是粟特人的世界，他们都喜欢骆驼，而从中原到西域这段路程，以汉人为多，基本都是骑马，所谓"马上相逢无纸笔，凭君传语报平安"。

丝绸之路其实也是军马之路，中原王朝通过丝马互市，用丝绸换回大量战马。西域地区绿洲密布，水草丰美，向来能出良马。开元年间，高仙芝为负责镇守西域的安西副都护；杜甫

1- 所谓丝绸之路商道，出了中原便进入突厥人控制的地区，其上主要的贸易贩运工作都是由粟特人完成的。

陕西礼泉县初唐辅国大将军张世贵墓出土的陶马，高49厘米，白色绘彩，马的身躯微微后坐，右前蹄抬起，马头侧俯嘶鸣，似乎要挣脱前面牵马俑手中的缰辔而驰奔沙场

专门写了一首诗，称颂他的青骢马——

安西都护胡青骢，声价欻然来向东。

此马临阵久无敌，与人一心成大功。

功成惠养随所致，飘飘远自流沙至。

雄姿未受伏枥恩，猛气犹思战场利。

腕促蹄高如踣铁，交河几蹴曾冰裂。

五花散作云满身，万里方看汗流血。

长安壮儿不敢骑，走过掣电倾城知。

青丝络头为君老，何由却出横门道。

（《高都护骢马行》）

作为周人和秦人的故地，位于关中西部的岐山，在唐代成为京师附近最重要的牧场。历史地理学家史念海先生说："唐

代重视养马。养马的地区相当大……岐山附近也是养马区。治所在陕西凤翔的岐州为牧马地，岐州就在岐山下。和岐山相距不远的陇山附近，也有两个著名的牧马地。……用现在的地理概念来说，唐代养马地区最西到了青海东南部，向东包括甘肃中部和东部、陕西北部和山西西北部。"[1]

初唐时期，岐、豳、泾、宁间广地千里，所产军马数量高达 70 余万匹，再加上来自丝绸之路的西域马，以至"天下以一缣易一马"，一匹绢换一匹马，可见当时马多么便宜。"谓秦、汉以来，唐马最盛。"（《新唐书》）

老子说：天下有道，却走马以粪。马的体型庞大，食量惊人，因为对草料的利用率低，马的排粪量也极其惊人。马多了，马粪的处理就成为一个大问题。在农耕社会，肥料非常紧缺，官办马场如同一个大型化肥厂，马粪在和平时期往往会给主管马政的官吏带来巨大的灰色收入。

欧阳修的《归田录》中记录了很多历史逸事，其中就有"吃马粪"的记载："群牧司领内外坊监使副判官，比他司俸入最优，又岁收粪鞿钱颇多，以充公用。故京师谓之语曰：'三班吃香，群牧吃粪'也。"

清代思想家王夫之说，汉朝和唐朝之所以能对外扩张，这要归功于大规模地养马。

1- 史念海、曹尔琴、朱士光：《黄土高原森林与草原的变迁》，陕西人民出版社 1985 年版，第 160—161 页。

马匹的充裕，不仅使军队普遍地走向骑兵化，也让马开始进入寻常百姓家，用于生产运输甚至农耕。唐朝时期甚至还诞生了中国马术，可以在皇宫举行马球比赛。

但在农耕条件下，私人远游和长途运输仍然是一件极其辛苦而奢侈的事情，特别是日夜兼程的飞马快运，绝非一般人可以承受。

"十里一走马，五里一扬鞭。"马的神速，曾留下一个"妃子笑"的典故。

《后汉书·和帝纪》载：旧南海献龙眼荔枝，十里一置，五里一候，奔腾阻险，死者继路。《新唐书·杨贵妃传》记载："妃嗜荔支（枝），必欲生致之，乃置骑传送，走数千里，味未变已至京师。"[1]

杨贵妃享受几粒"妃子笑"的代价，是无数驿夫和驿马累死于万水千山的迢迢路途。[2]杜甫《病橘》诗曰："忆昔南海使，奔腾献荔支（枝）。百马死山谷，到今耆旧悲。"

"一骑红尘妃子笑，无人知是荔枝来。"快马缩短了距离，杨玉环在长安吃上了南方的荔枝。史思明也常常将洛阳的樱桃，以十万火急的速度送给远在河北的儿子史朝义。

1- 据说杨贵妃所食荔枝来自重庆。《舆地纪胜》中引旧志云："杨妃嗜生荔枝，诏驿自涪陵，由达州，取西乡，入子午谷，至长安才三日，色香俱未变。《涪州志》云，七日到长安，不同。"从重庆到西安，近两千里，依唐代急驿日行五百里的极限，三五日可到。

2- 唐武宗时，肃州驿夫发动起义，借助快马，"千里奔腾，三宿而至"，从肃州一路打到沙州。这是中国历史上第一次驿夫起义，明末李自成也是一名驿夫。

安史之乱

唐太宗之后，唐朝宫廷内部的权力斗争非常激烈，特别是武则天时期，以酷吏对官僚集团进行残酷清洗，根本无暇关注边疆的突厥军队。

唐太宗推行的科举制度提高了文官的地位，突厥军人与文官集团的矛盾越来越大。到了唐玄宗晚年，皇帝沉湎声色，再加上吏治紊乱，所用非人，危机终于爆发了。

755年成为中国历史的转折点，从此农耕者屡屡被游牧者攻击。"渔阳鼙鼓动地来，惊破霓裳羽衣曲"，安禄山的骑兵几乎颠覆了一个盛世大唐，"宛转蛾眉马前死"。

按照《资治通鉴》的说法，安禄山起兵反叛主要是因为杨玉环。

天宝十载（751年），安禄山在长安时，在杨贵妃的宫里"对食或通宵不出"，结果传出丑闻。当时唐玄宗年事已高，对杨玉环又"颇内惧"，这件丑闻自会压下，但将来太子登基，安禄山必将因"乱宫闱"而招致诛族大祸。因此，安禄山惧于一旦东窗事发不可收拾，只有造反可以弥盖，且可以逞其大欲也。

安禄山手握唐朝近一半的兵马，反旗一举，便天下倾覆。若不是安禄山突然眼疾失明，后被其子安庆绪所弑，那中国历史上可能会出现一个大燕王朝。

安史之乱不仅是人的浩劫，也是马的灾难。战争过后，白骨露于野，其中马骨更比人骨多。

安、史二人之所以能造反，其中一个原因，就是他们拥有充足的马力。

在洛阳之战中，史思明为了炫耀自己的战马很多，故意将数以千计的好马赶到河里洗澡，让河对面的李光弼眼红。结果李光弼搜集了一些母马，赶出城来，这些母马一叫唤，河里的公马纷纷游过河去，跑进李光弼的营中。史思明后悔不及。[1]

这颇有点"草船借箭"的味道。

1-《资治通鉴》卷第二百二十一：思明有良马千余匹，每日出于河南渚浴之，循环不休以示多。光弼命索军中牝马，得五百匹，繫其驹于城内。俟思明马至水际，尽出之，马嘶不已，思明马悉浮渡河，一时驱之入城。

中唐以后，朝廷所能控制的区域仅限于中原和南方，西北产马地区落入吐蕃之手。当时从回纥买马，每匹马值绢40匹，比初唐时贵了39倍。因为战马短缺，唐军不得不转变成以步兵为主。

许多地方割据政权同样缺马。当时一些淮西军阀组建起"骡子军"，让步兵骑乘骡子作战。骡子虽然比不上马，但仍比步行移动得快多了。步兵高超的射箭和白刃格斗技艺，如果再加上较高的机动能力，就足以让朝廷官军畏惧三分。

在步兵世界，骑兵更容易达到奇袭的效果。这一时期，也出现了一些善用骑兵的名将，其中最著名的莫如李愬。

唐宪宗元和十年（815年），淮西节度使吴元济叛乱，李愬率领3000名训练有素的骑兵，在大雪中长途奔袭，直捣蔡州，活捉吴元济。此战让淮西和残唐获得了长达数十年的太平时光。

唐僖宗中和元年（881年），黄巢起义军攻入关中，僖宗奔蜀，长安沦为战场，不仅终结了唐帝国政权苟延残喘的局面，也终结了长安千年来作为中国政治文化中心和首都的地位。

以后，中国历史的战争冲突从东西方向转变为南北方向。

用戴蒙德的说法，东西方向处于同一纬度，从气候、地貌、饮食、建筑和文化上都比较相似，南北方向处于同一经度，但却是不同纬度，不仅气候、物产、风俗等大相径庭，就是人们的思想性格也截然不同。

唐代墓葬中出土的
骑马武士俑

唐代以后，中国的文化经济中心发生南移，南方人口开始
超过北方[1]。

与此同时，随着游牧民族的一次次南侵，中国作为一个大
一统国家，政治统治中心则发生北移。在未来的日子里，位于
华北平原北部的北京成为掌控中国的权力中心。

1- 隋朝之前，北方的后周人口1000万，南方的陈国只有200万人口，南北比例为 1:5。
　唐朝安史之乱前，南方与北方人口比例为 4:6；到北宋初，南北户口之比大约为
　6:4。到元初时，长江流域及以南地区的人口已经占到全国人口的 85% 到 90% 之间。
　明清时期，随着美洲作物（玉米、红薯、土豆、花生等）大面积推广，南北人口逐渐
　趋平。

无力的北伐

中国历史向来是一治一乱。

唐朝崩溃后，中国再次出现南北分裂的局面。在中原乱局中，后晋皇帝石敬瑭拜倒在异族的脚下，自称是契丹人的儿子。

对农耕者的宋朝来说，北方的燕云十六州[1]和西北边疆尽已失去，而这些地方不仅是重要的军事防线，而且恰恰是军马的主产地。

北方有契丹（辽），西北有西夏，这些产马地尽落游牧民族之手，导致宋朝从始至终，只能以步兵的血肉之躯抵挡游牧民族铁骑的冲击。对此，欧阳修曾提议，唐朝的产马地如陇右、河套、河西、幽州都已经被西夏、契丹所占据，但是河东路的岢岚石楼两县，也就是汾河之侧的吕梁山区，以及京西的

1- 幽云十六州，也称燕云十六州，指幽（今北京）、云（今大同）等十六个州。这里地处太行山两翼，加上长城，是中原历朝抵抗北人南侵的屏障。后晋石敬瑭将它割让给契丹，从此北人可长驱直入中原。宋时此地落入金朝之手，后来他们就毫无阻挡地南下掳走徽钦二帝，北宋亡。明初徐达挥师北征，才收复之。

唐河和汝河地区还是比较适合牧马的。[1]

北宋时期，马匹之优良者有陕马、川马和广马三种，宋朝尚可以依赖陕马和川马。南宋时期，河东、陕西两路先后断绝，陕马失去来源，所依赖的多为川马和广马。这两种马多产于大理，当时大理国与宋朝没有发生战争。但要从广西和四川取马，道路险阻。

除了大理，宋朝也从吐蕃购马。川陕所市之马，大多是在茶马互市中获得的吐蕃高原马，从青藏高原到湿热的平原，难以适应气候变化，因此常常"多道毙者"。

1-《宋史·兵志十二·马政条》。又见《续资治通鉴》卷第五十九。原文为：唐之牧地，西起陇右金城、平凉、天水，外暨河曲之野，内则岐、幽、泾、宁，东接银、夏，又东至于楼烦。今则没入蕃界，沦于侵佃，不可复得。惟河东岚、石之间，山荒甚多，汾河之侧，草地亦广，其间水草最宜牧养，此唐楼烦监地。迹此推之，则楼烦、元池、天池三监旧地，尚冀可得。臣往年出使，尝行威胜以东及辽州、平定军，其地率多闲旷。河东一路，水草甚佳，地势高寒，必宜马性。又京西唐、汝之间，荒地亦广。请下河东、京西转运司遣官审度，若可兴置监牧，则河北诸监，寻可废罢。

中原缺马，北方的辽兵和金兵却一人三马

　　从军事上来说，只有马还不够，要形成战斗力，关键是要训练出大量的熟练骑兵。

　　与宋朝对抗的辽、西夏、金、元等北方民族，即中国传统中的所谓胡人，他们"长于骑射，其所以取胜，独以马耳。故一胡人有两马，此古法也。《北征》诗云：'阴风西北来，惨澹

随回鹘。其王愿助顺，其俗喜驰突。送兵五千人，驱马一万匹。'是知一人有两马也。中国若不修马政，岂能胜之"（《懒真子·卷三》）。

这些游牧部落的军队进行大规模会战时，动辄就发动几万以至十万以上骑兵，步兵仅负责后勤和工程等配合工作。从汉武帝击败匈奴就可以看出，骑兵作为冷兵器时代的突击兵种，如果集中使用，往往可以发挥很大的威力。

无论是大批量地养马，还是大量地培训骑兵，这对宋帝国来说都是一件艰难的事情。

宋神宗熙宁二年至五年之间（1069—1072年），全国12个养马的"监牧"，平均仅能"岁出马一千六百四十匹，可给骑兵者二百六十四"（《宋史》）。在《宋史·兵志》中，诸如"马不足""乏马""马政不修""驹不蕃而死者益众"之类的记载非常多。

宋军所谓的骑兵，其实也是徒有其名，大多都没有什么马。

宋仁宗时，"今天下马军，大率十人无一二人有马"（宋祁《景文集》）；宋神宗时，"河北马军阙马，其令射弓一石者先给马，不及一石令改习弩或枪刃"（《续资治通鉴长编》），甚至出现了"马军多而马不足，妨废教阅"（同上书）。

因为马少，会骑马的人就更少，骑兵也就越发得不到重视。

靖康二年（1127年），金兵大举南下，宋朝从京城调兵，"军士行者，往往上马辄以两手捉鞍，不能施放，人皆笑之"（《续资治通鉴》）。

在"雍熙北伐"前期，宋军一度取得了巨大的成功，但辽国很快就反败为胜，其中一个重要原因就是，后者依靠骑兵军团在速度和机动性上占有绝对优势。

面对宋朝方面由曹彬率领的东路军，辽军骑兵避其锋芒，断其粮道。待宋军因粮绝而人困马乏，辽军对宋军发动了进攻。

宋军精疲力竭，既不能拉弓射箭，也不能挥动武器，只能被动挨打，在岐沟关迅速崩溃，雍熙北伐最后以失败而告终。

无处买马

从地理上来说，宋朝北伐的目的，其实是想恢复秦汉时期的长城屏障。

当时宋朝以开封为首都，与辽国之间是平坦的华北平原，这里无险可守，也没有缓冲，形势非常严峻。除了依托城池进行防守，野战只能靠步兵。

为了以步胜骑，宋朝上下非常迷信各种阵图和阵法，但墨守成规的阵法根本架不住骑兵冲击。

宋熙宁八年（1075年），张方平给宋神宗算了个账，说宋军总共与契丹打了81次仗，其中输了80次，"唯张齐贤太原之战才一胜耳"（《续资治通鉴长编》）。

宋庆历元年（1041年）的"好水川之战"，宋帝国硕果仅存的镇西军重甲骑兵军团全军覆没，此后大宋就没有了成建制的骑兵军团。

此战之后，获胜的西夏迅速崛起，一举夺取了宋军最后的几处马场。此消彼长，与北方游牧部落完全相反，军马的严重匮乏使宋朝军队屡战屡败。

李元昊的西夏重骑兵完全实现了人马合一，乃至人死了也不会从马上掉下来，所谓"以铁骑为前军，乘善马，重甲，刺砢不入，用钩索绞连，虽死马上不坠"（《辽史·兵卫志》）。

虽然王安石时期曾经多次号召民间养马，但实际上，在精耕细作的种植农业模式下，根本不适宜养马。中原本来就人多地少，养一匹马至少需要50亩地，养一匹马的土地可以养活25个人。如果再看《清明上河图》，即使繁华如汴京，商贾如云，官宦如雨，但马车和骑马的却比较罕见，最多的不过是一些种植农业离不开的牛车和骑驴者，或者人力的轿子。

在当时，虽然通过边境贸易，宋朝可以用茶叶、丝绸、铜钱等交换来一些马，但根本不敷军用。

从北宋到南宋，马的价格直线上升，买一匹马的价钱可以置买几百亩良田。另外一点，马匹贸易实际就是军火贸易，遭受各方严格管制。宋朝官府一直禁止民间买马，也在一定程度上限制了马的流通。[1]

12 世纪，金国的崛起打破了宋辽之间的长期和平。金人在两年间先后灭掉了大辽和北宋，将徽钦二帝掳至北国。金人还以所掠宋人至夏国易马，以十易一，即 10 个宋人才抵得上 1 匹马的价钱。

…………

靖康之难后，南宋帝国仅余半壁江山，北方的军马基地尽数丢失，马匹更加奇缺，而且价格越发昂贵，就连皇帝赏赐大臣，也只能赏"半匹马"[2]。

绍兴五年（1135 年），南宋朝廷商讨从广西买马，宋高宗说："昨计算余杭监牧，一岁支费，无虑二万缗，自可收买战马百五十匹。"（《建炎以来系年要录》）即广西的马价为每匹 133 贯。隆兴元年（1163 年），都督江淮军马张浚言"朝廷每岁于川、广收买战马计纲起发，每匹不下三四百千"（《宋会要

1- 宋代对私人买马限制颇严，真宗咸平五年（1002 年），还制定了"秦州私贩马条例"，规定："自今一匹杖一百，十匹徒一年，二十匹加一等，三十匹奏裁，其马纳官，以半价给告事人。"（《续资治通鉴长编》卷五十一）即使官员私买马也不允许，以保证政府对马匹的控制。但是由于官府买马"市良而弃驽"，又不准民间私买，蕃人往来驱赶，死于途中不少，获利不多，使得交易马匹减少，影响了政府用马。

2- 庄绰《鸡肋编》记载：建炎之后，以国用窘匮，凡故例群臣赐予，多从废省。唯从官初除，鞍马、对衣之赐犹存，而省其半。绍兴二年，黎确由谏议大夫除吏部侍郎。见其赐目，后用御宝，而云："马半匹，公服半领，金带半条，汗衫半领，袴一只。"甚可笑也。

辑稿》）；若在两淮当地买马，每匹则高达 200 贯。

橘生淮南则为橘，橘生淮北则为枳。汉唐以后，战马的标准身高已经远非先秦时候可比。但南宋的马体形普遍较小，一般约为 1.36 米，按现在的标准也不算大马。韩世忠曾向高宗献马一匹，高五尺一寸，按宋代一尺约 31.4 厘米计算，约合 1.6 米，这已是宋朝罕见的大马了。

南宋建炎四年（1130 年）的"富平之战"中，宋金两军先是僵持不下。后来，金军发现了宋军有一处民夫构筑的营寨，便以 3000 骑兵攻击这个软肋，民夫纷乱，逃往宋军主营，金兵趁乱强击，18 万宋军一败涂地，金兀术一举占领关中。

在次年的"和尚原之战"中，因和尚原一带尽是山谷，路多窄隘，怪石壁立，金军失去骑兵优势，宋军才艰难取胜，总算保住了四川。

在对宋战争中，金兀术最倚重的就是骑兵。他将重骑兵称为"铁浮屠"，轻骑兵称为"拐子马"；"铁浮屠"担任正面冲击，"拐子马"负责包抄侧翼。这种战术对野战步兵具有碾压般的效果。

缺少骑兵对抗的宋军，一般只能依托城池进行防守。

在顺昌守卫战中，宋将刘锜想出奇谋，他让将士每人都带着装满豆子的竹筒。当遇见"拐子马"，就抛出竹筒，竹筒里的豆子撒了一地。马看见豆子，跟猫闻着鱼腥一样，便容易失去控制，而滚来滚去的豆子和竹筒也让人和马步下打滑，站立不稳，无力组织进攻。宋军趁机用大刀专砍马腿。金兵因此大败。

当然，这种"撒豆成兵"的战术也只能使用一次，再用就不灵了。

"岳家军"是南宋各路军团中最厉害的，因为岳飞的骑兵是最多的。但其实岳云率领的"背嵬军"，其主力也就只有8000骑兵。面对金人的铁骑，"岳家军"一般是以步兵的钩镰枪应战。

在严重的军事压力下，宋朝从庙堂到民间激发起一系列关于武器和城防的技术革新。比如"铁蒺藜"就很有名，这种铁制武器有四到六个尖，将它撒在路上，如同地雷一般，一旦骑兵没有注意，铁尖便刺入马掌，马就会因受伤而失去控制。

但总体而言，缺乏骑兵这个核心兵种，即使有新发明的火器助阵，宋朝依然是败多胜少。偶尔取得胜利，也只能做到击溃战，而不是歼灭战。

中国历史在宋代达到一个文明的巅峰阶段，宋帝国也是当时世界最富裕的国家。但等到最后一个军马产地大理被蒙古人占领后，已经注定了被马上民族征服的最终命运。

> 国家一从失西陲，年年买马西南夷。
> 瘴乡所产非权奇，边头岁入几番皮，
> 崔嵬瘦骨带火印，离立欲不禁风吹。
> 圉人太仆空列位，龙媒汗血来何时？
>
> （陆游《龙眠画马》）

以茶易马

虽然朱元璋的个人经历很像"马上皇帝"刘邦，但从很多方面来说，明朝与宋朝具有极其相似的命运。尤其是明后期，来自北方骑马民族的威胁，一直是帝国挥之不去的噩梦。

朱元璋从南方起兵而夺取天下，缺少骑兵简直是先天性的。

洪武二十三年（1390 年），明朝清点全国兵马数，计官兵1204923 人，马仅 45080 匹，可见军马的缺乏。

与擅长骑射的蒙古军作战，只能依赖步兵固垒。"与虏战失利，敛兵守塞"，"北平口外马悉数不过二万，若逢十万之骑，虽古名将，亦难于野战。所以必欲知己，筹我马数如是。纵有步军，但可夹马以助声势，若欲追北擒寇，则不能矣"（《明太祖实录》）。

在实际战争中，步兵的投送能力远远弱于骑兵，明朝不得不收缩防线，陆续放弃了河套和西域等战略要地，"明军自是希出塞矣"（《明史》）。

基于军事压力，明王朝对马是比较重视的，一方面成立了

晚明时期绘制的《左良玉出师图》局部

专门的马政机构——太仆寺和苑马寺，太仆寺由兵部直辖；另一方面鼓励民间养马：15丁以下养马1匹，16丁以上养马2匹，每2年交1驹，可免交一半粮草。

　　明朝疆域相比元朝大为缩小，尤其是自古以来出良马的地区如西域、东北和塞外，都不属于明朝直接管辖。对此，明朝只能通过开设边疆马市来进行交换。因为少数民族离不开中国南方的茶叶，明朝政府推行的茶马贸易卓有成效。

　　对于强调华夷之别的中原文明来说，"彼得茶而怀向顺，我得马而壮军威"。一匹好马可换 120 斤茶叶，普通马换 70 斤，马驹换 50 斤。明代通过"茶马法"获得不少良马。洪武二十五年（1392 年），仅河州（今甘肃临夏）一地，所交换的马就有一万多匹。"将茶价涌贵，番人受制，而良马亦有不可胜用者矣"（《明经世文编》）。

　　茶马互市在唐宋时期就有，尤其是南宋时期的"蜀茶博马"。用南方特有的茶叶从牧区换取军马，可以有效地防止银钱外流，具有极大的战略意义。因此，从宋朝开始，茶叶也跟食盐一样，实行官府垄断经营，称为"榷茶"。明朝也沿袭了这一政策。

永乐以后，除茶马交换外，也用布帛绢等物易马。

明朝缺马，军队以步兵为主，而燕王朱棣却拥有大量骑兵，其中还有不少蒙古骑兵。

正因为有这个优势，朱元璋一死，朱棣就发起靖难之役，以武力推翻了南京的中央朝廷，将明朝首都迁至北京，改元永乐。

在永乐年间，明代骑兵达到鼎盛。永乐七年（1409年），淇国公邱福率10万精骑北征，结果全军覆没，仅用了半年时间，又重新征发了30万骑兵。

中国历史有一个规律，每个王朝初建时励精图治，历经几代之后，便盛极而衰，权力堕落，民间贫困，内忧外患共同爆发；即使偶有中兴者，亦难以挽回一路衰落的颓势。

对明朝来说，正统十四年（1449年）的土木堡之变是一个由盛转衰的拐点。当时，蒙古也先遣使进贡战马，以少充多，太监王振以其有诈，减其马价，遂激起也先大举入寇。王振怂恿皇帝亲征，结果13万（号称50万）明军被同样数量的瓦剌军在土木堡团团包围，最后全军覆没，皇帝朱祁镇被俘。

明朝之所以大败，一个基本的原因是，明军 5 万骑兵被也先设伏围歼，剩下的全部是步兵，而瓦剌都是骑兵。最后，数万明军结营自守，也先集劲骑四面冲击，践踏而入，明兵争相逃跑，行阵随之溃乱。

进入嘉靖之后，明朝吏治更加腐败，马政严重荒废；与此同时，帝国军队在边疆地区也是节节败退。

在中国历史上，明朝算是比较幸运的，当时北方游牧民族分裂内斗，一盘散沙，在大多数时候，没有一个统一的草原霸主，唯一的例外是蒙古瓦剌也先。但北京的地理位置，也使其成为饱受游牧力量攻击的脆弱之地，明朝上下始终排除不了这种焦虑。

因为有骑兵之利，蒙古军队行动飘忽不定，明军缺乏骑兵，疲于奔命，只能筑墙修堡，据关死守。秦长城在明代几乎被全部重修了一遍，工程极其浩大。即使这样，仍无法防范蒙古人和女真人长途奔袭，越过长城，进犯京师。

嘉靖四十一年（1562 年），"开例捐马授职"，即捐马给官府，可授予官职。万历年间，马匹的短缺已经严重影响到"车骑营"的组建。万历六年（1578 年），检查战兵、车兵、选锋，共少马 4000 余匹；经多方调配，到万历七年以后，才逐渐补足 5000 之数。可以想见，连车营所需的马匹都不能满足，更不用谈建立精锐的骑兵部队了。

崇祯初年，袁崇焕组建关宁铁骑，以骑制骑，同样深受无马之苦。用明朝人的话说，"虏所以轻侮中国者，唯恃弓马之强而已"（《明经世文编》）。

没有精锐骑兵，这使得明朝军队面对蒙古和女真等马上民族时，只能采取被动的守势。戚继光抱怨说："国之大事在戎，兵之驰骋在马。西北原野，以马为命，所赖不亦重乎！""贼以一人而骑牵三四个马，且马又是经年不骑，喂息膘壮。我马每军一匹，平日差使羸瘦，临时只驮送盔甲与军之本身也不能。"（《练兵实纪》）"虏以马驰逐，我亦马应之。虏皆二三其马，且骠壮而惯习之，我军一马，又皆羸弱，是马之算弗如虏也。虏以马冲，我以步应之，挑濠则为自守计，非却虏也。若出步战，必不能当群马之冲突。"（《明经世文编》）

明朝名将辈出，但大都命运多舛，甚至不得善终。在北方战争中，明军的战略几乎都是以车制骑，即所谓"以车为正，以骑为奇"，这其实是不得已而为之。

最后的八旗

历史看多了，就没有新意，虽然换了时间和人物，但事件本身却是重复的，甚至发生在相似的地点和背景下。

从地理历史来说，中国古代的历史大势，始终是两种异质文化之间进行的长期互动，即游牧与农耕、草原与中原；或者说简单一点，是马与牛。这种互动是周期性的。

对此，一位专门研究蒙古史的历史学家说：

> 定居人民常常是容易受攻击的，而掠夺的入侵几乎是一定可以成功。即使其结果是失败，而在开始时候也可以带来战利品和欢宴。如果事有凑巧，中国人的官廷里面或是兵营里面发生了什么骚动因而边境空虚，就可以征服一座城、一个省、一个帝国。这就是历史上中国和蒙古关系中的一种规律。如果细究中国的编年史，突厥—蒙古人的掠夺性入侵是经常性的，除在汉、唐全盛时期以外，几乎每十年就有一次。如果这个朝代正在强盛时候，侵掠仅仅是侵掠，有如虫螫在广大的帝国躯体之上。如果机能有了毛病，这就

是死亡。[1]

宋朝大多数时间是与金朝交战，最后胜利的却是蒙古人；明朝在大多数时期是与蒙古人交战，最后却是女真人笑到了最后。明朝重新上演了宋朝的悲剧，没有马的步兵又被有马的八旗骑兵所打败。

在宋朝之前，唐朝是中国疆域最大的时期，只是这个时期仅仅维持了很短的时间，随着安史之乱便分崩离析了。

人们对宋朝中国存在一种普遍的看法，就是将宋视为主体，辽金等则被当作"他者"；如果抛开这种观点，从更大的视野和更长的时段来说，这其实是一个列国时代，或者说类似南北朝那样的分裂时代。

尤其是到了元朝时，"中华"的框架突然一下子扩大了，原先作为辽、金、西夏、大理、吐蕃的"他者"也都成为中国的一部分，这是唐以前所没有的。

与传统的纯汉族王朝相比，这种非汉族征服王朝打破了古老的"夷夏之辨"，从制度上更加包容与多元，从而将更多的边疆民族纳入统治。正是这样一个崭新的建国框架，才将中国领上了通往"多民族之巨大中国"的道路。

1-［法］雷纳·格鲁塞:《蒙古帝国史》，龚钺译，商务印书馆1989年版，第272页。

在明朝复辟之后，清朝将这一"中国模式"进一步发扬光大，最后成就了今天的中国。

在农耕民族看来，游牧民族是落后的，但就国家构建而言，游牧国家更加多元和开放。相反，农耕国家反倒因为宗族观念的束缚，容易走向内向和封闭。

创建清朝的满族人生活在森林地带，他们从一开始就接纳了游牧、农耕和渔猎等不同文化，形成一个多民族的军事政治体。从后来的历史发展来看，这种多民族的国家共同体为现代中国提供了一种文化铺垫。

子在川上曰，逝者如斯夫。许倬云先生将中国历史比作一条河流，在发展过程中，中国文化吸纳多方，汇集为浩荡洪流，奔向全球化的海洋。在《万古江河》中，许先生将中国历史的发展分为四个阶段：秦汉之前为"中国的中国"；秦汉到隋唐是"东亚的中国"；宋元明三代则为"亚洲的中国"；从明末到清，是"世界的中国"。一部中国史，也是一部中国融入整个人类世界的历史。

从制度上，清代的皇权官僚体系看似与秦始皇创立的"秦制"毫无二致，但此时的中国已经不再是"天下"，也不再是天下的中心，而只是世界的一部分；甚至从西方的视角来看，处于世界的边缘地带。

中国传统历史叙事中，清朝仍被看作与以前周、秦、汉、唐、宋、元、明类似的改朝换代，虽然它是中国历史上的最后一个封建王朝。但西方汉学家从全球史的角度，表示了不同的观点，这就是颇有争议的"新清史"。

这实际上体现了从时间的纵向与地理的横向上不同的视角。

清朝建立之时，正值西方帝国主义依仗武力在全球范围内进行殖民和扩张。满族人以极少的人口征服和统治了一个巨大的东亚帝国；从人口、疆域、民族和治理手段来说，清朝都远远超出了中国历史上所有的朝代，尤其是明朝。欧美学者更喜欢将"大清帝国"与奥斯曼帝国、莫卧儿帝国、沙皇俄国相提并论——

> 大清帝国在性质上与之前各代相继的汉人或异族王朝有所不同。作为标准的近代早期欧亚大陆形态之多民族普世帝国，其在扩展"中国"的地理范围，将如蒙古、女真、西藏、内亚穆斯林与其他非汉民族，整合成一种新形态、超越性的政治体上，取得惊人的成功。[1]

满族人入关之前，通过征服蒙古族获得了大量战马。满族人入主中原后，为了维持统治，与元朝一样，对汉人实行严

1- [美] 罗威廉：《最后的中华帝国：大清》，李仁渊、张远译，中信出版社 2016 年版，第 256 页。

清人八旗以骑兵为主，弓箭是主要武器

厉的禁马政策，不仅禁止汉人养马，还严厉禁止汉人骑马。同时，为了保持骑射传统，甚至不惜迟滞火器的革新。

自古以来，蒙古高原就是中原王朝的最大威胁，到清朝时，这一威胁逐渐化解。

对于擅长骑射的蒙古族人，清朝给予很高的官职和薪俸，并用满蒙通婚加以笼络。但这并不是说没有防范，蒙古族人在清朝失去游牧的自由，只能在固定的牧场生活，而且未经允许不得入关。

从康熙到雍正和乾隆，实行以蒙制蒙，一些大部落被拆分成小部落，许多反叛的蒙古族部落都遭到严厉打击，准噶尔部甚至被屠杀灭族。后来的蒙古族贵族基本都很顺服，或者沉迷于宗教，或成为维护清朝统治的马前卒。

如果说在清前期，草原仍有一定的威胁，那么到了清后期，最大的威胁已经不是来自草原，而是来自海上。

咸丰十年（1860 年），在北京郊外的八里桥，蒙古族铁帽子王僧格林沁率领最后的八旗骑兵，对英法联军展开了一场伏击战。这是一场热兵器与冷兵器的对决，以骑射闻名天下的八旗军遭到了工业时代枪炮的无情绞杀。

一名法国军官在日记中描述当时的战况：

> 正当英军在左翼展开的时候，我们很迅速地冲向右侧。运动刚刚结束，从四面八方正对着我们就出现了无数用长矛和弓箭武装起来的骑兵，又整齐又迅速地向前冲来……
>
> 鞑靼骑兵的人数每时每刻都在不断地增加，很快我们整个战线都遭到迂回和包抄。一时我们都认为已经被密云一般的骑兵团团围住了，他们的人数真是多得吓人。科林诺将军很快地部署好了他的炮兵，大炮发射出去的许多炮弹在敌人骑兵中引起了混乱……
>
> 每颗子弹打出去，总有某个骑兵落马，一匹战马

腾空而起，然后再负伤跌倒在地。然而这一片密集如
云的骑兵队伍却仍然声色不动地向前跑来……[1]

进入晚清，吏治腐败，马政糜烂，军马奇缺，尤其是
南方。

1911年，武昌起义爆发，清军因为没有马来运送大炮，
致使镇压失败，清朝随后覆灭。

至此，马对中国长达千年的诅咒，终于被画上一个轻描淡
写的句号。

1- 齐思和等编：《第二次鸦片战争》（六），上海人民出版社 1978 年版，第 289、291 页。

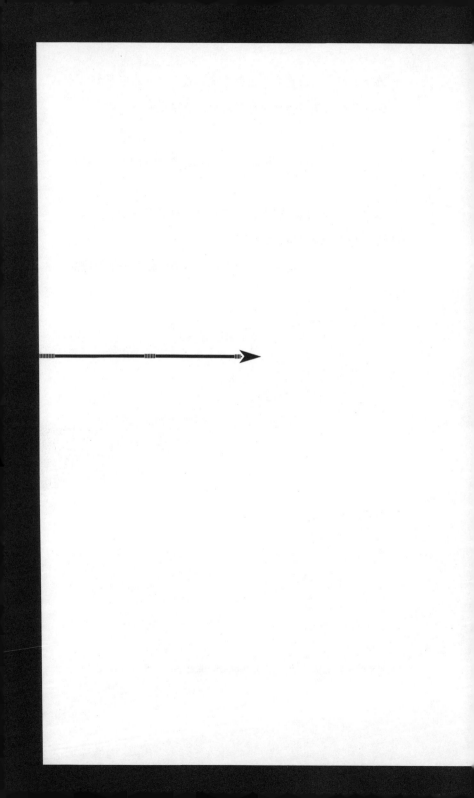

第三章　蒙古的征服

危险的草原

　　在自然史中，马的历史比人的历史要漫长得多。早在几千万年前，就已经有了始祖马。在原始洪荒的地球上，这些精灵显得如此孤独。冥冥之中，它们似乎一直在等待着人类的出现。

　　阴山等地岩画中，有各种牵马和骑马的情景。这表明，早在5000年前左右，生活在蒙古草原的部落民族，就已经完成了对马的驯化，由此带来了一个划时代的变革，使草原经济逐渐由畜牧转变为游牧。

　　从秦始皇统一中国算起，直到清兵入关，近2000年的历史基本上都围绕着长城沿线展开，谁占有长城，谁就主宰中国。当代中国人喜欢用长城来隐喻民族精神，实际上，历史上的长城一直意味着战争和战场。对秦汉帝国来说，长城代表着边境线，就像汉文帝对老上单于说的，"长城以北引弓之国受令单于，长城以内冠带之室朕亦制之"（《汉书·匈奴传》）。但用今天的眼光看，这场"长城内外抗争剧"应该属于"内部矛盾"。

　　借用亨廷顿的说法，这场战争源自"文明冲突"。直到清朝时，长城内外的对抗才得到缓解。在某种程度上，秦长城是一条农耕文化与游牧文化的分隔线。农耕需要合适的温度、日照、降雨和土壤条件，特别是降雨，长城正好与 400 毫米等降雨线高度吻合，长城以北因为降雨少，基本难以进行农耕。

所谓"游牧"，实际是人们为了利用农业资源匮乏的边缘地区，而不得已的一种经济生产方式。通过放牧，利用草食动物之食性，将人类无法直接消化、利用的植物资源，转换为肉类、乳类等食物，以供生活所需。

游牧生活主要依靠草食动物及其移动性。相对于农业，这是一种比较原始低效的生产方式。

农耕社会基本依赖植物（作物）生存，而游牧社会完全依赖动物（牲畜），这是两种完全不同的生活方式，从而形成不同的性格、习惯、思想和观念，乃至经济、政治和军事形式。在中原农耕区，植物长出来就是粮食，可直接食用。但草原只能生长草。而草在中原农民眼中，完全是无用的，甚至有害的，必须除掉。

在中国比较好的农业地区，一两亩地就能养活一家人。即使贫瘠的山地，十几亩地也能够维持一家人的生活。但在内蒙古一些旗，20亩地才能养一头羊，而要供养一个五口之家，至少要三四百头羊才行；也就是说，一个牧民家庭至少需要6000到8000亩地。由此可见，游牧地区在生产和人口方面相对于中原农耕区域的巨大差距。

游牧经济是比较原始单一的生产方式，在某些方面完全无法自给自足，比如一些铁器工具，甚至许多生活用品，也必须从农耕地区输入——不管是贸易还是抢夺。如果无法正常交换，便只能通过战争进行抢劫。中原国家也常常以"闭关市"来作为对游牧民族的惩罚。

游牧与农耕，或者说迁徙与定居，完全是两种不同的生产和生活方式。相对而言，定居民族更保守一些，而迁徙民族更加开放，也更有攻击性。在中国历史的大部分时间里，南北之间两种不同文化的敌意和冲突持续不断。

从秦汉时期到明末，北方的胡人与南方的汉人之间似乎始终保持着一种固定模式，那就是抢劫掠夺与索取贡赋交替着出现。这让人想起西方自由经济学家的那句名言：在商品越过国界的地方，军队便不会越过国界；商品不能越过的边界，军队便会代而行之。

无论游牧还是农耕，都必须依赖自然，相比而言，前者的风险更大。北方游牧地区大都属于干旱或半干旱地区，生态极其脆弱，非常容易受到气候条件的影响。一旦发生大的气候变

与农耕社会不同，游牧民族的主要工作便是骑马和管理羊群，同时负责宰杀和规训。从文化角度来说，这种放牧羊群的工作很容易就可以转变为对人的统治

化，草原经济便发生崩溃，不仅没有"盈余"来交换，甚至连生存都成问题。于是，游牧民族便发起一波又一波的南侵，通过掠夺来维持生计，而农耕民族则深受其害。

游牧经济承载不了大量人口，一旦人口增长超出自然环境所能承载的最大值，游牧民族为了扩张足够的生存空间，就不得不向外迁徙开拓。

对游牧民族来说，牛和羊都是经济上非常重要的牲畜。比起牛和羊来，养马的经济性就要逊色得多。马对食物的消化利用不如牛、羊等有反刍胃的动物那样彻底，因此它们对草食的利用很不经济，马的肉、乳产量与生殖率也不如牛羊。

但在游牧民族看来，肉与乳并非养马的主要目的，马最重要的是保证了他们迅速移动的能力。换句话说，养马已超越

"经济"的考虑，而蕴含更多的社会文化意涵与情感——它们被牧民视为忠诚的朋友与伴侣，以及社会身份地位的象征。

马的出现，彻底改变了草原先民的生产、生活以及思维习惯。在今天的内蒙古地区，一个徒步的牧人可照看一二百头羊，但一个骑马的牧人则能控制 500 头羊；两个骑马牧人合作，可放牧多达 2000 头的羊群。利用马，无疑可以节省许多人力，并使羊群得到更好的保护。[1]

马除了用于放牧，还可以在日常游牧迁移中担任载运工作、联络传递信息，以及作为人们在战争与狩猎中的得力助手。尤其是马的速度和力量，给组织松散、人数稀少的草原民族带来了前所未有的凝聚力和军事优势，让他们"可怕"起来。

对游牧民族来说，一旦接到战争的号召，所有东西都要自备，战马一般要好几匹，武器包括刀、矛、弓箭，此外还有盔甲和粮草给养。然后跟随百户、千户、万户出征打仗。说是打仗，其实跟打猎差不多，他们既没有后勤补给，也不长期占领任何一个城镇，都是速战速决，快进快出，这比中原王朝的战

1- 虽然马和牛也能提供乳、肉，但匈奴人日常消费的乳、肉主要来源可能出自羊。因为牛、马的繁殖力以及它们对环境的适应力都不如羊，而且人们又需要它们的体力，一般不轻易宰杀。因此在游牧经济中，羊除了作为主要乳、肉来源，它们对恶劣环境的适应力可减低自然灾害带来的损失，快速的繁殖力也可让牧民得以在灾后迅速恢复生计。

争成本低得多。

对中原农耕民族来说，战争是被动的、消极的，但对游牧民族来说，战争则是主动的、积极的。游牧者的战争主要是为了掠夺财物，而不是占领土地，这与中原地区的战争明显不一样。中原农耕者的战争意在攻城略地，但如果让他们去占领草原，确实毫无意义，因此农耕者一般不会主动攻击游牧者。

事实上，以武力进行掠夺和狩猎一样，是游牧民族的一种常见的生产方式，最常见的是部落之间互相掠夺牛羊和抢夺牧场。此外，抢婚风俗也非常盛行，一个成年男子，必须抢妻才能得妻，得妻之后又要防止被别人抢去，所以必须有强悍的武力。

汉代文献记录便称，各游牧部落"无相长一"，"更相抄盗，以力为雄"。就是说，没有哪个部落能统一诸部，他们相互劫掠，并以有能力掠夺为荣；也只有抢夺，才能牛马成群、儿女成双、家业繁荣。只不过，掠夺不同于战争，其目的是抢劫对方的牲畜和人口，较少造成人员伤亡。

从积极的一面来说，那种发生在游牧者之间的劫掠，也有利于保持部落之间的力量平衡。这种平衡在游牧民族发动对农耕民族的战争时，便促成了一种较为民主的联盟模式。

草原部落一般是松散的，但每当出现了一些大的联盟，他们就一定会发动针对南方农耕民族的战争。战争不仅能增强草原的凝聚力，而且通过组织战争和分配战利品，联盟组织者能建立起自身权力的合法性。

　　冒顿单于就是这样的联盟组织者。当时匈奴人常常越过长城，不仅抢劫财物，还掳掠大量汉人作为奴隶。在他们眼里，这些奴隶与牛羊牲畜并没有太大区别，可以任意役使、买卖甚至宰杀。这对汉人来说，显得极其野蛮。

蒙古风暴

  成吉思汗对蒙古人的整合，完全超越了之前的匈奴和鲜卑等游牧部落。

  作为地球上几乎唯一的马匹产地，蒙古高原的游牧者在长达 2000 多年的古代史中，从匈奴的阿提拉，到蒙古的成吉思汗，一直扮演着世界征服者的角色。难以生产马匹的中国、阿拉伯、印度和欧洲，几乎普遍遭到马蹄的蹂躏。[1]

  正如秦帝国的崛起一样，马力只是提供了一种技术，而将这种技术转化为战斗力和统治，离不开有效的组织体系。

  成吉思汗制定的万户、千户、百户体制，将蒙古牧民固定

1- 由于产出有限，游牧地区人口密度很低，每平方公里只有 1 ~ 5 人，因此无法产生发达文明。再加上经济单一，物资极其缺乏，军事掠夺便成为其生存的一种主要方式。对于游牧帝国来说，因为人口流动，无法有效征税，所以没有统一的中央财政，也难以形成庞大的官僚体系和帝国军队。这与农耕民族建立的大一统中央集权政治完全不同。游牧帝国的组织形式通常为部落联盟，众多小部落基于军事民主而认同于一个大可汗的统领，共同发动对外征服战争，主要为劫掠财物。大可汗通过掌控抢掠所得的分配权，来保障整个部落联盟的统一性。只要这种对外劫掠与扩张能够持续，游牧帝国的统一性便可维持下去。

在各级领地内，擅离者将被处死。这不仅防止了各部落之间的斗争，更主要是凝聚了蒙古人对外战争的力量。

> 蒙古崛起的一个新的关键性因素是斡儿答制，这种斡儿答制将部落重构成十进制的单位，其最高领袖是官僚阶级。这种斡儿答制体系将纪律引进到草原上，战术上讲求纪律就可以赢得战斗，战略上讲求纪律就可赢得战役，政治上讲求纪律就可赢得战争，社会上讲求纪律就可保持永久的统治。[1]

1206 年成吉思汗即位时，蒙古军只有 9.5 万人，但从这时起，蒙古草原不再是由众多部落组成的松散联盟了，而是一个蒙古帝国。

成吉思汗以十进制为单位，将蒙古部族社会重组为一个巨大的战争机器，部族身份逐渐淡化，形成了一个超部族的蒙古身份认同。正如秦始皇对中国人的历史影响，可以说，没有成吉思汗，就没有后来的蒙古帝国。

像大多数游牧民族一样，匈奴人和早期的蒙古人都没有文字。

1- [英] S. A. M. 艾兹赫德：《世界历史中的中国》，姜智芹译，上海人民出版社 2009 年版，第 145 页。

通过现代基因技术比对分析，蒙古人与匈奴人之间属于延续世系；也就是说，蒙古人就是匈奴人的后裔。

从战争技术来说，虽然都以骑射为主，但蒙古人与早期的匈奴人还是有一些不同。早期的匈奴人以骑射为主，而蒙古人不仅善于骑射，而且常常使用冲击战术，射箭主要是骚扰和压制敌军，冲击则是击溃对方的最终手段。担任骑射的是轻骑兵，进行冲击的是重骑兵，人和马都装备铠甲护具，也称"铁骑"。

早期的匈奴是一种全民皆兵的部落联盟军事体系，后勤方面缺乏统一有效的保障，因此难以维持持久的战争，尤其是攻城战。但蒙古人从金国那里学会了中原式的现代战争手段，战争成为他们最拿手的事业，也是他们的最高追求。

…………

铁木真早年的经历，使他成年以后在短短的几十年中，就完成了蒙古民族的集权，这是以前那些匈奴单于都无力做到的。成吉思汗将这种统治方式迅速扩张到全世界，其速度与烈度在人类历史上都是罕见的。

草原面积广袤，但人口却非常稀少，或许这让他们无法理解农耕地区人口的稠密。

成吉思汗及其后继者以总数不到 40 万人的马上骑士，先后灭亡 40 多个国家，征服 720 多个民族，终于建立了人类历史上版图最大的帝国。

蒙古人将马的征服发挥到了极致

游牧民族一般没有文字，现代考古学恰好弥补了这种历史缺失。

在漠北诺颜山的匈奴墓中，就曾出土了有木马鞍和穿马镫的孔洞，在内蒙古的巴丹吉林、阴山、苏尼特等岩画中，也都有马镫岩画发现。由此可以推断，匈奴人可能是世界上最早使用马鞍和马镫的民族之一。

"马镫的发明和发现，与农耕民族发明耕犁一样，对于游牧民族来说，具有划时代的革命性的意义。马镫是游牧人生命的起点，马镫解放了游牧人的双手，骑手们无须再用双手紧握马鬃奔驰，骑手变成了骑兵。"[1] 正是马镫的发明，使蒙古人能够腾出双手作战，由此统治了几乎整个欧亚大陆，这在某种程度上如同 500 年后的大炮，使得欧洲人能够在美洲、非洲和亚洲所向无敌。

蒙古的征服不仅将中国投石机和火器传播到全世界，也让弯刀赋予骑兵更为可怕的杀伤力——

弯刀在整个中东乃至全世界成为骑兵的首选武器，主要应该归功于蒙古人。这种趋势始于 13 世纪，到 16 世纪已经无处不在。尽管弯刀最早是随着突厥人的到来而传入的，但当时其他民族还是更愿意保留自己的直刃长剑。不过随着蒙古人的到来，几个世纪以降，弯刀成为马背上的战士最常用的武器。弯刀对于骑兵进攻而言是完美的武器，骑兵可以一边骑行一边用弯刀挥砍并完成攻击。剑在挥砍方面效果较差，而更适合自上而下的劈砍。骑兵在攻击时可以用弯刀挥砍并继续骑行，而长剑则可能会嵌入目标之中，或造成骑兵身体摇晃，导致其失去平衡或者失去武器。[2]

1- 孛尔只斤·吉尔格勒：《游牧文明史论》，内蒙古人民出版社 2002 年版，第 60 页。

2- [美] 梅天穆：《世界史上的蒙古征服》，马晓林、求芝蓉译，民主与建设出版社 2017 年版，第 177 页。

马的速度和力量，加上游牧民族训练有素的组织和野蛮战斗精神，从而形成迅速而坚决的冲击力。如果再加上被征服民族的科技力量和人力物力资源，就构成了蒙古人能够横扫欧亚大陆的主要军事竞争力。

蒙古人极大地发展了骑兵战争理论，他们不断学习各国的战争技术，充分发挥马的速度，创造出闪电战和包围战等革命性的进攻战术。

他们先扫平东亚的抵抗力量，进而从后方击溃整个伊斯兰世界，最后让欧洲正统的骑士方阵不堪一击。

敦煌莫高窟第 285 窟《五百强盗成佛因缘》图，约绘于西魏大统年间，展示了重装骑兵的作战形式

汉尼拔使用战象来践踏罗马人的阵地。罗马人用军号和铙钹惊吓大象，让它们转身冲向迦太基人。在战争中，大象身躯过于庞大，很容易遭到弓箭的攻击

雷台汉墓出土的骑兵
仪卫铜俑，反映出当
时的骑兵还没有开始
使用马镫

唐代墓葬中出土的铜马镫

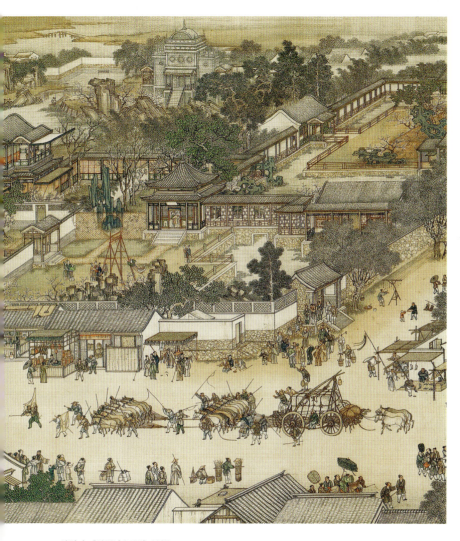

清院本《清明上河图》局部

唐代马多，女人地位也比较高，很多年轻女子都以骑马为时尚

西洋画师郎世宁绘制的《乾隆皇帝大阅图》

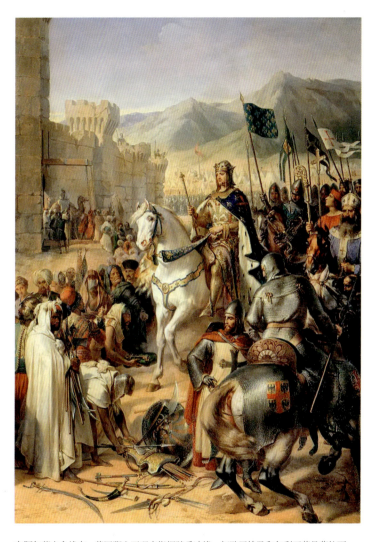

在阿尔苏夫会战中，英国狮心王理查指挥骑兵冲锋，打败了埃及和叙利亚苏丹萨拉丁

拉斐尔作品《伟大的利奥和阿提拉的会面》

十字军东征从战争史来说是失败的，但从文明史来说，则让西方自罗马帝国解体之后重新走向世界

骑士之间的战争有点类似决斗或比武，决出胜负即可，胜者以获取赎金为报酬

英国画家埃德蒙·布莱尔·莱顿创作的中世纪骑士主题作品《册封仪式》，描绘了
女王册封骑士的场景

《法兰西国王腓力二世在布汶战场》，法国画家贺拉斯·韦尔内绘制，现收藏于凡尔赛宫。1214年7月的布汶会战，腓力二世亲自率军大败神圣罗马帝国皇帝奥托四世，一举奠定了法国在欧洲一流强国的地位

火器战争中，骑兵仍扮演着重要角色，但马的悲剧性更加明显

步兵方阵与骑兵，是欧洲中世纪战争中最常见的场面

近代西洋铜版画中，描绘了一个传递圣旨的官吏，正骑马奔波在路上

上帝的鞭子

　　人类的迁移往往会优先选择同一纬度，也就是说，东西方向比南北方向更有利于人类生产和生活的适应。同一纬度上，白天的长度和季节的变化是一样的，温度、雨量、动植物类型，乃至疾病都大体相同。

　　作为地球面积最大的陆地，欧亚大陆东西长达18000公里，分布着许多平原。从地理上说，比利牛斯山将伊比利亚半岛与欧洲隔绝，山的北面是平坦如砥的法兰西平原。在这一纬度上，再向东是德意志平原、波希米亚平原、俄罗斯平原和伊朗的图兰平原。"如果一个人要画一条直线，从阿姆斯特丹向东经过里海以北的里海门，一直远至中国西部，那么他在这3500英里（5600多公里）的旅行中绝不会高出海拔2000英尺（609.6米）以上。"[1]

　　欧亚草原是世界上最宽广的一个草原地带，约占地球全部陆地面积的三分之一。自欧洲多瑙河下游起，呈连续带状往

1-［美］R. R. 帕尔默、乔·科尔顿、劳埃德·克莱默：《欧洲崛起：现代世界的入口》，孙福生、陈敦全、何兆武译，世界图书出版公司2010年版，第8页。

东延伸，经东欧平原、西西伯利亚平原、哈萨克丘陵、萨彦 - 阿尔泰山系、蒙古高原，直达中国东北松辽平原，东西绵延一万多公里。

这一片巨大的草原，天然地成为马镫时代的逐鹿之地。2000多年间，从斯基泰人、帕提亚人、匈奴人、阿瓦尔人、阿拉伯人、蒙古人直到哥萨克人，马一直是这片土地的主角。"对哥萨克骑兵来说，战争不是政治，而是一种文化，是一种生活方式。"[1]

因为马的支持，蒙古人在亚欧大陆东征西讨，所向无敌；而蒙古人在日本、缅甸和越南之所以失败，恰好是因为他们必须下马。在海洋、丛林、山地面前，他们不仅无法发动大规模的穿插包抄和机动突袭，甚至根本都不能骑马作战。

中国的两宋时期，也正是欧洲的骑士时代，成吉思汗不仅是大宋帝国的终结者，他也让欧洲的骑士时代成为绝唱。

蒙古骑兵与欧洲骑士完全代表了两种不同的东西方文化。

客观地说，蒙古军队的骑兵在任何时候，都无法一对一地战胜欧洲的重装甲骑兵。欧洲重装甲骑兵的长矛和重剑，其杀伤力远大于蒙古骑兵手中的马刀、长矛或狼牙棒。欧洲骑兵的马也远比蒙古马高大。但蒙古骑兵的战略战术，则是欧洲骑士

1- [英] 约翰·基根：《战争史》，林华译，中信出版社 2015 年版，第 8 页。

远远不及的。

欧洲骑士一般都是在固定的小战场内作战的，再加上欧洲骑士崇尚从正面进行战斗，当他们遇上果敢机智、迂回运动，把百里方圆作为战场的蒙古骑兵时，那简直是一场无法想象的灾难。

在广阔的平原作战时，相对重甲骑士组成的欧洲军队而言，蒙古人的轻装骑兵具有更大的机动性。欧洲骑士擅长近距离的格斗杀伤，但却在长途奔袭中，总被蒙古人打得丢盔弃甲。

从战争的伤亡比例来说，欧洲军队遭遇蒙古军队，也许是冷兵器时代最悬殊的。著名的里格尼茨战役，堪称蒙古骑兵的经典战例。

1235年，成吉思汗之孙拔都率军西征。在名将速不台的指挥下，蒙古铁骑所向披靡。

在征服斡罗思（俄罗斯）各部后，兵分三路，挥军继续西进，攻入波兰。1241年，蒙古军右翼军团一举击败了波兰国王博列斯拉夫统帅的波兰军队，洗劫了克拉科夫城。4月，蒙古军侵入波兰西南部的西里西亚。4月9日，在瓦尔斯塔特平原上，蒙古西征军与欧洲的十字军骑士团遭遇。

蒙古军最多不超过2万人，由轻骑兵和重骑兵组成，由察合台之子拜答尔指挥；欧洲联军由圣殿骑士团、医院骑士团、条顿骑士团和波兰军队组成，有3万名重装骑士和步兵，统帅是西里西亚公爵"虔诚者"亨利二世。

欧洲联军列出了标准的欧洲骑士阵形，以泰山压顶之势，杀入蒙古阵营。轻装软甲的蒙古骑兵迅速散开，然后箭如飞蝗般射向敌人。波兰骑士手持长矛重剑左冲右突，始终难以接近蒙古骑兵，无法进行近身战斗，而中箭受伤者越来越多。

亨利重新排列阵形，然后发起全面进攻，这使蒙古军无法躲闪。果然，蒙古骑兵迅速败退。亨利下令追击，欧洲联军阵形大乱，快马超过慢马，步兵被远远地抛在后面。

这时，蒙古骑兵开始从两翼包抄，将欧洲联军团团包围，然后开始用弓箭射击。看到弓箭对重装骑士的杀伤力有限，蒙古人就"射人先射马"，跌下马的骑士走不了多远，就被追上来的蒙古骑兵杀掉。

战场的混乱彻底摧毁了波兰联军的士气，步兵纷纷逃跑，蒙古骑兵在溃军后面掩杀，跟打猎一样轻松。

整个欧洲联军几乎全军覆没，统帅亨利和许多波兰贵族都力战而死；圣殿骑士团全部阵亡，条顿骑士团首领奥施特恩身负重伤，两个月后死去。

…………

在里格尼茨之战后，蒙古人又如法炮制，打赢了布达佩斯之战和赛约河之战，从 4 月 9 日到 4 月 11 日，三天之内连续击败三支西方骑士大军，立刻震动了整个欧洲。

圣殿骑士团首领阿尔芒给法国国王路易写信说：蒙古人已经无法阻挡。罗马教皇忧心忡忡，把蒙古骑兵想象成"上帝的鞭子"，这是一场无法避免的"惩罚"。

里格尼茨战役是蒙古第二次西征中的代表战役之一，蒙古人以高超的骑兵战术打败了欧洲联军，最终大获全胜

对蒙古人来说，里格尼茨战役可算得上是西征战争中所取得的最大胜利，但这也是一个顶点。因为窝阔台的突然去世，蒙古人又像潮水一样迅速从欧洲退去。波兰的里格尼茨因此成为蒙古铁骑踏过的最远的地方。

对中世纪的欧洲人来说，蒙古骑兵是典型的东方式的，即以智谋来战胜技术。即《孙子兵法》所说："利而诱之，乱而取之，实而备之，强而避之，怒而挠之，卑而骄之，佚而劳之，亲而离之。攻其无备，出其不意。"

欧洲骑士的重装防护代价昂贵、技术复杂，而且往往会对骑士的机动性构成损害。为了保证强大的机动性，蒙古骑兵很难提高装甲防护力；因此，轻装的骑兵与严整的重装步兵正面对抗时，并无完全的胜算，而追杀和包围才是它的强项。

事实上，横扫欧亚大陆的蒙古骑兵，也很少直接冲击欧洲的步兵方阵；他们往往先用弩炮发射石弹和标枪，使步兵方阵崩溃后，再纵马击杀。

蒙古骑兵的主要作战方式是长途奔袭，迂回包围，攻击对方的薄弱点，而不是去硬碰硬。蒙古军因为具有骑兵优势，能够进行战略大迂回，避免攻坚战，这使得他们可以充分发挥想象力，让战争有更多可能，从而掌握主动。

从蒙古回来的宋朝使者总结说："其阵利野战，不见利不进。动静之间，知敌强弱；百骑环绕，可裹万众；千骑分张，可盈百里；摧坚陷阵，全藉前锋；衽革当先，例十之三。……其破敌，则登高眺远，先相地势，察敌情伪，专务乘乱。故交锋之始，每以骑队径突敌阵，一冲才动，则不论众寡，长驱直入。敌虽十万，亦不能支。"（《黑鞑事略》）

蒙古灭金时，从关中入汉中，再沿汉水进入湖北，完成对金国的南北夹击，金国遂亡。蒙古灭宋时，更是迂回上万里，绕道偏远的吐蕃和云南大理，这远远超出一般人的想象。

对于辽阔的草原来说，骑兵的优势就在于其强大的机动性。比起欧洲骑士来，蒙古人更懂得对马的速度优势进行充分利用，这使他们远距离机动能力达到了旷古未有的程度。这也是蒙古西征能够势如破竹的重要原因。

神奇的蒙古马

单纯从技术角度来说，与其说是蒙古人战胜了欧洲人，不如说是蒙古马战胜了欧洲马。

蒙古马身材小，速度慢，跨越障碍能力远不及欧洲的高头大马。但蒙古马步伐小的好处，是乘坐比较舒适，而且耐力超强。无论是在亚洲的高寒荒漠，还是在欧洲平原，蒙古马都可以随时找到食物，具有极强的适应能力。

服务于蒙古宫廷的马可·波罗在他的游记中写道：

> （蒙古人）数作一月行，不携粮秣，只饮马乳，只食以弓猎得之兽肉。马牧于原，盖其性驯良，无需以大麦、燕麦、草料供其食也。……设须急行，则急驰十日，不携粮，不举火，而吸马血，破马脉以口吸之，及饱则裹其创。[1]

1- ［意］马可·波罗：《马可·波罗行纪》，冯承钧译，上海书店出版社 2001 年版，第153—154 页。

蒙古人对马身上各部位的叫法，由此可以看出马文化的发达程度

　　蒙古马矮小，冲击力弱，但忍耐力强大，尤其是骟过的蒙古马更是如此。

　　有人曾做过测算，蒙古马的普遍驮载量在 100 公斤以上，最大拉车挽力可达 300 公斤。短距极速能达到每小时 40 公里，10 公里只需要不到 15 分钟，长距离奔跑 8 小时可达 60 公里；优良品种可每小时前进 13 ~ 15 公里，日行 150 公里。

　　与其他骑兵不同，蒙古人普遍使用骟马，这可能与他们的战术有关。

蒙古军的战术所依赖的不是马的冲击力，而是其长距离的机动性，所以要求马温顺、忍耐、强壮，骟马正好具备这样的特点。[1]

跟养尊处优的欧洲马不同，蒙古马不论严冬酷暑都生活在野外，有时甚至连日奔跑而不进食。它们能够在很短的时间内，在最险恶的地形上，穿越长得几乎令人难以置信的距离。

在战争期间，蒙古马除了骑乘，还可以给骑士提供马奶作为食物。更为重要的是，一个蒙古骑兵通常备有不止一匹战马，最多时，甚至一人有五匹马。

············

十字军骑士所谓轰轰烈烈的东征，其结果也只是占领了一些东地中海的港口城市；而差不多同一时期，蒙古军则征服了从印度河流域到地中海的每一个伊斯兰王国和城市。实际上，他们几乎征服了亚洲所有的伊斯兰国家，只有阿拉伯半岛和北非，仍然处于蒙古人的势力范围之外。

依靠装备精良的骑兵武装，蒙古人在 25 年里，征服了比罗马帝国 400 年征战还要广阔的土地。从西伯利亚直达印度，

1- 南宋人彭大雅于绍定五年（1232 年）作为随从出使蒙古，以其见闻著成《黑鞑事略》，其中提到了蒙古人的骟马风俗："其牡马留十分壮好者，作移刺马种外，余者多骟了，所以不无强壮也。"

从越南直达匈牙利，从朝鲜半岛直到巴尔干半岛。到成吉思汗死的时候，如果他想骑马从蒙古帝国东端跑到西端，至少需要一年的时间。

现代学者推算，蒙古骑兵从长江北岸至保加利亚边境，部队集结都是在 2 个月至 3 个月完成的。

这样部队每天平均行军速度达到 90 ~ 95 公里。它攻占北俄罗斯，只用了 2 个月零 5 天，每天的平均速度达到 85 ~ 90 公里；攻占南俄罗斯，只用了 2 个月零 10 天，每天进攻速度达到 55 ~ 60 公里；攻占匈牙利和波兰，只用了 3 个月的时间，每天进攻速度达到 58 ~ 62 公里。

如此快速的征战和行军背后，是战马的大量损耗。

1253 年，忽必烈与兀良合台等率军 10 万人，迂回数千里远征大理，光战马就损失了将近 40 万匹。"经吐蕃曼沱，涉大泸水，入不毛瘴喘沮泽之乡，深林有壑，绝崖狭蹊，马相縻以颠死，万里而至大理。"（《牧庵集·雍国公谥忠贞贺公神道碑》）

蒙古帝国重新勾画了世界版图，把原来相互隔绝的大小帝国紧密地联系在一起，为新世界和新时代的到来划定了新的秩序。

在蒙古人征服欧亚大陆的战争中，蒙古马震惊了整个世界；与此相反，欧洲骑士却从此一蹶不振。在此消彼长中，装备草根化的步兵在欧洲战场上开始重新得势。大约从 13 世纪

元刘贯道《元世祖出猎图》(局部)

中叶起，中世纪的重骑兵便走上了下坡路。

从历史的角度来看，成吉思汗的征服拉开了人类近代史的序幕。骑在马上的蒙古人带着东方的先进文化和科技，踏碎了黑暗时代的欧洲中世纪美梦，唤起了全球性的人类觉醒。正是在这种冲击的推动和刺激下，欧洲开始了空前的技术、贸易和思想革命。

蒙古征服者再次打通了古老的丝绸之路，经蒙古人传入西方的不仅有火药和投石机，还有算盘和印刷术，钞票和纸牌这样的印刷品也随之扩散到西方。

值得一提的是，在整个马镫时代，重装步兵在拜占庭帝国——也就是昔日罗马帝国的东半部——依然占有极其重要的地位，这几乎完全是对罗马军团的衣钵继承。

如果说骑兵是进攻性的，那么步兵仅仅限于防守。拜占庭依靠强大的步骑军队保持千年屹立不倒，这与匈奴和蒙古等马上民族的"其兴也勃，其亡也忽"，形成鲜明对比。

曾几何时，波斯是一个何其强大的国家，他们一次次地发起对希腊和东罗马帝国的战争。然而，成吉思汗第一次西征就灭掉了这个老大帝国，即当时的花剌子模王朝。

作为一个历史学家，志费尼出生在波斯志费因省，他亲眼看到了蒙古人对自己民族的征服，而他后来也成为蒙古帝国的一个小官吏，得以近距离地观察这个神秘的"世界征服者"。于是，他开始撰写一部蒙古帝国史，这就是《世界征服者史》。

志费尼或许是全世界第一个研究蒙古史的学者。作为蒙古帝国的官吏，他无法摆脱自己的波斯人身份——蒙古民族的他者，这让他在历史叙述中保留了一份理解之同情。

在布哈拉遭到蒙古人洗劫后，志费尼遇到一个幸存的逃亡者。当他问起布哈拉的情况时，对方说："他们到来，他们破坏，他们焚烧，他们杀戮，他们抢劫，然后他们离去。"[1] 公元前47年，恺撒大帝在小亚细亚吉拉城打了胜仗后，欣喜若狂，留下了一句著名的狂言："我来了！我看见了！我征服了！"这在拉丁语里仅为三个单词："Veni！ Vidi！ Vici！"

无疑，与恺撒相比，成吉思汗虽然要晚1000多年，但是后者在军事上取得了前者想都不敢想的成功。

恺撒并不缺乏勇武的战士，但他并没有那么多战马，更不用说马镫。准确地说，恺撒的罗马是一个海洋帝国，而成吉思汗的蒙古则是一个马镫上的草原帝国。

1-［伊朗］志费尼：《世界征服者史》，何高济译，中国人民大学出版社2012年版，第123页。

征服世界的马镫帝国

虽然希腊方阵、罗马军团、十字军骑士团和马穆鲁克[1]都曾纵横一时，但在整个前现代的世界，来自蒙古高原的北方游牧民族才是最可怕的战争主导者。"游牧民族身体上强壮、后勤上机动、文化上对流血司空见惯、道德上没有禁止杀生或奴役外人的宗教制约，对于他们来说，打仗有利可图。"对阿提拉和成吉思汗来说，"他们打仗就是单纯地为了打仗，为了抢夺财物，为了战争的危险和刺激，也为了胜利所带来的动物性的满足"[2]。

游牧民族不仅有战争的优势，"他们因为有保护畜群、防御猛兽的经验，所以保留了狩猎者的精神，而这种精神在农耕人口中已经荡然无存，只有贵族除外。在对牲畜的管理

1- 马穆鲁克是中世纪服务于阿拉伯哈里发的奴隶兵。奴隶贩子每年都从高加索一带绑架和拐卖很多男童，进行阉割后卖给马穆鲁克学校，经过严酷的训练后成为很有战斗力的"战争机器"。在对抗十字军的战争中，萨拉丁指挥下的马穆鲁克作为一个独立的军事集团出现在阿拉伯的政治舞台上，并战功卓著，这些奴隶出身的将领在埃及建立了自己的王朝，延续长达 300 多年。

2- ［英］约翰·基根：《战争史》，林华译，中信出版社 2015 年版，第 205 页。

中，无论是聚拢成群、驱赶买卖、淘汰老病，还是宰杀吃肉，他们都完全不动感情，就事论事；通过对待牲畜，他们学会了如何威吓、包抄、合围，最后从容地杀死大群徒步的人，甚至是技差一筹的骑马的人。原始的狩猎者对要猎取的动物有着同感共鸣的关系，对自己杀死的猎物怀着神秘的尊敬，他们与骑马民族的这些做法从根本上是格格不入的。骑马民族使用的主要武器复合弓本身就是用动物的筋骨做成的，对他们来说，从远距离射箭，与射杀的对象不仅在实际空间上拉开了距离，而且感情上无所挂碍；这已经成了他们的本能。这种感情上的疏离是骑马民族犯下令定居者惊怖畏惧的残暴行为的根本原因"[1]。

蒙古征服是一场没有底线的无限战争。用一个美国人的话说，蒙古人并不是在战争中获得荣誉，而是在胜利中赢得荣誉。他们在每次战役中都只有一个目标——完全的胜利。为达

---

[1] ［英］约翰·基根：《战争史》，林华译，中信出版社2015年版，第231页。

此目的，使用什么手段对付敌人，怎样作战，或如何避免挨打，这都是无关紧要的。[1] 蒙古征服对世界战争文化的影响远远超出人们的想象。

…………

在马上无所不能的蒙古人是一支不可阻挡的力量，他们摧毁遇到的一切，尤其是"那些他们不理解的东西"。蒙元统治者来自狩猎民族，他们将打下的江山连同民众统统视为狩猎品——

> 蒙古人最初过着游牧生活，似乎不能拥有足够的兽群，而以狩猎为生。因此即便通过征服建立了庞大帝国，政治上仍是狩猎者的理论，即征服的土地与人民不过是狩猎而得的战利品。换言之，土地、人民是征服者的私有物。所以问题就是如何运营对所有者最有利，被征服者等同于物件，没有任何发言权。因此其政治极为残忍苛酷，亦在所难免。[2]

1- ［美］杰克·威泽弗雷：《成吉思汗与今日世界之形成》，温海清、姚建根译，重庆出版社 2005 年版，第 98 页。

2- ［日］宫崎市定：《宫崎市定中国史》，焦堃、瞿柘如译，浙江人民出版社 2015 年版，第 251 页。

在马上，强大的蒙古骑兵几乎征服了整个亚欧大陆

西方学者认为，欧洲战争的种族主义和专制主义始于东欧，这在一定程度上可以将其归因于蒙古对俄罗斯人的个性和俄罗斯制度的影响。

…………

在中国历史中，汉唐两朝军队以骑兵为主，屡屡对外扩张；宋明两朝晚期以步兵为主，只能疲于防守，最后均亡于马上民族。

游牧民族一旦选择定居，如同骑兵放弃骑马，必然会走向保守和没落。军队无法取代官僚和政府，政治远比战争要复杂得多。对蒙古人来说，因为没有文化也就没有教育；对黄金家族来说，破坏容易建设难。

成吉思汗和忽必烈的一生，几乎都在马镫上四处征战。他们的后代子孙都出生于宫廷，沉迷于声色犬马，不管是铁穆耳、帖木儿还是帖睦尔，他们活着的时候，唯一的正事就是各种宫斗和阴谋。

…………

成吉思汗统一蒙古各部，向外开疆拓土，创建了一个大蒙古帝国，他死后将帝国分给他的四个儿子，形成四个汗国。讽刺的是，这种惯例在后来导致幸存的各个蒙古汗国不断分裂；随着汗国数量增加，每个汗国越来越小，彼此之间互相攻伐，最后又重回原始部落时代。

蒙古人征服了基辅罗斯，建立了钦察汗国（也称金帐汗国），并统治了 200 多年

　　马克思曾说："野蛮的征服者，按照一条永恒的历史规律，本身被他们所征服的臣民的较高文明所征服。"[1]蒙古人一旦从马上下来，就很容易被同化，最后暴力被文化所征服。

　　讲中国历史，不可能没有元朝，不过不能只把元朝当作一般的中国朝代来看。历史学家许倬云认为："中国，曾经是东

1-［德］马克思：《不列颠在印度统治的未来结果》，载《马克思恩格斯选集》第一卷，人民出版社 1995 年版，第 768 页。

亚最大的国家，在蒙古成吉思汗征服的广大疆域中，也不过是位居东方的一片领土，仅有蒙古帝国五分之一而已。"[1]

成吉思汗时代，宋朝和俄罗斯都遭受到蒙古人的侵略。成吉思汗在 1215 年侵入宋朝的西北和北方的一部分，1223 年侵入俄罗斯。成吉思汗死后，1237 年，成吉思汗的孙子拔都征服了俄罗斯；30 多年后，成吉思汗的另一个孙子忽必烈征服了宋朝。古老文明的中原地区与草莽时代的俄罗斯一起沦为蒙古帝国的一部分。

在西欧殖民者用风帆开始一个新大陆殖民主义浪潮时，蒙古精神的继承者——女真人和哥萨克人用马镫改写了东方史，女真人征服了中原地区，哥萨克人征服了通古斯高原，甚至跨过了白令海峡。

俄国历史学家克柳切夫斯基说："一部俄国史，就是一部不断对外殖民、进行领土扩张的历史。"19 世纪之后的几代沙皇以"白色可汗"自居，孜孜以求征服与扩张。丘吉尔说，俄罗斯是"亚洲荒原上成吉思汗的子孙"。

讽刺的是，在整个苏联时代，成吉思汗在蒙古被彻底抹去[2]；而在中国，成吉思汗却受到无上膜拜，这曾让鲁迅先生

1- 许倬云：《我者与他者：中国历史上的内外分际》，生活·读书·新知三联书店 2010 年版，第 85 页。

2- 班布尔汗：《当红星照耀蒙古》，腾讯大家，2013 年 9 月 23 日。

深不以为然。[1]但不管怎么说，蒙古帝国对现代世界的影响无疑是非常巨大的，这一历史话题不断引发各国学者的研究兴趣——

> 现代世界的印度人、伊朗人、中国人、俄罗斯人、土耳其人的国民全都是蒙古帝国的产物，也是蒙古帝国留下的遗产。不仅如此，现代世界经济指导原则的资本主义也是蒙古帝国的遗产。[2]

1- 鲁迅在《随便翻翻》（《且介亭杂文集》）一文中写道："我们"的成吉思汗征服欧洲，是"我们"最阔气的时代。到二十五岁，才知道所谓这"我们"最阔气的时代，其实是蒙古人征服了中国，我们做了奴才。……蒙古人的征服"斡罗思"，侵入匈奥，还在征服全中国之前，那时的成吉思还不是我们的汗，倒是俄人被奴的资格比我们老，应该他们说"我们的成吉思汗征服中国，是我们最阔气的时代"的。

2- [日]冈田英弘：《世界史的诞生：蒙古帝国的文明意义》，陈心慧译，北京出版社2016年版，第178页。

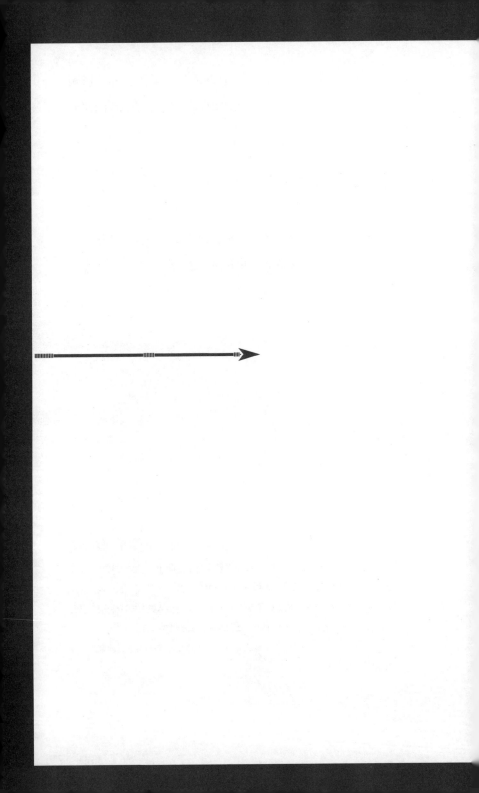

第四章 马镫革命

希腊化时代

老子说："天下有道，却走马以粪；天下无道，戎马生于郊。"（《道德经》第四十六章）

对人类来说，马既是战争的祸首，也是战争的受害者。马在无意中介入人类的冲突，并常常主导着无数人的命运。

4000多年前，埃及文明正处于巅峰时期，来自叙利亚的喜克索斯人成为埃及人的噩梦，因为这些喜克索斯人是和马一起来的。

当这些野蛮人驾着马拉战车猛冲过来的时候，埃及步兵惊慌失措，溃不成军；华丽的埃及被洗劫一空，最终从被掠夺陷入被奴役的深渊。当埃及人也懂得奴役马的时候，一个埃及王子横空出世，喜克索斯统治者便被驱逐了。

人类的历史就是这样交替、更迭，向前发展。正如罗素所言，古代埃及和巴比伦王朝曾被波斯王朝一举扫平，后来波斯人败在马其顿手下，马其顿人又被罗马战败，罗马则被条顿人和阿拉伯人战胜，而阿拉伯人又垮在条顿人面前。

对欧洲文明来说，言必称希腊。希腊是整个西方世界的重

在今土耳其境内出土的赫梯时代晚期的石雕

要出处。

古希腊战车是一种小型马车，一般由两匹马牵引，有时也用四匹马。车上载有两人：一个驭手和一个战士。这种战车在运动会上最为常见。在战争中，希腊的山地道路并不太适合战车行驶。

公元前594年，古希腊七贤之一、雅典城第一任执政官梭伦在法律中，根据一个人所拥有的财产划分了公民等级，他将有战马并养得起战马的人，列为仅次于大贵族的第二阶层公民。

在当时的条件下，普通人是根本养不起马的。

在古希腊时代，养一匹马的费用超过养一个人；战马需要一定保护性的护甲和鞍具，这也是不小的花费；要在战争中发挥作用，马必须健壮一些才行，而这并不容易；速度要快，力量要大，这需要良好的品种。

此外，在马车上作战的人自身也需要很大的投入。他们需要比普通步兵更多的训练，以掌握各种作战技巧。显而易见，在快速移动的战车上，比在稳定的地面上需要更加高超的技能。

总体算下来，方阵式步兵军团仍然是希腊人最乐意接受的作战模式。

早期中国以战车作为主要突击武器，但中国战车要比古希腊战车大得多，常常用来撞击或碾压敌人。

希腊战车经常被作为弓箭兵和梭枪兵的机动平台使用。武士乘战车到战场后，再下车跟敌人进行白刃格斗。这种作战形式早在特洛伊战争时（约前1200年）就已经出现。

战车的使用需要平坦的地面。车体与车辕之间的连接点很脆弱，如果道路崎岖不平，战车很容易就被震坏。在《伊利亚特》中，乘着战车的特洛伊人在被迫撤离时，越过了希腊军营外的壕堑。在这一过程中，许多战车的车辕受撞损坏，脱缰的驭马落荒而逃，战车兵和驭手失去马车，只能坐以待毙。

一般来说，在波斯战争时期（前499—前449年），战车的地位已经被骑兵取代。这种变革无疑是马衔得到改进的结果——这样一来，骑手就能更容易地控制自己的战马了。

波斯国王大流士一世在公元前486年去世时，要求他的墓志铭这样写："我是伟大的骑手，优秀的猎人，我无所不能。"

从车到骑无疑是一种进步。省去了车之后，骑兵比战车兵成本更低，而适应性更强，马让骑兵的征服扩展到更广的区域。

有关骑兵作战最早的描写是在亚述帝国时期，约为公元前9世纪。

当时的骑兵以两人为一组，一个人拉着两匹马的缰绳，另一个向敌军射箭。这与之前的战车比较类似——一人负责驾车，一人负责战斗。

随着骑术的提高，后来的亚述骑兵就已经能够单独作战了，甚至在骑马飞奔的同时，还能腾出双手射箭。亚述帝国灭亡后，波斯人继承了亚述的骑射技术，尤其是"回马射"。

在公元前4世纪时，波斯人和希腊人都是当时世界最著名的马上民族。

对亚历山大来说，正是马成就了他的帝国伟业，波斯人在亚历山大率领的马其顿骑兵面前一败再败。在此之前，亚历山大的父亲腓力二世也是依靠骑兵征服了整个希腊。

希腊是由众多贫瘠而崎岖不平的半岛和岛屿组成的。虽然上层社会将拥有马作为身份的象征，但本身的地理环境并不适合养马，唯独北方的色萨利平原是个例外。色萨利以北的马其顿也有大片的草原，所以马其顿人生活在一个更适合养马的国家，这使他们具有骑马的传统。

亚历山大手下这支重型骑兵部队，经常担任对敌人的突击任务。

这些骑兵不同于手持弓箭的波斯轻骑兵，而是像希腊重型步兵一样，身着盔甲，携带盾牌和短矛。这种短矛，长2.7米、重1.8公斤，手持中间，两头都有利刀。

虽然当时还没有马镫，但由于训练有素，使他们能够在近战中相当稳固地骑在马背上。在发起冲击时，骑兵用短矛刺杀敌人，但在刺中敌人时或刺中之前，就要及时撒开短矛，以避免因刺中而落马的危险。

马其顿重型骑兵是一支规模较小的精锐之师，被称为禁卫军。马其顿军队还有人数更多的传统骑兵，他们依靠投射行动作战，主要是投掷标枪。

在格拉尼库斯河会战中，亚历山大带领的重型骑兵起到了扭转乾坤的作用。当时希腊步兵正与波斯的重型步兵对阵，亚历山大命令重型骑兵从四面八方掩杀过去。这支重型骑兵"不久就完成了包围，开始砍杀敌人。最后，除了藏匿于尸体之中

格拉尼库斯河会战中的亚历山大

的人，竟无一人逃脱被杀的下场"[1]。

　　在伊苏斯战役中，亚历山大和他的骑兵突破波斯步兵的阵地，冲向大流士本阵，与波斯禁卫军混战在一起。

　　关键时刻，大流士惊慌失措，抛下自己的母亲、王后和嫔妃，爬上一匹快马逃离了战场。看到国王逃离，波斯军队立刻土崩瓦解。亚历山大就这样赢得了这场战役。

1-［美］阿彻·琼斯：《西方战争艺术》，刘克俭、刘卫国等译，中国青年出版社 2001
　　年版，第 16 页。

马其顿重型骑兵得以出现，依赖于他们从波斯获得了更加高大健壮的奈萨马。这种马要比希腊本土马高出 10 厘米，肌肉发达，身体匀称，不仅可以承载全副武装的士兵，还可以从容地进行冲刺和作战。

　　伴随着一次次的胜利，亚历山大征服的土地越来越多，包括今天的阿富汗和印度。对精通文字的希腊人来说，他们越来越清楚地发现，世界远比他们以前所知道的要大得多。换句话说，希腊人对世界的认知远远超过其他民族。

罗马的溃败

在古罗马的崛起史中，布匿战争是浓墨重彩的一笔。但在战争初期，罗马却屡遭败绩，迦太基获胜的关键，就在于骑兵。

发生在公元前216年的坎尼战役，被公认是一个以少胜多的军事杰作，也是一场经典的骑兵战术案例。

当时，罗马共和国以逸待劳，以8万步兵和6000骑兵对阵迦太基的4万步兵和1万2000骑兵。从总数上看，罗马军队几乎是迦太基的两倍，但迦太基的骑兵数量是罗马的两倍，此外还有37头战象。结果，罗马几乎全军覆没。

从军事角度来看，这场战役基本是由机动能力强大的骑兵决定的。马其顿重型骑兵冲击战术在汉尼拔手中再现神威。

此战之后，罗马军队加强了骑兵力量。在公元前202年的扎马战役中，罗马人还以颜色，用优势骑兵围歼了迦太基军队，整个战场上，覆盖着"仍然浸泡在鲜血之中的散落尸体和尸体堆成的小山"。

这是汉尼拔第一次、也是最后一次战败。

罗马骑兵的作战方式与步兵几乎完全一样，即冲向对方，一对一进行肉搏。马一旦停下来，战斗的第一步就是把对方拉下马。因为没有马镫，坐在马上的士兵很容易就掉下马来。这样一来，骑兵之间的战斗很快就变成马下的步兵肉搏战，罗马步兵的优势立刻体现出来。

战术大师汉尼拔一生堪称传奇，屡屡以少胜多，击败训练有素的罗马军队。恩格斯评价说："汉尼拔所指挥的会战与弗里德里希大帝所指挥的会战有一个共同点，即在大多数会战中，骑兵都战胜了头等的步兵。"[1]

布匿战争是罗马与迦太基这两个帝国为争夺地中海霸权而进行的决斗，这场旷世战争持续了一个多世纪，最后以迦太基被彻底毁灭而告终。

公元前53年，正是中国汉朝的甘露元年。当时，中国之外的两大帝国非帕提亚和罗马莫属。

帕提亚（今天的伊朗和伊拉克一带）和波斯其实是一个词的不同发音，中国人以帕提亚的建立者之名将其称为"安息"。罗马共和国和恺撒之后的罗马帝国，则被中国称为"大秦"[2]。

这一年爆发了著名的卡莱之战。

曾经成功镇压斯巴达起义的罗马统帅克拉苏，率领7个军

1– 《马克思恩格斯全集》第十四卷，人民出版社1974年版，《骑兵》，第305页。

2– 之所以称罗马帝国为大秦，《后汉书》解释说，"其人民皆长大平正，有类中国，故谓之大秦"。唐人所说的"大秦"指东罗马，即拜占庭帝国。

帕提亚人的轻装弓骑兵

团近 4 万人——其中骑兵有 4000 人——侵入美索不达米亚的帕提亚，帕提亚以 1 万名骑兵迎战。在帕提亚骑兵的攻击下，7 个罗马军团全军覆没。

帕提亚人为罗马统帅克拉苏举行了一场特殊的葬礼，以表示对罗马人崇拜黄金的嘲讽——他们将熔化的黄金灌进克拉苏的喉咙。

回顾这场战役，帕提亚人获胜的关键就在于马。

指挥这场战役的将军苏雷纳是帕提亚大贵族。据当时的历史记载："他出门办私事，也总要一千头骆驼运行李，二百辆车载妻妾，重装骑士一千人和更多的轻装骑士做护卫；他的骑士扈从和奴隶，总共不下一万人。"

有一种说法，在卡莱战役中，克拉苏的长子普布利乌斯率领的第一军团向东突围，后流落到了中国西北，形成今天的骊靬县。[1]

在这次东西方碰撞中，罗马人对帕提亚人亮丽的旗帜惊艳不已，中国丝绸此后很快就进入欧洲，引起一场风靡欧陆的丝绸狂热。著名的"丝绸之路"也从此延伸至欧洲。

公元前44年，为了拯救卡莱会战中被俘虏的罗马士兵，终身独裁官恺撒宣布将远征帕提亚。当时的占卜师说"只有王者才能征服帕提亚"，共和派议员因此认为恺撒终将称王，于是将恺撒刺杀。罗马共和国最终变成了罗马帝国。

卡莱之战后，罗马帝国停止了东扩的步伐；骑兵逐渐取代步兵，成为罗马和拜占庭东部边境的主要防卫力量。

1- 在中国学术史中，对骊靬历史的研究始于东汉时期的服虔，后来唐初颜师古提出西域犁靬国说。清代时期考据学兴起，史地研究者对之关注，提出骊靬降人说、丽皮说和两靬相俪说。民国时期蒙文通、张维华及美国汉学家德效骞相继提出骊山戎说、祁连山说、罗马军团战俘说。当代时期，罗马军团说、埃及亚历山大城说、犁靬眩人说、寄居河西骊靬眩人说、犁靬眩人慕义向化说、匈奴犁汗部说、犁汗异译说、犁汗讹写说、塞琉西亚希腊文音译说、罗马军团音译说、军团拉丁文音译说等说法纷纷提出，呈现出骊靬研究热的迹象。可参阅：刘继华《罗马军团来华问题研究》，兰州大学出版社2017年版。

正像斯宾格勒所说，任何事物都免不了盛极而衰的自然规律。

帕提亚王国在与罗马的连年战争中日渐疲敝，阿尔达希尔取而代之，在帕提亚的废墟上建立了波斯的萨珊王朝。

在穷兵黩武和骄奢淫逸中，罗马帝国也逐渐走向衰落。

和中世纪的骑士一样，古罗马也有一个尊贵的骑士阶层，他们的地位仅次于元老院的元老。赛马、赛车和角斗一样，都是罗马的精英们最为热衷的游戏。1世纪中叶的罗马皇帝盖乌斯·恺撒，绰号卡里古拉（原意是军靴），非常醉心于赛马，他甚至将自己的赛马封为执政官。

事实上，在燕麦得到普及之前，欧洲的马匹资源一直很匮乏。直至4世纪初，骑兵仍然只占到罗马军队总数的四分之一。

378年，在阿德里安堡战役中，来自北方的哥特重骑兵全歼了罗马军队，罗马皇帝瓦伦斯阵亡。

当时，一支庞大的骑兵部队突然冲进了罗马军团的左翼。这支部队正是哥特骑兵的主力，他们原本在远方征发粮秣，战斗开始后就长途奔袭，赶到了战场。用一种形象的说法，他们"就好像一道劈在山顶的闪电一样，摧垮了其前进道路上的一切阻碍"。

尽管有相当多的骑兵中队防护着罗马军的这一侧

翼，但对方的突进使他们措手不及：有的被撞倒，跌落马下而被踩；其余的则不光彩地四处逃窜。接着，哥特骑兵猛袭左翼的步兵，对他们进行卷击，迫使其撤到中央和预备队的位置去。

这一阵冲击十分迅猛，以致军团和大队全被逼到一起，陷入一片无奈的混乱之中。[1]

阿德里安堡战役的失败，意味着军团步兵作为进攻性作战体制的时代已告结束，从此以后，由弓箭骑兵和长矛骑兵组成的重骑兵取代了军团步兵，称雄欧洲战场长达1000多年。在战后不到6年，4万名哥特和其他条顿部落的重骑兵，纷纷加入东罗马军队的序列之中。对后来所有中世纪骑士来说，哥特重骑兵是他们的先行者。

此战也拉开了哥特—日耳曼人大举入侵罗马帝国的开端，在某种意义上，已经敲响了罗马帝国的丧钟。

从此以后，罗马军队几乎全部由哥特人组成。

392年，哥特军团谋杀了西罗马皇帝瓦伦蒂安。410年，哥特人围攻罗马城，建立西哥特王国。476年，西罗马皇帝遭到罢黜，西罗马覆灭。

1-［古罗马］韦格蒂乌斯：《兵法简述》，袁坚译，商务印书馆2013年版，第16页。

中国靴子

不同于中国的大一统，欧洲因为复杂的地理条件，被分割成许多自成一体的小国，互相之间争战不止，还有来自东方的不断侵扰。

毫不夸张地说，欧洲的版图完全是在战争的铁砧上锤炼出来的。

在这块欧亚大陆西北边陲的三角地带，自从西罗马帝国瓦解之后，野蛮的入侵者便纷至沓来：南边非洲的摩尔人，北方斯堪的纳维亚半岛上的维京人，匈牙利的马扎尔人。

最可怕的是东边的游牧部落。

因为东部边疆除一小段喀尔巴阡山脉外，毫无天然屏障，只能听凭哥特人、汪达尔人、匈奴人、斯拉夫人和蒙古人肆意蹂躏。

西罗马解体后，东罗马帝国仍苦苦支撑了近千年，但失去重要的马匹盛产地安纳托利亚之后，西方世界最强大的拜占庭军队立刻丧失了攻击能力，只能以步兵被动地死守君士坦丁堡，最后在奥斯曼突厥人的围攻中灭亡。

后罗马时代的欧洲四分五裂、群雄逐鹿。

依仗着马的力量，一些骑在马上的军人以贵族自诩，他们成为土地和土地上农民的拥有者，在法语中他们被称为"骑士"。马上战争催生了骑士时代的"封建制度"，而这种制度也仅仅出现在骑士文化的欧洲，并最后结出现代文明的硕果。

中世纪的欧洲，虽然从地理上显得支离破碎，但宗教起到了重要的整合作用。从 4 世纪到 10 世纪末的 600 年间，几乎所有入侵欧洲的"野蛮人"不是被同化，就是遭到排斥。欧洲在这些来自外界的刺激下，兼容并蓄，见贤思齐，不仅没有衰落，反而一步步强大起来。

风水轮流转。接下来的数百年世界史，轮到欧洲人向外扩张，先是依靠马和马镫发起十字军骑士东征，然后依靠航海技术，向南、向西拓展新的疆土。

如同自然界的洪水，战争是人类社会的一种极端集体行为，既是灾难，也是机会。鲜花成长于粪土之上，战争既可能毁灭旧文明，也可能孕育出新文明。在极度动荡和残酷的战争环境下，欧洲人从战争夹缝中谋取生存和发展，最后创造出人类现代文明的原始模式之一，即所谓的"西方文明"。

马虽然出现了很久，但人依然无法用马来彻底代替自己的双腿，直到马镫的出现。

在亚洲一些地区，马镫出现得很早。有人认为早在公元前后就可能有了马镫[1]，最迟到3世纪，马镫已经得到普及。但欧洲人用上马镫要晚得多，直到6世纪至7世纪，马镫才得到推广。

在欧洲发现的最早的马镫实物，出现在匈牙利阿瓦尔人的墓葬中。

据说阿瓦尔人是来自蒙古高原的柔然人的后代。据此有些西方学者认为，是柔然人从中国北方把马镫传播到欧洲，马镫因此被称为"中国靴子"。

马镫似乎是一种非常简单的发明，并不需要什么特殊的材料和先进的技术。如果有人专心琢磨几天，或许他就会造出一只马镫来，这样他骑马的时候就如同站在地面上一样稳固。

马镫使一个从未骑过马的人，也可以跟优秀的骑手一样跨马远行，甚至女人也可以用马镫骑得很好。

然而事实上，当骑马成为一种高超的技术时，没有人会"投机取巧"地通过马镫来提高自己的骑术。

对真正的游牧部落来说，马镫并不那么重要，他们常常不需要马镫，就可以骑得非常好；但对不常骑马的人来说，马镫就显得非常重要，没有马镫就跟没有马一样，上去也得掉下来。

1- 有一种说法是，在公元前835年，中亚的亚述武士就已经有了马镫，然而西欧出现马镫却是1000多年以后的事情。一些欧洲历史学家认为，古代亚述人之所以成功入侵欧洲，就是因为马镫。

有西方学者认为，马镫是随着"上帝之鞭"一起到来的，是匈奴人阿提拉入侵欧洲的产物。

445年，阿提拉入侵西罗马帝国。当时有人这样描述：他们骑着疾驰的骏马，倏来倏往，到处屠戮，使整个世界陷入恐慌。他们行动迅速异常，令人始料不及，他们的速度之快，超过了谣言传播。不论对何种宗教、哪个阶层、多大年龄，甚至恸哭的婴儿，他们都毫无怜悯之心。

罗马人对这些匈奴人携带的新装备惊异不已。欧洲人从未见过马镫，当时连马鞍都非常少见，不少骑手经常在战斗中失去平衡，从马上掉下来。

依靠势不可当的骑兵，阿提拉的匈奴帝国曾经囊括了欧洲的绝大部分，直到大西洋沿岸。即使后来成吉思汗的蒙古帝国，也没能在欧洲征服这么广阔的土地。

在另外一些历史记载中，378年的阿德里安堡战争，是马镫在欧洲的第一次亮相，这要比阿提拉进入欧洲更早数十年。

哥特人的马镫可能来自顿河流域的阿兰人，而阿兰国在此战前4年就已经被匈奴所灭。说到底，最大可能还是匈奴人带来了马镫。

在阿德里安堡战争中，因为有马镫，哥特长枪骑兵如同猛虎添翼，用1000磅重的战马的强大力量，很快将罗马军团挤压至崩溃，导致全军覆没。阿德里安堡战役是罗马军队在坎尼战役和条顿森林战役之后的最大失利。

依靠马镫之利，哥特人最终攻进亚平宁半岛，灭亡了西罗马帝国。此战以后，马镫开始传入西欧，并使这种重装骑士成为中世纪欧洲的经典形象。

阿德里安堡战役也意味着骑兵彻底取代传统步兵，成为欧洲战场的决定性力量。对冷兵器时代的人们来说，骑在马上的人几乎是不可战胜的。按照现代人的理解，在古代战场上，马结合了现代坦克、卡车与吉普等功能于一身。只要马一出现，实力平衡立刻就会发生变化。

骑士的支点

人类骑马的历史非常悠久。

人在马上时，主要靠臀部支撑。当马快速奔跑时，人与马很容易产生分离。为了不从马上摔下来，人只能紧紧抓住系在马头上的缰绳，甚至去抓马鬃。这样一来，不仅会影响马的行动，也让骑马的人手忙脚乱，难以做出其他动作。

一位希腊将军就这样鼓励他的步兵不要害怕马上的骑兵："谁也不会因为被马咬着或踢着而死亡。步兵可以更努力地作战，并拥有比骑兵更可靠的帮助。骑兵在战马上不能保持平衡，因此就像害怕敌人一样害怕从马上跌下来。"[1]

为了让骑马更安全、更稳定，马鞍出现了；接下来，人们一直不断地对马鞍进行改进和加高。一种模仿骆驼双峰的高马鞍逐渐被接受，因为这种高马鞍前后凸起，增强了人的接触面，从而获得较大的稳定。

但这个马鞍依然无法解决一个关键的难题，那就是骑在马

1- [美] 阿彻·琼斯：《西方战争艺术》，刘克俭、刘卫国等译，中国青年出版社2001年版，第6页。

卷二 马镫、骑士与文明

上的人往往会头重脚轻，难免左右摇晃，稍微身体失衡，就容易摔落马下。有人想出了一个笨办法，用绳子或布带把腿绑在马鞍两侧，这个绑腿绳经过不断改进，就形成了马镫。

马镫的出现还有另外一个可能。

早期的马镫应该是专门为不善于骑马的新手预备的。对一个新手来说，他面临的第一个难题便是上马。马比人高大得多，为了上马，就必须有个凳子或者梯子作为台阶。马总是不停地移动，如果马鞍下有一个便于踩踏的脚蹬，那上马就容易得多了。

这个原本用来上马的脚蹬，经过改进之后，就成了最早的马镫。

从一些早期历史遗迹和后来出土的马镫来看，马镫确实有一个从单马镫到双马镫的发展过程。但就实物来说，可以用来证明马镫初次出现的时间要晚得多。

与马鞍相比，马镫要简单得多，但作用却要大得多。对骑马的人来说，发明马鞍是一件顺理成章的事情，因为这可以让

身穿锁子甲，手持长矛，脚踩马镫的骑士

骑马者更加舒适，但要发明马镫，就不那么容易了，这牵扯到如何通过动态调整，来保持骑乘者平衡的问题。

马镫通过固定人的双脚而提供了一种横向稳定性。同时，再加上马鞍的前后支撑，就将人和马结合为一个整体，使骑兵利用马匹的速度进行正面冲击成为可能。

在马镫出现以前，骑在马上的人是不牢靠的。虽然有马嚼子和马刺可以帮助他控制骑乘，没有马镫的鞍子也可以将他固定在马上，可是他要作战的话，还是会受到很大限制。如果没有马镫，当骑士挥刀砍向敌人时，万一没砍中，身体的惯性会导致自己跌落马下。如果骑士用的是长矛，刺中敌人的同时，巨大的撞击反弹也会让他落马。

长期以来，欧洲人的主要武器是标枪；准确地说，这是一种用来投掷的长矛。在马镫出现之后，长矛不再用来投掷，而是被牢牢地夹在胳膊下面，用比投掷更大的速度和力道进行刺杀，而且在杀敌之后，还可以带回来。

长矛配合马镫，使骑士成为一种极富攻击力，且冲击性极强的新兵种。

美国军事历史学家阿彻·琼斯总结说：

> 马镫，这样一个在理论上如此简单的技术，对陆战产生了自四种基本武器系统和筑垒、攻城器械出现以来最重要的革新作用。骑马取代了两轮战车，大

象最终被证明是无用的。钢代替了铁，就像当初铁取代了青铜一样，这两者都曾为其拥有者提供了改进武器的优势。这些变化就像改进弓箭一样，以一种重要的方式对战争产生影响。马镫使重型骑兵的效能提高，其影响比上述任何一种变化的影响都重要，因为它打破了四种武器系统之间的平衡。实践证明，这一变化特别显著，因为正是它的到来，使西欧不再拥有任何职业重型步兵，甚至任何像希腊和罗马那类城市民兵。突击骑兵在对付未经训练的重型步兵时胜算较大，而马镫则明显地增大了获胜的把握。[1]

阿基米德有一句名言："给我一个支点，我就可以撬动地球。"对骑士来说，马镫就是这样一个"撬动地球"的支点。

马镫出现以后，长矛很快就成为欧洲骑士的标志性武器，重甲与长矛相组合，产生了一种力大无比的打击方式。

骑士将巨大的长矛紧握于双臂与身体之间，然后疾驰着冲向敌人。这种打击力，不仅来自骑士的肌肉，最主要是来自骑士和马匹的联合重量以及速度。

按照麦克卢汉的媒介理论，任何媒介都是人身体的延伸。从这一点来说，马镫无疑是人与马之间最默契、也最兼容的联

1-［美］阿彻·琼斯：《西方战争艺术》，刘克俭、刘卫国等译，中国青年出版社 2001 年版，第 75 页。

结器。马镫的出现，使马不仅成为人腿的延伸，甚至完全成为人整个身体的延伸。

有了马镫这个支点，马力就能够补充人力，几乎是无限量地加大了一个武士创伤敌人的能力。换句话说，马镫成了一种能量倍增器。

这无疑是一种全新的革命性的战斗方式，正如英国历史学家约翰·霍布森所说：

> 在马镫发明之前，马在战斗中的效率是很低的，因为骑士没有可以使他们安全固定在马上的东西。因此，骑士只能通过自身的力量来投掷枪矛。而马镫能使骑马者借助马的力量完成投掷任务。通过这种方式，人的体力被更具优势的动物力量所替代，使得冲击骑兵能够非常容易地向前冲锋，如同一辆公共汽车扫荡步兵方阵。[1]

1-[英]约翰·霍布森：《西方文明的东方起源》，孙建党译，山东画报出版社2009年版，第93页。

骑士登场

在中世纪历史上，马镫虽小，但马镫的引进对欧洲来讲，却是一件影响深远的大事件。至少从军事上来说，马镫使骑兵取代步兵，成为中世纪战争的主力。

对一个骑在马上的"骑士"来说，马镫大大提高了长矛的冲击力和杀伤力。无论是重量还是速度，骑兵都远远超过步兵，更不要说骑兵的机动能力与高度优势了。

和步兵相比，骑兵的优势在于速度。马匹的奔跑速度比人高得多，因此手持长矛的骑士主要靠马的高速冲击来刺杀对手。

中学物理有个动能公式：

$$E_k = \frac{1}{2}mv^2 \ (\text{冲击力} = \frac{1}{2} \times \text{物体质量} \times \text{速度的平方})$$

对一个冲锋的骑士来说，这个质量 m 是人和马相加的质量，速度 v 则是马匹奔驰的速度。如果将马匹的质量算作人体的 5 倍，速度是人奔跑的 2 倍，那么一个骑士的动能就是一个手持长矛冲锋的步兵动能的 12 倍。换句话说，一个骑兵可以轻易地撞倒甚至撞飞五六个步兵。

骑士战争最常见的是双方相对冲锋，在接近的瞬间，用长矛瞄准并刺杀对手，同时想法躲开对方的刺杀。由于战马冲击的速度快，在交会刺杀之后，如果没有杀死对方，就需要再次拉开距离，重新冲杀。一次这样的冲杀叫作一个"回合"。

马镫使骑手能够稳稳当当地骑在马上，可以更加得心应手地使用手中的兵器，虽然长矛在东西方都是骑兵的主要武器，但有了马镫之后，弓箭和刀剑的杀伤威力也得到了极大的提高。腾出双手的骑士可以在马上做出更多更大的动作，而不用担心坠落马下。

虽然人们都承认马镫是从中国传入西方，但关于马镫最早出现在西方的时间仍有不同看法。

有学者认为，最早使用马镫的是东罗马帝国。近水楼台先得月，他们大概是从东方的波斯那里学会的，而波斯人的马镫又来自中国。

一些历史学者认为，最早使用马镫的可能是拜占庭帝国统帅贝利萨留（约505—565年），他被人称为"常胜将军"。贝利萨留擅长使用骑兵，以少胜多。他创建的"铁甲军"属于重装骑兵，不仅装备有波斯人的弓箭，同时还有日耳曼人的长矛。在相当长的一个时期里，这支兼具东西方优势的骑兵成为捍卫拜占庭帝国的核心力量。

虽然没有明确的证据，但人们还是确信，在利奥三世创建伊苏里亚王朝时期，即8世纪，拜占庭帝国已经将马镫、高大的骏马、长矛和全副武装的骑士结合起来使用。

此后不远，法兰克人也如法炮制，成为马镫上的骑士。

在西方历史中，马镫正式登场并一举改变历史的标志性事件，当属法兰克人的崛起。

800年，法兰克国王查理曼在罗马大教堂接受了教皇的加冕，教皇宣布他为"罗马人皇帝"。自此，法兰克王国遂成为查理曼帝国。这意味着在3个多世纪前被毁灭的西罗马帝国正在复辟，查理曼现在是奥古斯都·恺撒的合法继承人。

在欧洲历史中，"皇帝"（Emperor）与"国王"（King）的意义并不相同；"国王"是指世袭专制君主，而"皇帝"在拉丁文中是指"将军"或"军事统帅"。罗马帝国有"皇帝"，欧洲各小国有"国王"。西罗马帝国覆灭后，西欧已经有300多年没有皇帝。

法兰克人之所以在一系列战争中取得胜利，一定程度上应归功于马和马镫的全面使用。用历史学家的话说："一旦马镫成为 8 世纪的法兰克人通用之物，马匹不仅能用于迅速集中力量，并且也能用来作战了。速度可以转化为突击。"[1]

在人类历史上，马的影响并没有局限于军事和战争领域。同样，马镫进入欧洲，也引发了一场彻底改变欧洲社会方方面面的大变革。

由于马鞍、马蹄铁[2]和马镫的技术支撑，在中世纪欧洲形成了一个披盔带甲的骑士群体和骑士制度。这是一个前所未有的骑士阶层，我们常常将马镫进入欧洲后的 800 多年称为"骑士时代"。

用《全球通史》中的一句话来说，就是"马镫使中世纪欧

1- ［英］迈克尔·霍华德：《欧洲历史上的战争》，褚律元译，辽宁教育出版社 1998 年版，第 2 页。

2- 马适应于草原或软土平原上的野生生活，当人们使用马进行拉运劳作时，尤其是在一些危险地面，如铺石路面、多石山区和极潮湿的泥滩地，马蹄很容易骨折，使其失去劳动能力。因此为马加上蹄铁很有必要。公元前 1 世纪时，蹄铁的应用在罗马已较普通，然而中国唐代马具中还未发现此物，这也可能与中国地形以草原和平原为主，铺石道路极少有关。中国古代兽医著作中，常强调马匹的护蹄，包括烙蹄、研蹄和凿蹄，但没有提到钉马蹄铁。至南宋，赵适《诸蕃志》卷上记大食国的马，当提到"其马高七尺，用铁为鞋"时，似颇觉新奇，反映出这时中国对装蹄铁的做法还比较陌生，中国普遍采用马蹄铁的时间，大约不早于元代。16 世纪时，来到日本的葡萄牙传教士惊奇地发现，很多日本马都没有钉上蹄铁，而是给马穿着草鞋，这无疑会对马匹的作战能力造成影响。

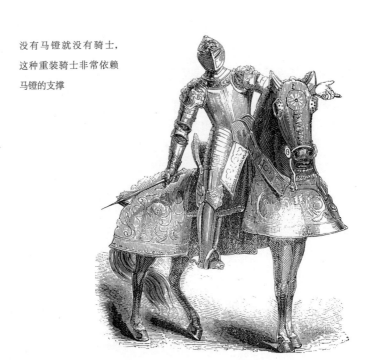

没有马镫就没有骑士，这种重装骑士非常依赖马镫的支撑

洲穿戴沉重铠甲的封建骑士得以产生"[1]。

马镫虽然未能被列入"四大发明"，但正是中国人发明的马镫，才使中世纪的欧洲成为"骑士时代"。用英国科技史学家李约瑟博士的话来说："中世纪的欧洲经历了成千年的纷

1-[美]斯塔夫里阿诺斯：《全球通史：从史前史到21世纪》，董书慧、王昶、徐正源译，北京大学出版社2012年版，第204页。

争，大半由于中国发明的马镫。"[1]

古代中国有很多发明改写了世界史，比如铸铁和造纸，比如弓弩和火药，它们都对世界的影响非常大，但只有极少的发明像马镫这样简单，却在历史上产生了如此巨大的催化影响。就像中国的火药在封建主义的最后阶段帮助摧毁了欧洲封建主义一样，中国的马镫在最初帮助了欧洲封建制度的建立。

马镫和重装骑兵，构成骑士制度的物质前提。在以后的岁月里，这些马镫上全副武装的"马人"，一直是称雄于西方世界的军事和政治力量，欧洲社会因此而被重塑，世界历史因此而被改写。

对欧洲来说，马镫带来的巨大影响，使"黑暗的中世纪"得到拯救，天主教会得以瓦全。从社会、文化和法律等各方面，为早已分崩离析的罗马帝国版图，继续提供着传统的连续性。在教皇支持下，国王成为欧洲新帝国的领袖。

一切历史都是思想史。人类的技术一直在进步，但实际上，技术的最大意义不在于其功用，而是其文化。用来支持骑士制度的政治、经济和法律体系，持续了将近 1000 年，这比马镫使用的实际时间要长得多。

查理曼帝国创立的许多构架，在拿破仑时代依然在使用，乃至如今，仍构成现代欧盟最早的渊源。

1- 李约瑟：《古代中国科学对世界的影响》，香港《大公报》1974 年 5 月 29 日，《参考消息》1974 年 6 月 10 日转载。

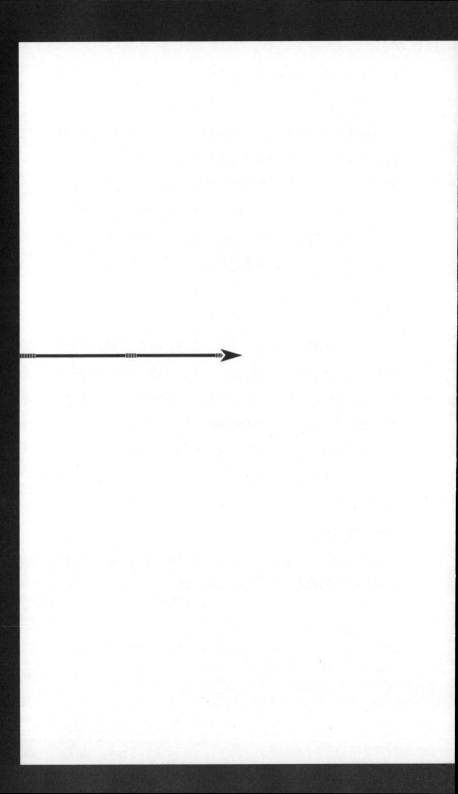

第五章　骑士的世界

骑士国王

一般认为，欧洲骑士制度源于加洛林王朝的法兰克王国，其后逐渐推行到欧洲各国。

8 世纪时，法兰克王国进入墨洛温王朝末期，中央对地方已经失去控制，萨克森人[1]攻入莱茵地区的法兰克尼亚，阿瓦尔人进入巴伐利亚。当时，迅速崛起的阿拉伯人已从非洲渡过直布罗陀海峡，征服了整个西班牙，西班牙成为伊斯兰教的一个次中心。到了 720 年，西班牙的摩尔人越过比利牛斯山，继续北进，直抵法兰克腹地。

对法兰克人来说，不仅国家内忧外患，危在旦夕，而且整个欧洲都面临着伊斯兰教的统治与扩张。

这种背景下，被称为"铁锤"的查理·马特担任法兰克王国的官相，他发动了一系列重大的政治军事改革，以采邑制加快了欧洲的封建化步伐。

1- 国内学术界为了区分，通常把定居英格兰的萨克森人称为撒克逊人，与英格兰的盎格鲁人合称为盎格鲁－撒克逊人，为现在英国的主体；对留在欧洲大陆的，则称为萨克森人。此处指的是欧洲大陆上的萨克森人。

在 732 年的普瓦提埃战役中，查理用重装步兵打败了阿拉伯轻骑兵，但这次胜利并没有改变他对军队骑兵化的野心。

为发展骑兵，他把土地作为采邑，有条件地分封给亲兵和贵族。凡接受采邑者，须提供相应数量全副武装的骑兵为国家服役。因为土地的层层分封，等级制度和主从关系就此诞生，西欧的封建制度也据此建立，从而奠定了一个划时代的骑士制度。

应当说，马镫成为查理创造骑士制度的重要契机。

在马镫出现之前，骑兵无法充分发挥其优势，他必须用力夹紧马匹以保持平衡，因此骑兵主要用于侦察、通信、士兵投放、小规模突击和骚扰。伟大的汉尼拔也只是用骑兵辅助步兵冲击敌阵。

即使在查理时代，骑兵在西方的战争中仍是配角，未能得到应有的重视。

马镫出现以后，大大增强了骑兵，尤其是重型骑兵的作战能力，人和马融为一体。战士在马上可以准确自如地操纵和挥舞兵器，攻击敌人；尤其是为近距离厮杀创造了条件。

"铁锤"查理（骑马者）在普瓦提埃战役中

有了马镫之后，骑兵既可居高临下地进攻，又可快速追杀和撤离，如同猛虎添翼。

查理极其敏锐地意识到了这一细节。

一只小小的马镫，就这样推动了一场巨大的变革。

虽然"铁锤"查理至死也没有登上法兰克王国的王位，但他的儿子"矮子"丕平终于自我加冕，建立了加洛林王朝。丕平的儿子查理曼（意为"查理大帝"）本身就是一位典型的骑士国王。

作为加洛林王朝第二代国王，查理曼像亚历山大一样四处征战，一生几乎都是在马镫上度过。在他 45 年的统治期间，进行了 54 次出征。

仅仅一场萨克森战争，就打了整整 33 年，经历了 18 场大战，四分之一的萨克森人被杀，可见战争之残酷。桀骜不驯的萨克森人最终战败屈服，改变了信仰，基督教文明进入了德意志，这是当年罗马人想做而没有做到的。

查理曼还征服了擅长骑马的阿瓦尔人，将今天匈牙利和南斯拉夫一带纳入欧洲版图。到 8 世纪末，法兰克王国的版图空前广阔，东起易北河、西至大西洋沿岸、北濒北海、南临地中海，几乎囊括了整个西欧大陆。查理曼以他的勇武恢复了罗马帝国的荣光。

这位从教皇手中抢过王冠的"欧洲之父"死后，帝国陷入了内战。

843 年，《凡尔登条约》将帝国分裂为三部分：莱茵河以东地区称东法兰克王国；斯海尔德河、默兹河以西地区称西法兰克王国；北起北海，循莱茵河而南，包括罗讷河，直到中部意大利，仍承袭皇帝称号。这就是现代欧洲德意志、法兰西、意大利三国的前身。

尽管加洛林王朝的封建制度以骑士为主，但就其军事系统而言，他们与亚洲那些马上游牧民族完全不同。

西欧的土地以耕地为主，不能支撑大规模的战马饲养，马显得非常珍贵。在具体的战争中，马为骑士提供的助力并没有改变传统面对面的冲杀肉搏形式。从早期的罗马军团到后来的条顿部落，这种战斗方式一直没有改变，即使上了马，从步战改为骑战，这种传统也未丢失，反而因为他们在马镫上手持长矛、身披盔甲的仪式感而更加深入人心。

当然，并不是说没有马镫，骑兵就不能有效地作战。

在马镫出现之前，骑兵战已经存在了 1000 多年。那些古代早期骑兵能够在马上运用各种武器，无论是长矛、刀剑或者是弓箭，他们仅仅依靠自己和双腿，就能将身体牢牢地稳定在马背上。

应当说，马镫的作用在于让骑马这件事变得更加简单和容易；有了马镫的支撑，骑马的人就不用掌握那些不用马镫却能在马上稳定作战的古老技术。也就是说，马镫出现以后，对骑兵的能力要求发生巨大的改变，骑兵的作战方式自然也随之改变，身披重甲、手持长矛的冲击战术成为主流。

马镫创造的新作战方式，在西欧成就了一种全新的社会形态：这个社会由骑士阶级的贵族统治，骑士们被赋予土地，使他们以一种新颖而高度专门化的方法来专职于战争。这种马上贵族也因此形成了一种独特的行为风格及社会风尚，以及随之而来的文明形态和思想格局。

历史学家林恩·怀特对马镫的历史作用极为推崇：结构简单的发明很少有超越马镫的。历史震撼和影响力也少有超越马镫的。战争新模式的必要前提由此诞生，西欧面貌的改观由此几成定局，由封地贵族主导的欧洲突然获得了一种全新的专业战法……而成全这一切的因由非马镫莫属。

马镫出现以来，全副武装的欧洲骑士迅速成为一支不可阻挡的力量。

在1000多年间，马镫将人和马熔铸成为一个一体化的战斗机器。他们就像堡垒和攻城炮一样，完全是军事工程学的产物。对一名马上骑士来说，有200块钢板做成的盔甲和20万个小铁环联结而成的锁子甲保护，几乎任何刀剑、长矛和箭镞都难以伤害他们。

古代希腊人曾经想象过一种半人半马的可怕怪物，而在中世纪的欧洲，马镫使这种想象得以实现，并且使骑士成了欧洲的主人。可以说，没有马和马镫，那么也就不存在所谓的骑士和骑士文化。

骑士文化构成的世俗文明，教士文化构成的教会文明，这两种完全不同的文明齐头并进，平行发展，最终形成了西方文明。

诺曼征服

进入马镫时代之后，整个欧洲政治格局为之改观。

一道英吉利海峡，隔不断英法之间的恩恩怨怨。

在 1066 年的黑斯廷斯之战中，来自诺曼底的威廉公爵率领 5000 名诺曼骑兵，将英王哈罗德的撒克逊步兵打得一败涂地。

这场改变历史的战斗，充分显示了脚踏马镫的重装骑士面对步兵时的优势，"一边是以连续的运动和不停的冲锋来达到目的，另一边则除了站在草地上一动不动地被动忍受之外什么也不做"[1]。

威廉本人身先士卒，前后有三匹战马死在他的胯下。（10 年后，威廉因为自己的坐骑尥蹶子，受伤而死。）

英国史书上记载："哈罗德国王战死了，无数优秀的战士也牺牲了，法国人占领了这片流着鲜血的土地。"

此战以后，马镫使骑士成为征服的象征。

1- [美] 阿彻·琼斯：《西方战争艺术》，刘克俭、刘卫国等译，中国青年出版社 2001 年版，第 79 页。

古老的巴约挂毯中描绘的黑斯廷斯之战

　　面对英国人此起彼伏的反抗与叛乱，征服者把他们在诺曼底发展起来的一种中央集权的封建制度输入英国。数千名诺曼骑士分驻到全国各地，纷纷建起法国式城堡。

　　古代社会中，农业和土地是经济命脉所在，谁控制了土地，谁也就控制了土地上的人民。同样，谁拥有了马，谁也就掌握了暴力和权力。

　　征服者威廉成为英格兰国王后，发布的第一条法令就明确规定，臣服的盎格鲁—撒克逊有产者，一律不得拥有骑士的装备，当然他们也就不能成为骑士。

　　诺曼征服是英国历史上的重大事件。150万人的英格兰被这样一支规模不大、但骑着马的法国远征军占领，实在令人惊奇。

从词源上来说，英语中的骑士（chivalry）和骑兵（cavalry）都来源于法语 chevalier，而 chevalier 又源自拉丁语中的"马（caballus）"。诺曼人不仅将法语作为英国官方语言，还使骑士封建制度在英国从此落地生根。

与中国相比，英国的历史要短暂得多，但英国人重视历史的程度却不遑多让。这从一个细节上体现得淋漓尽致——第二次世界大战中，诺曼底登陆成为历史的转折点。英国后来在诺曼底竖立了一座纪念碑，上面刻着一行字："曾被威廉征服的我们，如今解放了征服者的祖国。"

诺曼人本是北欧来的"蛮族"，他们从 10 世纪才开始登上历史舞台，然而在短短的一二百年中，就依靠马镫和他们的骑士制度，创造了不可撼动的诺曼时代；从北海到北非，建立了一系列诺曼王国，彻底改变了欧洲历史。

他们不仅征服了整个英格兰王国，还夺走了被拜占庭帝国统治了 4 个世纪的意大利，把一位罗马教皇掳作自己的战俘，击退了不可一世的神圣罗马帝国皇帝，并且统领十字军在东方攻城略地，建立阿克王国。到了 12 世纪，欧洲和地中海一些最富庶的土地，纷纷落入诺曼人的掌握之中。

诺曼征服时期，西方骑兵已经普及了这种带马镫的新型鞍具，但诺曼人赋予其不可战胜的神奇魅力。

征服者威廉（1027—1087）

在西欧国家中，马镫并不仅仅是作为一种增强对马匹控制力的装备而存在，而是成了新型持枪骑士战斗力的重要组成部分。从此以后，骑士在冲击固定目标时，马镫能够帮助吸收撞击的动能，防止骑手被掀下马来。尽管这样的持枪骑士并不能冲破真正意义上的完整步兵阵形，但只要少数这样的骑士，就能在攻击或者防御时，轻易击败被孤立的小股步兵分队。

马镫的出现，并不意味着骑兵完全主宰了西方军队，但是，以步兵为主的军队在战斗时，一旦成功在敌军阵形上打开缺口或者迫使敌人溃退，就能适时派出致命的骑兵分队，无情追杀装备较轻、缺乏组织的敌方步兵。

因此，骑士和骑兵虽然不是军队的全部，但却是一支军队取得胜利的保证。

自从诺曼征服之后，英法两国的统治阶级因为共同的价值观、行为准则和语言而紧密地联合在一起，联姻长达 300 年之久。

然而，到了 14 世纪中叶，这血浓于水的亲密已荡然无存。为了争夺国王的权力，一场战争打了整整几代人。在这场百年战争中，英国步兵常常遭遇法国骑兵的冲击。

因为农业条件的落后，英国国力本不如法国，再加上长期的战争消耗，英国国王亨利五世为了筹措军费打败法国，甚至押上了自己王冠上的宝珠，但他还是承担不起昂贵的重装骑士费用，只能依赖"便宜的"长弓手。法国的骑兵与步兵比例是

1∶1，英国则为 1∶3。

在 1429 年的帕提战役中，1500 名法国重装骑士横扫英国长弓兵；5000 名英军伤亡被俘者过半，连统帅塔尔博特也被生擒活捉。法军仅仅损失了 100 人左右。对法国来说，此战的胜利不仅一雪前耻，而且彻底扭转了百年战争的格局。

在此之前，人们都认为 1346 年的克雷西会战已经终结了骑士主宰中世纪欧洲战场的神话，特别是在普瓦捷会战（1356 年）和阿金库尔战役（1415 年）中，法国骑士军团屡次败于英国长弓兵，损失了大量的精英贵族和骑士。

相对于重装骑兵，长弓兵有两个弱点：一是作为步兵，其机动性差；二是自我防护能力弱，只装备轻铠或无铠甲。为此，英国长弓兵常常在阵地四周设置大量的"拒马"，以阻止和延缓敌方骑兵接近。

与长弓兵相反，重装骑兵的优势恰恰是机动能力和防护能力，在近战中几乎没有对手。在帕提战役中，英军还未做好准备，法国重装骑士就席卷而来，结果法军大获全胜。

对欧洲历史来说，重装骑士具有划时代的意义，正是他们塑造了中世纪的欧洲。

对一个重装骑士来说，马镫是一个关键的技术细节。没有马镫，就无法想象一个全身铠甲的武士可以安坐马上。从这一点来说，马镫对骑士制度的产生具有决定性的价值。

欧洲的国王们通过骑士制度，创造了一个强大的贵族阶级，以此来巩固他们对农民的权力。具有讽刺意味的是，骑士作为一种暴力，同时也在一定程度上限制了国王的权力。这样，一种制衡而稳定的封建制度就诞生了。

在这种精英民主的社会和政治体系下，没有一个人是至高无上的统治者，国王、平民、领主和骑士都共同遵守一种契约。

契约精神体现的是一种平等。换言之，没有平等，也就不存在契约。

历史往往是由许多真实的细节构成的。任何历史在其形成发展的过程中，都会被一些看似微不足道的技术所影响、所改变，马镫就是一个最为典型的案例。

马镫所引发的战争文化中，最著名的骑士莫过于大名鼎鼎的"十字军"。到了近代，只剩下了骑兵，而没有了骑士。

从技术上来说，只要用上了火器，原本刀枪不入的骑士也就没有了容身之地。不过，骑士精神远比骑士更为长久。

英雄时代

从现代回望历史，中世纪是一个信仰时代。所谓西方文明，正是诞生于中世纪。

因为骑士阶层的出现，中世纪也是一个"英雄时代"。沧海桑田，英雄辈出，正是十字军运动创造了骑士的黄金时代。

因为气候变暖，粮食产量稳步增长，公元 800 年之后的 5 个世纪，欧洲人口骤然增加了 3 倍，达到了 7000 万人。农业剩余导致城镇如雨后春笋般涌现，大量人口溢出，激发了欧洲的扩张欲望。

欧洲贵族的遗产分配方式不同于中国。在中国社会中，家庭财产一般是兄弟平分，结果导致几代之后，每个人分到的财产越来越少，原本一个富庶之家，也会沦落为许多贫寒人家。西方贵族的财产继承实行长子继承制，兄弟之中，只有老大有财产继承权，其他兄弟虽有贵族名号，却只能自谋生路。

在某种程度上，正因为这种社会制度，使西方社会始终不乏一些不屈不挠的冒险者和开拓者。无论是十字军运动，还是大航海运动，都与此有关。

从 11 世纪开始，在这场人口大增长与农业革命的驱动下，欧洲基督教世界进入一个扩张阶段。这种扩张对内表现为土地开垦运动，对外则是所谓的宗教征服运动，即十字军浪潮。

当时，欧洲天主教会宣称要驱逐塞尔柱突厥人，收复圣地耶路撒冷。教会将骑士团置于自己的保护之下，使之成为一种超越国家概念的军事组织。

从 1096 年一直持续到 1291 年，将近 200 年中，十字军总共发动了 6 次大规模的军事行动。[1] 参加十字军的不仅有国王、贵族和骑士，还有大量的农民，甚至还有儿童十字军。

………………

致力于武力传教的十字军运动，建立了一个文化意义上的欧洲，这是罗马帝国崩溃以后最有凝聚力的一次统一，马札尔人、日耳曼人、斯拉夫人、意大利人、爱尔兰人、西班牙人、挪威人、芬兰人等，都被纳入了一个基督化的欧罗巴文化中。

教皇为了取得更多世俗权力而积极煽动，好斗好战的骑士们热烈响应，他们变卖家产踏上征途。理查王甚至抵押了整个属地与国家。诺曼底公爵罗伯特二世则将公国抵押了一万银马克。包括德皇腓特烈一世、英王查理一世和法王路易九世等，许多国王命丧东征途中。

1- 德国历史学家认为，从 1096 年到 1291 年，共有 7 次十字军东征；英国历史学家则认为有 9 次十字军东征。十字军东征大体上是持续不断的。客观一点的话，可以大致划分为征服阶段、穆斯林反攻阶段和零星内战三个时期。

············

　　基督教虽然起源于亚洲（中东）而不是欧洲，但后来完全被西方化和欧洲化了。

　　在一个统一的基督教身份之下，中世纪的欧洲其实是一个巨大的矛盾体，农民与贵族之间，贵族与君主之间，君主与教皇之间，这些互相纠结的矛盾使欧洲社会危机重重，因此整个欧洲迫切需要找到一个"出口"，以释放这种"紧张"，就这样，穆斯林就被当成了西方基督教世界的威胁和"假想敌"。

　　当信仰成为战争的理由时，信仰就不存在了，因为战争不需要理由。

　　按照教会的说法，所有参加东征的人，他的罪过将被上帝宽恕。教皇乌尔班二世在法国克莱蒙号召十字军东征时曾说："过去的强盗，现在都应该成为骑士。"这些龙蛇混杂的乌合之众，使"神圣"的东征最终变成了一场失控的抢劫与屠杀。事实上，十字军根本没有配备应有的后勤补给，只能以劫掠维持给养。

十字军骑士

十字军占领耶路撒冷后，实行了惨绝人寰的大屠杀，不分男女老幼，"连马鞍都溅满了鲜血"。许多商人在战乱中将黄金吞下，为了掠取黄金，疯狂的骑士们剖开死人的肚皮，到肠胃里去寻找。后来，因死人太多，他们干脆把死人堆架起来，烧成灰烬，再从骨灰里扒寻黄金。

在第四次东征中，举着十字架的骑士们攻占东罗马首都君士坦丁堡。经过一个星期的烧杀抢掠，这座繁荣富庶的文明古城几乎沦为一片废墟。

尽管参加十字军的骑士都是自愿的，也都是自己出资，但修建要塞和维修圣城仍需要大量费用。

为了支持战争，英国和法国开征什一税，即每个人必须将自己收入的十分之一用来缴税；两国的国王身体力行，都拿出了皇室收入的四十分之一。教皇英诺森三世也要求所有的主教和神职人员，必须上缴自己收入的十分之一到四十分之一。

欧洲社会向骑士们发起狂热的捐赠活动。

作为十字军中的主力军团，圣殿骑士团和医院骑士团在欧洲都拥有无数的田产，包括僧院、村庄和城市。[1] 这些上帝名义下的骑士团直接影响了欧洲历史发展的进程。

条顿骑士团与圣殿骑士团远征普鲁士，一度建立起骑士团形式的新国家。在此期间，更多的骑士团纷纷成立，其誓约无不强调和维持一种崇高的道德追求。

流风所至，骑士的规则也成为当时社会乃至国家间的一些通行法则。

总体上说，十字军东征运动是失败的。

既缺乏相关的地形地理知识，也没有任何后勤保障，这场

1- 作为耶路撒冷最可靠的保卫者，圣殿骑士团获赠最多。有人捐出金钱，有人捐武器装备，有人捐自己的产业，甚至有人捐出整片的领地。一些巨额捐赠简直令人叹为观止。比如英国国王把自己的皇家园林都整体捐了出来，法国国王则直接捐了座城，最疯狂的是葡萄牙国王阿方索一世，竟然在遗嘱中把自己的整个王国都捐了。有人统计，圣殿骑士团在整个基督教世界拥有 9000 座庄园和领地，圣殿骑士团的年收入高达 600 万英镑。以 1 英镑等于 1 磅白银计算，圣殿骑士团一年收入的白银多达 272 吨。而同时期英国王室的年收入不过 3 万英镑，法国王室也不过 8 万英镑。

在异国土地上劳师远征的悲剧命运早已注定。

毫不意外的是，面对强弩之末的十字军，穆斯林骑兵的宗教狂热也丝毫不逊色于"基督的战士"，而且他们拥有压倒性的主场优势和数量优势。

1097 年，当第一支十字军从君士坦丁堡进入小亚细亚后，发现塞尔柱突厥人烧毁了沿途的一切，就像当年波斯人对付亚历山大一样。

小亚细亚高原的气候极其恶劣，十字军既得不到食物也找不到水，马也找不到草吃。战马大量死亡，人为了不饿死，只好吃掉自己的马。没有马骑，有些骑士甚至用牛作为坐骑。不少十字军都因饥饿和塞尔柱突厥人的进攻而死在陌生的亚洲。

螳螂捕蝉，黄雀在后。就在十字军与穆斯林军队打得死去活来时，蒙古骑兵从东方席卷而来。与此同时，埃及的马穆鲁克军队横扫中东。最终，由奴隶组成的马穆鲁克军队击败了蒙古人，攻破了最后一个十字军国家。

一场轰轰烈烈的十字军东征最终虎头蛇尾，罗马教廷建立世界教会的愿望化为泡影，战争的挫败也使其威信扫地。在后来的日子里，精英的觉醒催生了文艺复兴与宗教改革运动。

战争一旦偃旗息鼓，教会的权力就不可避免地逐渐转移到了国王手中。

条顿骑士团没落之后，著名的圣殿骑士团也随着耶路撒冷的陷落而走向没落，最终被国王的势力吞并。1307 年，法国的美男

十字军东征虎头蛇尾，最后偃旗息鼓

子国王菲利普四世与教皇克莱门特五世合谋，将法国圣殿骑士团指控为异端，骑士们被绑在火刑柱上烧死，他们的财产被没收。

圣殿骑士团最重要的遗产就是他们创造的银行系统，这成了现代银行业的鼻祖。

战争带来破坏，也带来文明的碰撞和交流。

长达两个世纪的十字军战争，为东西方世界打通了彼此沟通的血色通道，阿拉伯数字、代数、帆船、航海罗盘、火药、造纸和印刷等，在这一时期陆续传入欧洲，使欧洲的银行、商业和经济发生了一场革命，并促进了城市的发展和资本主义的萌芽。

欧洲一词，更多是一种文化概念。从地理上说，欧洲不过是亚洲大陆延伸出来的几个半岛，就像阿拉伯半岛和印度半岛一样。

当狂热的欧洲骑士们义无反顾地从大陆的边缘进入亚洲大陆腹地时，几百年来，西欧人第一次接触到了比自己更为优越的文明——"世界"诞生了。

他们在这里，竟然发现了在欧洲已经消失了1000多年的古希腊文化残存，以及医学和自然科学知识。欧洲人如获至宝，将这些古老的火种带回欧洲，最终点燃了文艺复兴的熊熊烈火。

> 历史上，不同文化之间的联系曾被证明是人类进步的里程碑。希腊曾经向埃及学习，罗马曾经向希腊

学习，阿拉伯人曾经向罗马帝国学习，中世纪的欧洲曾经向阿拉伯人学习，文艺复兴时期的欧洲曾经向拜占庭学习。[1]

1-［英］伯特兰·罗素：《罗素自选文集》，戴玉庆译，商务印书馆2006年版，《中西文化的比较》，第169页。

大宪章

从十字军东征的那一天开始，偏居欧亚大陆一隅的欧洲，就走上了一条世界主义的宽阔道路。欧洲人看到了一个更为精彩的外面世界，这是他们在自己闭塞、简陋、黑暗的城堡里永远也看不到的。

> 从军事观点和政治观点讲，十字军是一场失败。……但是，欧洲却经历了一场变革。西方人民得以瞥见了东方的光明灿烂的美景。人们不再满足于阴沉的城堡了。他们要求更加广阔的生活天地。这是教会和国家两者都无法提供的。他们在城市里找到了。[1]

1203年，当西欧人攻陷君士坦丁堡时，他们对"那些高大的城墙和巨大的塔楼……那些富丽的宫殿和高耸的教堂"充满敬畏，"这类建筑如此之多，若非亲眼看见，真教人难以

1- [美] 亨德里克·威廉·房龙:《人类的故事》，刘缘子、吴维亚等译，生活·读书·新知三联书店1988年版，第181页。

德拉克洛瓦油画《十字军攻陷君士坦丁堡》

置信。"[1]

对大多数骑士来说，他们几乎是第一次看到如此繁华的城市、雄伟的建筑、豪华的楼阁、公共洗浴场所、医院和药房，还有大学、图书馆和学校等。他们也见识了许多平日里难得一见的奢侈品，如丝绸、毛绒、瓷器、玻璃器皿以及东方的香料。

1-［美］斯塔夫里阿诺斯：《全球通史：1500 年以后的世界》，吴象婴、梁赤民译，上
　　海社会科学院出版社 1999 年版，第 889 页。

这些地方精英从异国他乡带回来的神奇故事，很快就点燃了欧洲走向启蒙的火炬。

按阿拉伯史学家的说法，就连"骑士制度很大一部分是在叙利亚平原上发展起来的。他们愈来愈多地使用纹章和徽章，也是由于跟穆斯林骑士接触的结果"[1]。

东方不亮西方亮。虽然十字军东征铩羽而归，但在十字军的帮助下，葡萄牙和西班牙在收复失地运动中节节胜利。

对现代欧洲来说，十字军东征是一个重要的起点。它推动着欧洲从一个黑暗的孤立时代走向开放的现代世界。贸易使货币和市场出现了，接着出现了城市和自由民。条顿骑士团在马镫上将基督教传播到普鲁士和波罗的海诸国，德意志成为欧洲的新生力量。

这场远征也改变了西欧的战争史。在东征之前，西欧人几乎完全依靠贵族化的重骑兵；东征归来，步兵重新成为战场上的重要角色。

持续 200 年百折不挠的远征，从传统上塑造了西方的探索与扩张精神，最后从马镫上延伸到帆船上。

从宗教精神上来说，地理大发现仍是骑士时代的继续。

1581 年 4 月 4 日，英国女王伊丽莎白亲自来到普利茅斯

1- [美] 菲利普·希提：《阿拉伯通史》，马坚译，新世界出版社 2015 年版，第 606 页。

港口，迎接满载而归的英国探险私掠舰队，并郑重地授予著名海盗德雷克"骑士"称号。

从人类文明的角度看，十字军运动最大的意外收获，或许是"宪政"的诞生。

1099 年，十字军占领耶路撒冷。随后，来自欧洲不同国家的骑士们组织了自治性的耶路撒冷市政委员会，由委员会投票选举耶路撒冷王。

委员会明文要求，委员会为耶路撒冷最高权力机构，即使贵为国王，也必须服从耶路撒冷市政委员会的决议。等到后来，委员会中的英国骑士从这里找到了反对王权的法律依据；而德国在此后则将皇位的继承制改为选举制，为数甚多的贵族成为"选帝侯"。

对英国这个小国来说，十字军运动造成的历史影响更大。

在十字军东征中，狮心王理查一世中箭死去，他的弟弟约翰成为英格兰国王，随后发起对法国的战争。在 1214 年布汶之役中，约翰战败，封建贵族乘机联合对国王不满的各方力量，一起反对约翰王。1215 年，封建贵族的骑士军队占领伦敦，直接挟持了约翰王。

在强大压力下，约翰不得不于 6 月 15 日签署《大宪章》。[1]
其中一条，承认国王只是贵族"同等中的第一个"，没有更多
的权力。《大宪章》中最为重要的条文是第 61 条，即所谓"安
全法"。根据该条的规定，由 25 名贵族组成的委员会，有权
随时召开会议，具有否决国王命令的权力。

按照《大宪章》的精神，国家的权力就这样从国王手中转
移到委员会手里。英国虽然保留了国王，但却走出了独裁。《大
宪章》赋予人们反抗暴君和暴政的合法权利。

根据《大宪章》，每个郡县可以选出 12 名骑士，来调查
当地的不公惯例。

就政治文明而言，这种对权力的制约是史无前例的。"任
何自由人，如未经其同级贵族之依法裁判，或经国法判，皆不
得被逮捕，监禁，没收财产，剥夺法律保护权，流放，或加以
任何其他损害。"《大宪章》对骑士及自由农民的利益也有一些
保障。第 15、16 条规定不得向他们征收额外的协助金及强迫
服军役。[2]

1- 约翰王签署《大宪章》的草地叫兰尼米德（Runnymede），在温莎城堡附近。1963
   年美国总统肯尼迪遇刺后，英国政府在这片草地上立起了一座用波特兰花岗岩雕刻的
   肯尼迪纪念碑。1965 年，伊丽莎白二世女王以英国人民的名义把纪念碑及其周围一
   英亩土地赠予美国，这一英亩土地成为享有治外法权的美国领土。
2-《大宪章》用拉丁文写成，后来被译为盎格鲁—诺曼语和英语，以方便贵族和平民都
   可以理解。开始时它被称为"自由宪章"，后来被称作"大宪章"。

写在羊皮纸上的《大宪章》已经有 800 多年的历史

应当承认，尽管《大宪章》是一份开创性的政治文件，但它的很多原则，实际上仍与中世纪的封建制度一脉相承。

"领主和附庸之间的关系，是一种契约关系；而契约的理论向上推到包括国王在内。国家不像过去那样，是一个紧密的政治实体，而是改变为一个松懈的契约式社会有机体了。"国王加冕须宣读誓约，"按誓约，国王的责任是：执行正义而自己也服从法律"；"如果他未能这样做，契约就可作废；而他的臣民是有权撤销这契约的。按封建法律，一个附庸有权对他的宗主甚至国王作战，如果后者拒绝了正义"。[1]

这些规则说明，封建主义传统下的国王并不是一个专制制度的皇帝；如果国王违反法律和传统习惯，贵族和骑士就有反抗的权利。尽管君主们通常都会出于自身需要，对骑士精神极力加以改造，但是骑士精神在本质上就具有反抗一切集权化统治的特点。

1- [美] 汤普逊：《中世纪经济社会史》（下），耿淡如译，商务印书馆 1997 年版，第 325、331 页。

铁骑军

所谓《大宪章》，只是一卷羊皮纸而已，指望靠它来建立宪政并一劳永逸，这肯定是不现实的。

王权这只老虎，岂能甘愿屈服于一只"纸笼子"。

在金雀花王朝时，理查二世便逼迫人们签署文书，承诺将自己的生命和财产无条件奉献给国王，他威胁那些反对者说："我将永远奴役你们，让你们当牛做马！"

如此赤裸裸的暴力和恐吓，让他的权力很快便走到了尽头。失去国王权力之后，他被活活饿死，连带金雀花王朝也一起陪葬。

英国宪政的建立，首先离不开勇敢而血性的骑士精神。面对失控的权力，只能以暴力反抗来维护文字（《大宪章》）的尊严。在英国历史上，能够拍案而起、挺身而出的英雄人物层出不穷，既有罗伯特·菲茨沃尔特这样的大贵族，也有瓦特·泰勒这样的农民领袖。

英国编年史作家罗杰·温德弗记录了《大宪章》诞生的一个细节：

他们全部都在圣埃德蒙的教堂里集合，并且从职位最高的人开始，全部在大祭坛上发誓，说如果国王拒绝准许这些特权和法律，他们就会撤回对国王的效忠，并且向他宣战，直到他在一部宪章上盖上王玺，确认他们一切的所求；并且最后一致同意在圣诞节过后，他们全体将一同去找国王，要他确认以上的要求，并且同时应该准备马匹粮秣和武器，以便国王一旦企图违反他自己的誓言，他们就可以占领他的城堡，借以胁迫他来满足他们的需求。[1]

这份史料记载了这群骑士是以武力为后盾，朝着缔造和平协议的目标前进。如果宪章遭到破坏，骑士们有权以暴力手段强迫国王履约；并且可以使用武力，占据国王的城堡和财产。

对这些贵族和骑士来说，"他们这样做，不是作为只想为自己争取豁免权的军阀。他们期待统一的中央政府，通过国王法庭来更好地保护自己的权利。在这一点上，他们把自己当作更大社区的代表"[2]。

1- ［英］梅尔文·布莱格：《改变世界的 12 本书》，何湾岚译，中华书局 2010 年版，第 50 页。

2- ［美］弗朗西斯·福山：《政治秩序的起源：从前人类时代到法国大革命》，毛俊杰译，广西师范大学出版社 2012 年版，第 267 页。

在骑士的压力下，英格兰国王约翰不得不在《大宪章》上签字

从诺曼征服之后，英国本来是欧洲最具专制传统的国家。但另一方面，英国人又与生俱来地有一种令人敬佩的公民精神，他们常常不惜以流血抗争来捍卫自己的利益和权利。面对权力的一次次自我扩张，公民们展开一次次暴力反抗。

1254 年，第一次从各郡召集的骑士代表参加议会。于是，此届议会成了骑士参加议会的起点，但是并未成为定制。

1258 年，贵族骑士再次以武力逼迫反复无常的国王签署《牛津条约》，一个 12 人的委员会成为英国最高权力机构，并有权否定国王的决定和任命高级官员。1265 年，英国终于召开了历史上第一次国会，贵族、教士、骑士和市民均有代表进入国会。

经过 3 个世纪的反复斗争、较量、撕毁、再订、破坏和重建，君主立宪——这种当时世界上任何国家都没有的权力格局——逐渐在英国定型。其间，为政治权力的分配与再分配，英国发生过多次的动乱、起义、兵变、政变和内战。

1642 年到 1649 年，由平民组成的"铁骑军"与国王军进行了长达 8 年的战争，最终将国王查理一世推上了断头台。英国在短暂的共和革命和斯图亚特复辟之后，1688 年，英国人从荷兰请来了一位新国王威廉三世，这次没有流血的政变被称为"光荣革命"。[1]

作为光荣革命的结果，1689 年颁布的《权利法案》，标志君主立宪制的资产阶级统治正式确立。

天下没有免费的午餐，民主绝不会从天而降。可以说，骑士们争得的每一份公民权利都浸透着鲜血。尤其是为推翻查理一世而发生的内战，使十分之一的英国人丧生。

持续不断的、暴烈的权力争夺，使理性的英国人逐渐领

1- 在光荣革命之前，英国实行了王朝的复辟，詹姆斯二世保证不对革命派报复。但当他被迎回国，马上把当年的革命派以叛国杀君罪绞死。革命派当时有两种选择，一是继续革命，二是忍让，但最后他们选择了第三条路：他们从海外请来了客籍国王威廉，赶走了旧国王。威廉在英国没有势力根基，国会用限制王位法、人身保护法等一系列立法将他变成虚君。然后又用代议制、内阁制等一套制度取代了他的执政地位，而其核心是辉格党、托利党的竞争执政。这段"驯化利维坦"的历史让英国摆脱了暴力革命的历史循环，从而走向长治久安的制度设计——有限政府。

悟，暴力不能解决权力问题，只有适当的妥协与和解才有可能结束暴力，而权力是无法消灭的，但必须用法律将权力这个"魔鬼"关入"魔瓶"。

终于，英国创造了一个标志着现代政治文明的民主制度——君主立宪制。

君主立宪制大大限制了国王的权力，从此英国在人类史上率先与中央集权的专制主义分道扬镳。

从后来的历史看，工业革命率先发生于英国并非偶然，而是与英国首先确立了宪政体制有关；正如经济学家诺斯所说，更有效率的产权制度成为触发英国工业革命的重要因素。

> 如果从英吉利海峡向大陆望去，从法国一直到土耳其再到中国，都是一片专制王权的海洋，我们就毫不奇怪英国人民一定会为他们能生活在一个拥有个体自由和权利的国度而感到庆幸了。而正是这种与众不同的社会，才在此后的两个世纪里产生了惊人的结果。[1]

《大宪章》一方面开启了英格兰的民族国家创制历程，同时也开启了英格兰的自由立国、依法治国的立国进程。在后来

1-［美］杰克·戈德斯通：《为什么是欧洲？世界史视角下的西方崛起（1500—1850）》，关永强译，浙江大学出版社 2010 年版，第 140 页。

的历史中，稳定的政治使英国的国力、国势、民力、民气、财力、财源、军力和政治、经济、文化影响等迅速增长，在维多利亚时代终于达到鼎盛。英国版图之大，超过了阿提拉和成吉思汗所建立的帝国。1880年时，大英帝国的疆土达3000多万平方公里，而其中央预算只占国民生产总值的10%。

英国宪政追根溯源，即来自骑士制度下的《大宪章》，其基本精神即王权有限和个人自由。作为一个划时代的人权宣言，《大宪章》在人类历史上首次确立了人权的基本原则，提出了保护个人的尊严、反对国王滥权的基本精神；它要求恢复人的权利，并制定一个宪法来保证这些权利。

好马配好鞍

历史学家林恩·怀特认为，马镫在历史中主要发挥了一种触媒作用。

马镫虽然极其简单，但所引发的一连串技术变革和社会形态变化却极其复杂而微妙。

马镫是一系列马具改革的核心。在马镫之后，尾部上翘的高桥鞍为骑手提供了更强的支撑，用来固定马鞍的单根肚带也改成了双肚带。骑在马上的人更加稳固，能够发起高速冲击，但也更容易受到伤害。于是，盔甲也进行了改良。

早期的骑士战甲只是简单地在链甲外缝一些铁片，而到了12世纪晚期，骑士们几乎从头到脚都套在了金属壳子里，连马也披上了重甲。

这些重量自然都落到了马背上。

从前的矮种马因承载力不足就被淘汰了。通过杂交繁育出的新品种战马，具有雄壮高大的体形，能够承受更大的载重和冲击力。

正如许多历史学家反复提及的，小小的马镫创造了一个骑士时代，健壮优良的高头大马为马镫上的骑士平添了速度、高

中世纪晚期时，一个
骑士的标准装束

度、攻击力和气势，骑士的精良装备进一步加强了这种优势。借助于马的速度和冲击力，一个冲杀中的骑士犹如一支离弦的利箭。一队从头到脚、从人到马全副武装的骑士军团，手持长枪一起冲杀的巨大阵势，足以吓得敌人魂飞天外。

韩非讲过一个"纣为象箸而箕子怖"的故事。说殷纣王用象牙筷子吃饭，箕子见了便害怕起来。

因为有了象牙筷子，就不能用普通的粗瓷陶碗，也不会吃普通的饭菜，一旦用上玉杯金碗，吃着山珍海味，自然也要穿绫罗绸缎，住高楼大厦。如此一来，酒池肉林也就不可避免了。[1]

即使普通人，有了一双新鞋子，人们就会想为它配上一条新裤子，然后是新上衣。对一个完美的骑士来说，仅有马镫是远远不够的，好马还要有好鞍。

当时，上等的战马以及全套骑士装备可谓是价值连城。在8世纪，一匹带装备的好马的价格，相当于45头母牛或15匹母马。根据记载，761年，一个叫作伊散哈德的法兰克骑士，为了拥有一匹马和一把剑，卖掉了他祖传的土地和奴隶。

对骑士来说，一匹马最为重要的，就是它的载重能力和奔跑速度；仅仅健壮有力还不行，能犁地拉车的马不一定能用来打仗。一匹理想的骑士战马，起码要能承载两个人的重量才行。中世纪有很多关于两名骑士同骑一匹战马作战的传说，而能同时驮载4名全副武装骑士的战马被誉为"铁背"。

另外，如果跑起来速度一般，也不能被选为战马，否则打起仗来，追敌人追不上，敌人要追他倒很容易。好马不仅能

1-《韩非子·喻老》：昔者纣为象箸而箕子怖，以为象箸必不加于土铏，必将犀玉之杯；象箸玉杯必不羹菽藿，则必旄、象、豹胎；旄、象、豹胎必不衣短褐而食于茅屋之下，则锦衣九重，广室高台。吾畏其卒，故怖其始。居五年，纣为肉圃，设炮烙，登糟丘，临酒池，纣遂以亡。故箕子见象箸以知天下之祸。故曰："见小曰明。"

跑，还要能跳，应具备腾越一定高度的障碍，和跨越一定宽度沟渠的能力。据说一匹优秀的战马，起码要能跨越 4 米宽的距离才行。

同时，供养一个骑士的开支也是极其浩大的。

好马不好养，在装备负载过重的前提下要保持速度，就必须精心喂养马匹。养马离不开精饲料，需要消耗大量燕麦。在农业基础极其薄弱的年代，粮食是最重要最昂贵的物资之一。到 13 世纪，当耕种方法已经比早期有很大改进时，欧洲最好的农场主的收成，也不过是每英亩播种 2 蒲式耳[1]种子，只能收获 10 蒲式耳谷物。

而且，比起重甲保护的骑士来，马在战斗中更容易受到伤害。因此，成为骑士的前提就是——必须有钱。从这种意义上来说，骑士与领主往往是同一概念。

人靠衣装马靠鞍。仅有马是不够的，骑士的护身盔甲厚重而又复杂。在手工时代，从脖颈直到膝头的锁子甲是一种极尽奢侈的装备。一个骑士的作战装备是如此昂贵，常常令一般人根本无法承受。

此外，一位标准的骑士除了坐骑，还应当有一匹马来运载长矛、长剑、头盔、甲胄等辎重，也需要一名携带甲胄的人、

1- 蒲式耳是一个计量单位，只用于固体物质的体积测量。需要注意的是，蒲式耳与千克的转换在不同国家以及不同农产品之间存在差异。

一名武士随从，或者数名男仆、护卫和保镖。这样下来，一位骑士就扩展成一个五六人的战斗小组，如同一辆大型战车，全部装备不可能不昂贵。

即使一名低级骑士，也必须有一名扈从。比如堂·吉诃德的扈从就是矮胖子桑丘。当然，扈从也得有合适的骑乘——可怜的桑丘只能骑着一头瘦驴。

如果说步兵属于人力密集型，重装的骑士就属于资本密集型，马和盔甲都价格不菲，而且，一个合格的骑士必须从小进行长期训练。

这是革命

骑士战争无疑是一种贵族游戏，或者说是有钱人的专利。包括马在内，骑士所需的一切，完全依赖封建贵族统治下的农民供养。正是这种军事的职业化，才形成了拥有土地的骑士阶级。

为了确保他们所拥有土地的安全，防备其他贵族和骑士的觊觎，同时镇压农奴的反抗和抗击异教徒，贵族骑士们开始修建城堡，并在城堡四周挖出了护城河。

在历史中，城堡几乎成为中世纪欧洲的象征。实际上，中世纪的城堡也是骑士实力的象征，而战争更直截了当地成为保护财产的斗争。

罗马帝国崩溃后，地中海贸易随之解体，欧洲重新回到自给自足的农业时代，应运而生的城堡其实就是这种"小国寡民"的产物。比起维持一支军队来，建造一座城堡或许代价高昂，但依托城堡维护安全的成本却要低得多，总体算下来，城堡是性价比最高的策略。

在 11 世纪到 13 世纪，弓箭技术的应用使战争更有利于防守的一方。在普通攻守战中，进攻方的支出是防守一方的 4

在冷兵器时代，要攻陷一座城堡并不容易

倍到 10 倍，但如果要进攻城堡，进攻者的支出会达到防守者
的 50 倍以上。

　　虽然攻占城堡和防守城堡所消耗的资源不成比
例，但是，一旦一座城堡建成后，它也是贵族不断叛
乱的一个重要因素，这可被看作中世纪政治的一个特
征。至少在短期内，贵族们经常可以不受惩罚地躲在

城堡的城墙后公然反抗他们的君主。[1]

即使最简单的城堡，要攻陷它也不容易。始建于 1223 年的库西城堡，让它的领主跟国王对抗了长达两个世纪之久。

对割据一方的贵族骑士来说，土地是生存的基础，围墙和城堡是保护自己的主要手段。对他们来说，城堡就是他们唯一可以依靠和信任的法律和武器，不仅可以防止匪盗袭击，也可以阻止强权侵犯。

在礼崩乐坏的暴力时代，城堡成为基督教世界里文明和尊严的象征，因此这一时期也被称作"城堡时代"。正是这些欧洲平原上星罗棋布的城堡，才维持了一个日益繁荣的封建秩序。

事实证明，城堡是骑士时代最有效的防御手段。骑士的冲击力和速度在坚石构筑的城堡面前毫无意义。在火炮出现之前，围攻城堡的代价极大，需要大型攻城机械，如投石机、攻城塔和破城槌，也需要大量军队和漫长的时间。因此很少有城堡被直接攻陷。有了城堡，不仅可以轻易地控制周边的土地，而且可以作为作战出击的基地，这对当时比较普遍的小型战争非常实用。

随着骑士阶级的崛起，仅仅一个世纪的时间，城堡就迅速遍布整个欧洲。仅在德国各地，保存至今的城堡就有 20000 座。

1-［美］于尔根·布劳尔、休帕特·万·蒂尔:《城堡、战争与炸弹:军事史的经济学解读》，陈波、龚卫峰译，经济科学出版社 2016 年版，第 65 页。

温莎城堡及温莎小镇在伦敦以西约 40 公里处的伯克郡。城堡内有许多房间，若城堡升有英国皇室旗帜，则表明女王正在温莎城堡内

　　欧洲早期的城堡比较简单和简陋，多是木石结构。十字军东征让欧洲人见识到了拜占庭和伊斯兰国家复杂的军事建筑，从而使欧洲的城堡文化跨进了一个新境界。同时，骑士战争中引入了许多工程师，他们不仅帮助骑士攻城，也负责设计更坚固、更复杂的城堡。

　　在中世纪的"城堡时代"，每一座城堡都是一个地区的封建军事、政治、经济和社交的中心，是封建领主制形成的基础，而城堡的捍卫者就是骑士。有些城堡甚至就是骑士的大本营，如温莎城堡，14 世纪时英王爱德华三世将其作为骑士团的中心。

当初，征服者威廉在伦敦周边营造了一系列大型城堡，以防止英国人的反抗，其中以温莎城堡最为重要。

温莎城堡刚开始是木结构的，后来用石头重新改建、扩建，直至如今占地达7公顷。自1070年以来，温莎城堡历经各种战乱、破坏和扩建，几乎是一部活着的英国史。英国历史上的许多重大事件也都发生于此。

城堡西面是教堂区，"嘉德骑士"[1]授封仪式便在这里举行。

除了温莎城堡，伦敦有伦敦塔，巴黎则有巴士底，它们不仅是著名的城堡，也都是著名的监狱。

巴士底的法文原意即"城堡"。巴士底建于英法百年战争时期，是为了对抗英军的入侵。随着百年战争的结束，骑士阶层也走向没落，巴士底变成了国王关押政治犯的监狱。

城堡与监狱在某种程度上其实是同构的，或者阻止外面的人进来，或者阻止里面的人出去。在法国大革命时期，巴士底狱成为封建专制的象征，遭到巴黎民众的围攻。

1789年7月14日，当巴士底的消息传到宫廷，路易十六惊呼："这是造反！"里昂库尔公爵纠正道："不，陛下，这是革命！"

1- 嘉德骑士团也被称为"吊带袜骑士团"，英文"Garter"意为吊带袜。据说一位美丽的伯爵夫人跳舞时吊带袜掉了下来，深爱她的爱德华国王将吊带袜重新给她系上，并说"心怀邪念的人是可耻的"。每年6月"嘉德日"，每一位受封的嘉德骑士都齐聚温莎城堡，墙壁上悬挂着骑士的盔甲、佩剑和旗帜。

城堡时代

对欧洲历史来说，城堡是中世纪最大的标志物。

从沙俄到苏联，再到如今的俄罗斯，克里姆林宫一直是这个北方强国的权力中枢所在地。在俄语中，"克里姆林"意思就是"城堡"。它的建筑形式融合了拜占庭、俄罗斯、巴洛克和古希腊、古罗马等不同风格。

城堡不只是高墙与角楼围绕的要塞，它是控制社会的工具，更是权力和财富的象征。作为骑士制度的一部分，城堡对欧洲中世纪的社会制度和生活方式都产生了深刻的影响。

城堡与骑士共同开创了一个军事封建的新时代，这有点类似百花齐放、百家争鸣的中国先秦时代。

封建制度的基础，是乡村自治及其契约精神。在封建主义中，没有人是至高无上的统治者，国王、平民、领主、骑士都共守同一种契约，每个人都负有一种义务，同时享有相应的权利。

城堡完全是封建制度的产物。

每一个骑士都可以从教会或者国王那里得到一块可观的封地，经济与名誉密切相关，因此骑士也都会严格遵守骑士准则。但这种封建关系是相互的，并不只限于骑士的授土和效忠。骑士不仅有自己的权利和义务，还必须信守双方的契约。如果骑士没有尽到义务，就不得享受骑士权利；反过来，如果国王超额索取，那么骑士就有权进行反抗。

这就是英国大宪章的历史根源。可以说，骑士精神也是英、法等国议会制度的实际起源。

如果在权力面前，只有义务而没有权利，那就是绝对君权，是专制体制而非封建制度，也就不存在个体，而只有体制本身了。

骑士首先意味着一种勇敢的独立精神，忠实于契约，而不是人身依附。从这种意义上来说，很多年后的《权利法案》仍是对骑士精神的背书。正如斯宾格勒所言，英国骑士的胜利和《权利法案》，实际上使帝国终结了。

当然，城堡不是现代的城市，也不是古代的村镇，更不是别墅，它比别墅大得多。[1]城堡就是领主在自己领地（采邑）上的家，是附近村庄的贸易中心，也是驻守军队的要塞。

1- 与现代人相比，欧洲中世纪的骑士生活实际也是相当艰辛的，封建贵族的城堡直到11世纪末期还只是简陋的木结构建筑，即使后来的巨大石头城堡也绝对谈不上安逸和舒适。为了安全防守，城堡的墙壁都非常厚，窗户也极小，城堡里的房间阴暗而又潮湿。在东方贸易沟通之前，也没有地毯，只能铺上一层干草。窗户上也没有玻璃，其简陋可想而知。

骑士与城堡是欧洲中世纪的两大象征

    作为采邑的基础，大多数居民都是被束缚在土地上的农奴。采邑的城堡制度，在实际上构成了一个自给自足的小王国，贵族和骑士无疑是这个小王国的统治者。

    在传统的农耕经济条件下，生存所必需的一切财富几乎都来自土地，"贵族完全是植物性的，在任何地方都来自土地，土地是它的原始财产，它和土地紧密联系在一起"[1]。

1-［德］斯宾格勒：《西方的没落》第二卷，张兰平译，陕西师范大学出版社 2008 年版，
    第 232 页。

在历史学家斯宾格勒看来，所谓贵族，不过只是"一种较高级的农民"——

　　早在 1250 年，西方就已经广泛流传着一句谚语："上午耕耘田地，下午骑马打仗"，而且一个骑士娶一个农民的女儿为妻也是一件稀松平常的事情。与大教堂相比，城堡是经由农民住所和法兰克时代的乡村贵族住宅的一种发展。[1]

　　对礼崩乐坏的中世纪欧洲来说，由骑士武装守卫的城堡构成了一种无远弗届的安全网络。在促进庄园经济模式的产生与发展的同时，城堡能够比国王的军队更方便、更及时地对农民（佃农）提供保护。

　　随着骑士与城堡的步步为营，肆虐几个世纪的北欧海盗、马扎尔流寇和土匪逐渐被肃清，欧洲的社会治安趋于稳定。

　　在这一时期，从中国传来的胸带挽具使马力效率提高了两倍[2]，以马力拉动的重犁将欧洲广袤的森林和平原开垦出来，拓垦和"三圃制"轮耕制度生产了更多的剩余粮食，可以供养更多人口。从马镫普及的 10 世纪开始，自古人烟稀少的西欧突

1- ［德］斯宾格勒：《西方的没落》第二卷，张兰平译，陕西师范大学出版社 2008 年版，第 232 页。

2- 欧洲当时的马力基本上是人力之外唯一的能量来源，风车和水车的出现要晚得多。

然人口稠密起来。

在中世纪后期，欧洲掀起了一场意义非凡的边疆扩张运动。

基于城堡和骑士建立起来的社会秩序，跨地区的贸易进一步促进了商品经济的发展。商业与人口随着新拓定居点的延伸而同步增长，城市便如雨后春笋般涌现出来，很多脱离庄园的农奴来到城市，成为这里的自由公民。

从现代意义上说，生活在城市中的人，容易产生公民意识。

中国古代也存在过长期的封建城邦时代，进入帝国以后，逐渐形成地方特色的政治城市。

与西方城堡相比，中国古代州县建制的城市要大得多。马克斯·韦伯认为：东方的城市完全是"理性行政的产物"，一点儿也不像西方中世纪的城堡和更早的城邦，它不是一个政治共同体，这里也没有市民阶级，即自我武装的骑士。

中国古代城市一般由皇帝派来的官吏管辖，民众唯一能做的就是接受统治，或者以暴动来驱逐官吏，然后更换一个官吏。

中国古代也有"公民"，但完全不同于西方的公民。法家所说的"公民"，是相对于"私人"而言，指没有个人权利的"公家之民"，只是庞大国家机器上的齿轮。"公民"的意义仅在于构建"王资"，即君主的资本。"故明主之国，无书简之文，以法为教；无先王之语，以吏为师；无私剑之捍，以斩首为勇。是境内之民，其言谈者必轨于法，动作者归之于功，为勇者尽之于军。是故无事则国富，有事则兵强，此之谓王资。"（《韩非子·五蠹》）

在中国历史上，比较类似于西方城堡的，是南北朝时期的坞堡。

西晋被匈奴灭亡后，北方地区沦为"五胡"逐鹿的战场，未能南迁的汉人纷纷筑坞堡以自保，主要以宗族佃户结聚，形成地方大族；族长往往利用宗族佃户的私兵和乡兵——即"部曲"，成为独立于一方的豪门和世家。

这些大族注重儒家传统，又有一定的武力背景，从魏晋到隋唐，基本垄断了中国社会的一切资源，他们既是士族也是贵族。最著名的，当属隋唐时期统治中国的"关陇集团"。

日本汉学家内藤湖南将中国历史分为上古、中世和近世。他认为，中国在中世时代最大的特点就是"贵族制"；用他的话说，"六朝至唐中叶是贵族政治最盛的时代"。东晋时期，琅琊王氏家族势力之大，以至于有"王与马共天下"之说。

三十人战争

在欧洲传统的城堡时代，尽管领主们好勇斗狠，互有攻伐，但骑士在战场上的争斗并不以杀戮对方为目的。这不仅是骑士之间的默契，当时的战争规约也要求善待俘虏，俘虏往往可以带来一大笔赎金。

骑士战争更像是一种武装劫掠，或者说是一种合法绑票。骑士的目的不是杀死敌人，而是抓获敌人换取赎金，以及夺取敌人的贵重盔甲、马匹和其他战利品。打仗是为了报酬，而他们的报酬来自俘虏而非杀戮。

通常情况下，被俘虏的骑士要用自己的信誉保证，在一定日期缴纳赎金，然后被放回，很少有骑士会破坏这种誓约。

英法战争时，被俘的法国骑士常常与英国骑士一起舒适地生活，自由分享餐宴及运动，直到被赎回为止。这种优待被俘骑士的传统也包括最尊贵的国王。在十字军战争时，英国狮心王理查一世被奥地利人俘获，英国就用重金赎回，他照样是人们心目中的英雄和骑士国王。法王路易九世也有过同样的经历。

1357年，法王约翰二世在普瓦捷战役中被俘，英王爱德华把他押回英格兰。为了回国去筹赎金，约翰二世只好把次子安茹公爵（路易一世）留下做人质。不料后来安茹公爵逃跑了，约翰二世大概也没有筹措到赎金，按照骑士制度的信条，他自愿返回英国继续做人质，不久后就客死在英国，成为历史上最有名的"好人"。

约翰二世作为人质再次回到伦敦后，仍然享受着国君一般的礼遇。"事实上，他受到的礼遇是如此之高，据说那些宴席和聚会都让他有些吃不消了。"

实际上，百年战争之所以在当时的英国广受各阶层欢迎，是依靠一些不那么有骑士精神的行为，那就是通过各种办法利用占领地的人口赚钱。利润最高的当然是索要赎金——要求一名俘虏用金钱换取自己的自由，这些俘虏并不全是骑士。如果抓到一个伯爵或贵族，自然可以通过赎金换来一大笔钱，但即使一个升斗小民，照样也可以换个几便士。赎金也不一定非要钱不可，用马匹、衣服、酒和武器等也可以。这与现代社会的绑架勒索差不太多。

只要不是没有底线的杀戮，在同一个上帝面前，骑士之间战争是仁慈的，"基督徒战士不嗜自己兄弟的血"。对后来的人们来讲，与其说它是战争，不如说是一场体育比赛。

按照当时所谓的"主日和平"规定，如果领主没有做过主日弥撒，便不得在礼拜日攻打他的敌人。从 10 世纪开始，每个星期中，只有周一到周五才能进行军事活动，违者将受到开除教籍的处分。

在中世纪，基督教国家之间的骑士战争，因在一定程度上受到教会的制约而变得较为节制。用军事史学家富勒的话说，当时的绝大多数战役不过是个别骑士之间的肢体冲撞而已。

因为骑士之间的战斗禁止使用密集队形，再加上"将敌人从马上打落即可，不必取其性命"的信条，往往使战争变成了一种决斗。

依照骑士的规则，攻击没有战马的步兵，对于一个骑士是有失尊严的。

发生在英法百年战争中的"三十人战争"，堪称这种骑士战争的传奇。

1351 年，驻守若瑟兰和普罗尔梅这两座城堡的英军和法军商定，由双方各派 30 名精英战士，下马徒步，手持长剑和长矛进行对打。战斗由裁判人员全程参与，负责发令开战、休战，以及监督和医疗救助。

英军统帅班博鲁夫鼓励他的骑士们，要奋力作战，"让后世的人们在殿堂中、宫廷里、广场上以及世界的每一个角落传颂这场战斗的故事"。

两军战斗了几个小时，很多当地农民前来围观。

激烈的战斗使 2 名英国人和 4 名法国人战死，剩下的人也都伤痕累累、筋疲力尽。这时有个法国人偷偷跑回去，跳上马，返身杀回，一下子冲乱了英国人的队形，法国人反败为胜。

这场光荣的战斗后来被广为传扬，大长了法国人的志气。"虽然有些人批评这些群殴式的战斗愚蠢至极，然而三十人战争和百年战争期间，不时被组织起来的类似打斗充分证明，14世纪的战争行为很大程度上，以争名夺利，甚至取乐为终极目的。"[1]

骑士虽有仆从，但骑士的仆从们是不被允许参加战斗的，他们的任务是帮助自己的主人披挂、上马，或者在其落马时加以救护。

这些战争的文明共识，极其类似中国春秋时代《司马法》所倡导的"军礼"。

事实上，在马镫刚刚被阿提拉带到欧洲的公元450年左右，罗马军事学家韦格提乌斯就编撰了一部指导和规范战争理念的著作，叫作《罗马军制》。他在书中强调，真正的"西方式的战争"依靠的是勇气和纪律。中世纪以后，欧洲贵族对该书极为推崇，甚至直接将其命名为《骑士手册》。

1-［美］弗兰克·萨克雷、约翰·芬德林：《世界大历史：文艺复兴至16世纪》，新世界出版社2014年版，第94页。

沉重的铁甲衣

虽然马镫增强了战争的强度，但中世纪的战争并不像我们想象的那样激烈，甚至说"避战"才是中世纪战争的核心。如果用一句话来说中世纪，就是战斗是常事，但真正的战争却很少见。

应当承认，骑士时代的"战争"基本都属于较为文明的有限战争，这一时期的战争职业化，也催生了西方最早关于战争的成文法。这些法律在基督教世界得到相当普遍的遵守。

在教会的压力和罗马法典的影响下，这些法律其实只是一些行为准则。比如杀戮俘虏可以不认为是严重错误，但杀害妇女儿童是绝对不允许的。

法律对战争的介入，与其说是出于基督教义或者骑士的良心，还不如说是由于战争的商业化。在 1337 年至 1453 年的"百年战争"中，英法两国都普遍地使用雇佣军。

在中世纪封建制度下，每年骑士们为国王服役的法定时间只有 40 天，这让战争发生的时间很短，长时间的军事行动根本不可能展开。

在中世纪后期，步兵经常打败骑士军团

　　不仅战争发生的次数有限，而且可动员的军队数量也不
多，每次战斗只造成很轻微的人员伤亡。在布汶战役（1214
年）中，双方参战者达到 4 万人，法军只有 2 名骑士被杀；在
布雷穆尔战斗中，900 名骑士只有 3 人战死。

　　在中世纪，骑士以密集的编队发起冲锋时，由平民组成的
步兵因为在财富和地位上的低贱，使其无法拥有足够的勇气相

抗衡。战争主要发生在骑士与骑士之间，步兵只是次要角色。

中世纪后期，步兵逐渐取代骑士成为军队主力，战争规模、持续时间和死亡人数都大幅剧增。尤其是百年战争中，英国的长弓步兵屡屡击败法国骑士军团，甚至不乏全军覆没的极端结局。这说明，步兵的远程射击性武器已经彻底改变了传统骑士战争，并使之走向终结，这也为现代热兵器战争的到来完成了铺垫。

在中世纪欧洲，国王为了获得权力，便产生了强烈的战争需求，仅依靠定期服役的贵族骑士显然已无法满足。1300 年，英王爱德华一世召集军队，结果只来了 40 名骑士。这种情况下，就只能找自由雇佣兵了。

找雇佣兵要花大价钱，国王造不出金银，只能向那些贵族加税，贵族便以《大宪章》为筹码，与国王讨价还价。

在整个 13 世纪，《大宪章》不断被重新颁布，其文本几乎钉在每座教堂门口。正是在这个过程中，人们便接受了一种新观念，即王权是有界限的，并作为一种契约固定下来。同时，英格兰的贵族们也都认为，他们与国王的会议是合法且符合惯例的，是专门用于批评政府政策的场所。这种会议后来被称为"议会"，成为英国的最高权力机构。

在欧洲这样的列国体制下，佣兵团是很常见、也很成熟的企业，打仗也是生意。表示军事编制的"连"即 company，现在的主要意思为"公司"，company 这个词最早指的就是佣兵团。从这里我们也可以看出，佣兵、商业公司和军事这三方面，在欧洲历史上是紧密联系的。后来出现的东印度公司就是一个准军事组织。

商业化的原因，或许在于骑士装备过于昂贵。

固若金汤的城堡如同骑士的一个延伸和隐喻，骑士最终走向重装甲化。相比东方的轻骑兵而言，西方骑士身上的重甲具有极高的防护力。在火枪发明以前，很少有大量骑士在战场死亡。

这种重甲骑兵如同现代的坦克车，装甲越厚，防护性自然越好，但机动性则会越差。在地球引力的作用下，超过 30 公斤的重甲和装备往往会成为骑士的沉重负担。一旦骑兵被击倒或从马上摔下来，如果没有别人帮忙拉一把，他连站起来都做不到。

在战争中，仅仅保护骑士是不

1610—1630 年制作于米兰或布雷西亚的骑兵甲，重 39 公斤

够的，马因为身体庞大，更容易受到伤害，因此马的护具也必不可少。

到了14世纪末期，重骑兵的马匹驮载的盔甲和装备将近70公斤，这还不包括骑士的体重。如此大的负重，只有那些极其强健的马才能充当坐骑。但即便如此，骑在马上的重装骑士也只能用小跑和慢跑进行"冲锋"，而且不敢拐弯，只能走直线。

作为十字军东征带来的一个意想不到的结果是，欧洲马经过与阿拉伯马杂交后，马种逐渐退化，这让重甲骑士更是举步维艰。

重甲的普及降低了骑士在战斗中受伤的危险，但如果兵败或跌下马，就将是一场灾难。即使面对最普通的步兵，他也没有任何武力上的优势。

在中世纪后期，奥斯曼人经常击败西方骑士军团，这说明重甲保护并不能保证骑士的胜利，甚至连骑士的生命都保护不了。西方骑士与亚洲游牧民族的骑兵作战时，如果打了胜仗，就伤亡很少；但如果打了败仗，往往会全军覆没。

有了重甲保护，骑士们可以翻山越岭，横冲直撞，可是一旦失去战马，他们步行的距离就不会太长。尤其是在泥泞中行走时，那简直是步履维艰，寸步难行。

作为最后一个战死沙场的英国国王，理查三世曾在博斯沃思的荒野中哀号："我愿用我的王国去交换一匹马。"他所祈求的既是王位，也是一件必需的装备。

　　到了塞万提斯时代，一名装备齐全并有护兵跟随的骑士，既在战场上没有多大用处，又昂贵得难以维持。与此同时，骑士们的甲胄越来越华丽，比武大会越来越奢华，他们自命不凡的社会地位，同家族门第的关系越来越密切，而离战场却越来越远。

　　骑士们越来越追求荣誉，英雄崇拜与文艺复兴构成了一种真实的联系，从而形成独特的骑士文化和贵族传统。

　　在接下来的几个世纪里，欧洲数百个骑士家族通过通婚联姻，几乎垄断了土地的支配和政治的统治，以及对社会的强大影响力。这种根深蒂固的无形力量一直延续至现代。

骑士文化

　　自古以来，中国都是世俗化的社会，在"皇权文化"下，"礼乐征伐自天子出"，一切文化皆服从于政治权威，世俗权力是唯一神圣的。

　　与中国古代的君师合一不同，中世纪的基督教会是世俗政治权威之外的另一个政治权威。它本身就是一种强大的政治力量，甚至有时候和帝国争夺欧洲的政治最高权力。

　　罗马帝国崩溃之后，在没有欧洲帝国的中世纪，教会实际上就是欧洲的最高政治中心。[1] 上帝是纯粹精神的，教会则有世俗的一面。对骑士来说，世俗的国家是上帝在人间的房间，而国王是房间的代表，骑士保护国王即是保护上帝，也就是保

1- "在中世纪，教会不是一个国家，它就是国家；国家或毋宁说世俗权威（因为当时不承认有分离的社会）仅仅是教会的治安部门。教会从罗马帝国借取了关于最高权威的绝对与普遍权限的理论，并加以发展，使之成为教皇享有全权的理论。教皇成为法律的最高颁布者荣誉——包括帝王的荣誉——的源泉、世俗权力的唯一合法根据、宗教修会与大学学位的合法（至少实际上的）奠基人、各民族之间的最高'审判和离间者'、国际法的捍卫者、基督徒的复仇者。"（转引自：[法]路易·迪蒙：《论个体主义：人类学视野中的现代意识形态》，桂裕芳译，译林出版社 2014 年版，第 62 页。）

骑士授封仪式

护教会。

　　教会的权威更多体现在精神和文化方面，但这并不妨碍它发动和组织十字军战争。虽然国王掌握着统治权，但国王的合法性却在教会手中。

　　十字军东征预示了一种新型战争：这类战争的起因是宗教煽动，但战争的进程又独立于宗教之外。西方历史学家认为，作为一种世俗文化，骑士文化使欧洲政治避免了"亚细亚式的绝对专制主义"，思想自由与议会制度得以传承，甚至在一次次革命运动中判处国王死刑。

从军事角度来说，作为职业战士的骑士在欧洲有着悠久的历史，但只有到了十字军时代，欧洲才出现了骑士文化的鼎盛繁荣。

在中世纪封建社会，采邑是骑士制度的经济基础。土地从国王到公、侯、伯、子、男爵，直至骑士，层层分封。作为一种身份地位的象征，尽管骑士是最低等级的爵位，但一般只有贵族才有资格进入这个体系。

骑士的神圣职责就是与异教徒作战，保护教会和教民，而教会也保护骑士团体，给予他们荣誉。因此说，骑士不仅是一种身份，更是一种荣耀；并不是贵族就一定能成为骑士，有些国王因为不合格，同样不能获得骑士的荣誉。

事实上，许多国王都以自己的骑士名号而感到无上荣耀。先后参加十字军东征的英王理查一世（著名的狮心王）、爱德华一世，法王路易七世、九世、腓力二世，德皇腓特烈一世、二世等，皆是以“骑士国王”著称。

与中国古代的科举考试相仿，西方有一套严格的骑士考核制度。

骑士的荣誉是经过一系列考验而获得的，并非可以随意授予。一般而言，凡能以马匹装备为领主参战，并接受册封者都可称为骑士，这包括参加过战斗的所有等级的贵族。

按照传统，骑士分为两个等级，骑士之下还有侍从。要成为骑士，必须先从侍从做起。侍从完成训练后，经过成人礼，可以成为正式的见习骑士。有些完成训练的侍从因为阮囊羞涩，无力承担骑士的高额开销，也只能继续为别的骑士做侍从。

与中国春秋时期的"六艺"相似，骑士也必须掌握七种技艺。首先就是骑马，即骑术，此外还包括游泳、投枪、剑术、狩猎、吟诗和弈棋等。既有文，又有武，文武双全，方为骑士。

骑士是神圣的，成为一名真正的骑士之前，还必须经过神圣的晋封仪式，或称为授剑仪式。

这种仪式最早源于日耳曼人的武器授予仪式。对骑士的册封仪式通常非常隆重，候选骑士要经过斋戒、洗浴、忏悔、祈祷、宣誓、顶盔带甲、上马比武等，然后才能接受象征骑士身份的十字佩剑。

仪式之后，新册封的骑士步入教堂，把剑放在祭坛上，象征着把自己献给神圣的教会。

从这一刻起，他就是一个骑士了。

中世纪漫长的骑士时代为今天的欧洲留下许多文化遗产，精美的纹章艺术便是其中之一。如今的体育比赛，尤其是欧洲各种球类赛事中，每个俱乐部都有一个专用徽记。这种徽记其实就来源于骑士纹章。

纹章这种图腾化的标志，最早可能出现在骑士比武大会中。

比武大会目的是争夺荣耀，纹章不仅是为了身份识别，更

源自骑士纹章的保时捷标志

为了体现贵族血统的荣耀。有了家族纹章，贵族与平民之间的阶级差异变得公开而明显。

直到 16 世纪，骑士比武大会也始终是贵族纹章亮相的一个主要舞台。纹章所有的因素，比如顶饰、头盔、盾牌和箴言，都被组合到一个标准的纹章图案形式中。[1]

在骑士时代，比武大会十分常见，这种大型集会往往既隆重，又富于仪式感。

在教会主持下，比武大会带着浓重的基督教色彩，它拥有一套完整的规则和程序。实际上这就是一种战争演习，一群骑士的争斗也有意模仿一场真实的战斗。参加者的战斗热情非常

1- 纹章开始时仅是为了让骑士能够在战争中分辨朋友和敌人。每个人都选择一种颜色和容易辨认的图案绘制在自己的盾牌上，也就是盾徽。后来盾徽已不限于盾牌，还出现在盔甲、衣服、个人财产、旗帜、建筑上。不仅是骑士和贵族，就连城市、国家、行会、联盟、教堂、大学也都有了自己的盾徽。复杂的纹章图案往往由专家设计，以保证独一无二。纹章的图案可以确认一个人在某个家族或某个团体中的地位，甚至其姻亲状况、职务和社会地位，以及封号和特权的历史等丰富的内涵，都从纹章图案中细微的差别之处显示出来。纹章文化一直被视为一种高贵的象征，甚至至今依然如此。纹章艺术在现代欧洲社会仍有体现，欧洲一些企业、社团、体育俱乐部的组织标志，甚至国家徽记，仍是古老的纹章艺术的传承。比如著名的汽车品牌保时捷（PORSCHE）和标致（Peugeot）都采用了传统纹章作为标志。

接近于真正的战斗精神，特别是需要体现骑士忠诚的时候。

1273 年，查隆伯爵就在其领地举行了一次规模较大的集体比武。因为战斗场面过于暴力，以至于场面完全失控。许多观众，包括贵族和武装侍从们也拔剑开战。最后，双方因为不过瘾，又把各自的附庸步兵也带入角斗场。一场比武就变成了一场真正的战斗，史称"查隆战役"。

此事影响很大，英王爱德华一世在 1292 年专门规定，禁止观看比武的人和骑士的随从携带任何武器，以防止发生大规模冲突。

在比武大会中，骑士虽然没有遇到真正的敌人——异教徒，但却可以获得真正的荣誉，尤其是现场有无数观众，这更让他不顾一切地必须获胜，避免当众受辱。

胜利者不仅可以获得对方的战马和盔甲，有时候可以获得比真正战斗更可观的战利品，当然还有赞誉。

白手起家的威廉·马歇尔（1146—1219）当年既没有武器又没有坐骑，他在一个又一个比武大会之间游荡，打败并俘虏富有的对手来索取赎金，最终成为英格兰摄政王，被誉为"英国有史以来最伟大的骑士"。

比武最能体现骑士精神，作为一种时尚，从 14 世纪一直延续到 19 世纪，年轻的贵族们仍乐此不疲。只不过后来，比武的战争象征已越来越淡，华丽的盔甲和高头大马让比武大会更像是贵族炫富的庆典和表演。

骑士比武大会，一般以骑马快速刺杀来决高下，一般几个回合就能决出胜负，胜者获得
负者的装备作为奖励。这与战争基本类似

　　1839 年在英国举行的一次比武大会，吸引了 13 位骑士和
上千观众。结果天公不作美，当骑士列队进入比武场时，下起
暴雨。一位骑士为了保护自己漂亮的盔甲、服饰和羽毛头饰，
打着一把伞入场。他后来就被人们称为"雨伞骑士"。

圆桌骑士

骑士文化与日耳曼文化有深厚的渊源。

在日耳曼传统中，能用流血方式获得的财富，决不用流汗方式去得到，因为流血是一种高尚而勇敢的行为。

作为高贵的战士，骑士是为战争而存在的。战争既是骑士们大显身手的地方，也是他们的发财之路。

中世纪的骑士战争在某些方面具有鲜明的"自由职业者"特征，在战争中，一个男人可以通过聚集战利品和赎金来发家致富，并进入上流社会。无论在战场上还是在比武大会上，俘虏或打败一名敌人，就意味着获得了他的战马、盔甲和相应的赎金。

毫无疑问，基督教的许多价值观念与骑士的好战秉性是相冲突的。

和平年代对骑士们来说无利可图，过剩的勇气往往会引发层出不穷的私人决斗。一首中世纪的诗写道："我是一名骑士，骑马出行寻找一名男子，像我一样武装起来，愿意与我决斗。如果他赢了，他将提高自己的声誉；如果我赢了，我就是英雄，我将得到前所未有的尊敬。"

决斗来源于一对一的骑士战争，也出于视尊严重于生命的骑士传统。骑士们常常将决斗视为一种对荣誉与勇气的确认。从根本上来说，决斗或许是一切雄性动物的性本能而已，只是这种本能在骑士身上表现得特别典型罢了。

虽然一些微不足道的事情也可能成为决斗的理由，但为女人争风吃醋的决斗更为普遍。[1]

对一个高贵的骑士来说，这种"死亡游戏"无疑是一种恶意的讽刺——很多骑士没有死在真正的战争中，却常常死在和平的决斗中；没有死在敌人的刀下，却命丧自己人之手。据说在当时的法国，死于决斗的人比死于内战的人都多。

正因为如此，教会和国王才以比武大会来取代私人决斗的

1- 决斗之风在 17 世纪达到鼎盛。据说从 1598 年到 1610 年的 12 年间，就有约 500 到 1000 名法国贵族骑士死于决斗，甚至神圣罗马帝国皇帝查理五世也提出要与法兰西国王弗朗索瓦一世进行决斗，最后教皇不得不出面阻止。即使到了火枪时代，普希金仍然死于一场私人决斗。1804 年 7 月，美国副总统亚伦·伯尔与亚历山大·汉密尔顿将军决斗，结果汉密尔顿中枪身亡。在中世纪的骑士决斗中，一些意志薄弱者还可以选择猜谜决斗，猜不出谜语的骑士将被处死。

蔓延。

　　球迷往往比真正踢球的人更加狂热，也更加为数众多。自骑士时代以来，那些津津乐道的旁观者，常常将英雄的故事传播得既广泛，又久远。

　　早期的比武大会，是从英格兰一种被称为"圆桌"的温和的战斗游戏发展而来。这种游戏通常是以圆桌宴饮开始，以取代那种群殴的粗暴形式。

　　据传说，在5世纪的英格兰，有一位国王叫亚瑟，他在罗马帝国瓦解之后，率领圆桌骑士统一了不列颠群岛，被后人尊称为亚瑟王。

　　这些骑士们发誓："永不施暴，永不谋杀，永不叛国，永不冷酷。宽容需要宽恕的人，同情不能崇拜和臣服于亚瑟王脚下的人，那些可怜人的痛苦多么深！永远帮助女士、少女和贤淑的女子，即使以死为代价也在所不辞。为了世人的利益，英勇的骑士们只参加正义的战争。"

　　圆桌骑士共有128人。所有的骑士都要遵守这个他们的誓言，维护"圆桌骑士"的荣誉。

　　1348年，英王爱德华三世在温莎城堡成立"嘉德骑士团"，并设立嘉德骑士勋章[1]。他与骑士们共同进餐，进行圆桌议事，

1- 嘉德骑士勋章（the Order of the Garter）的标记为蓝色天鹅绒袜带。该勋章代表英国的最高一级荣誉，意在弘扬日渐没落的骑士精神。

英国国王爱德华三世

主持比武等等，以此重温亚瑟王当年的圆桌骑士传统。在百年战争中，嘉德骑士团的成员们都立下了赫赫战功。

所谓"圆桌"，既削去了棱角，也削去了人与人之间的高低贵贱。可以说，现代文明社会的起源，便是亚瑟王那张不起眼的"圆桌"。

这个最早使用大圆桌的国度，后来成为第一个宪政国家。

骑士时代已经远去，但1500年前亚瑟王的圆桌精神已经渗透到我们现代人的生活中，成为人类社会的文明共识。

圆桌文化从西方走向世界，"圆桌会议"也已经成为现代政治的常见现象。如今在英国温切斯特城，仍然可以看到这个所谓的"亚瑟王的圆桌"。这个直径 5.5 米"圆桌"，其实是 13 世纪的遗物。今天，"圆桌会议"已成为平等交流、坦诚开放的代名词，也是国家与国家之间，以及国家内部进行友好协商和互信沟通的一种典型形式。

在欧洲历史上，被誉为"最后的骑士"的马克西米利安，堪称中世纪的传奇人物。

他本是神圣罗马帝国皇帝腓特烈三世之子，腓特烈三世去世后，他成为德意志唯一的统治者和哈布斯堡家族的首领。

他虽然贵为国王，却处处表现出特立独行的骑士精神。

德意志各诸侯担心他成为独裁者，他就主动将帝国权力交给议会。马克西米利安对精神和荣誉超乎寻常地狂热，甚至一度想去竞选教皇，后来他被授予神圣罗马帝国皇帝的称号。

就政治而言，欧洲中世纪的历史其实就是一部宫廷史，各国王室之间的联姻成为政治生活的主要方式。作为哈布斯堡王朝鼎盛时期的奠基者，马克西米利安通过自己和子女的婚姻，成功地取得了西班牙这个殖民帝国的王位，再加上自己的神圣罗马帝国帝位，使孙子查理五世成为欧洲的真正盟主，更令哈布斯堡王朝成为"日不落帝国"。

按照骑士精神的要求，马克西米利安算得上一位秀外慧中的完美骑士。

他出身高贵，品德高尚，长相英俊，性格浪漫，既具有中

马克西米利安一世被称为"最后的骑士",既具有中世纪风范,又有文艺复兴君主的气质

世纪风范,又有文艺复兴君主的气质,他的自传体小说《白色国王》广为流传。他不仅是一位学者和诗人,也是很多学者和艺术家的赞助者。

无论是政治还是军事,马克西米利安都有诸多过人之处。最为神奇的是他在军事技术方面的创造,一种具有独特开槽和镂刻线的骑士护甲,以他的名字命名为"马克西米利安式铠甲"。另外,他还是一位不错的火炮技术专家。

作为一位骑士，马克西米利安喜欢女人和酒，也喜欢打猎游玩；他寻欢作乐，四处留情，私生子（女）多达14个。即使债台高筑，他仍然骑马滑雪。他威严庄重，又能平易近人；他既是一位虔诚的基督徒，又相信占星术。

因为担心自己死掉，马克西米利安每次出行都要让随从带着棺材，这让人想起中国"竹林七贤"之一的刘伶。

《晋书》记载，刘伶"不以家产有无介意。常乘鹿车，携一壶酒，使人荷锸而随之，谓曰：'死便埋我'"。

骑士精神

从马镫开始，骑士（Knight）由一个受过正式军事训练的骑兵（Cavalier），最终演变为一个社会阶层的荣誉称号。但骑士的身份往往并不是继承而来的，骑士仍属于贵族中的草根而非精英。

在欧洲中世纪，骑士阶层是整个社会的中坚力量。直至15世纪，骑士制度仍和宗教一样，支配着欧洲人的思想观念和社会伦理。人们将骑士看作是整个社会体系中的精英和英雄。

骑士制度作为一种影响全欧洲的社会体制，其最具生命力和影响力的，是骑士精神。

所谓骑士精神，就是谦卑、荣誉、英勇、牺牲、怜悯、灵性、诚实和公正。尤其是慷慨，这是骑士最重要的美德。教会告诫骑士们："如果你要达到完美，就要卖掉你所有的财产，把钱捐给穷人，便有财富积存在天堂。"

如同史诗中的英雄一般，骑士以无私奉献的精神为善良的民众效劳，以教会的名义行侠仗义。理想的骑士不仅要孔武有力，更要求绝对的忠诚、慷慨与宽容。

骑士精神结合了当时贵族化的气度和基督徒的美德，以及对女士的尊重。罗素在《西方哲学史》中指出，骑士文化是欧洲文明的一个重要因素，西方传统中独特的一夫一妻制和个人主义等文化，都可以从骑士精神中找到最终渊源。

十字军运动之后，骑士精神渐渐失去了宗教色彩，但仍代表着贵族阶级的荣誉感。

按照中世纪的说法：为了避免即将降临的灾难，上帝将人类分成三种：第一种是祈祷上帝的人；第二种是经商种田的人；第三种就是为了保护前两种人，使之免受不公和伤害的骑士。

教会对骑士们说，骑士这一制度是上帝创立的，目的是保卫教会和国家。骑士必须宣誓效忠教会和自己的封君，尊重神职人员，爱护平民，维护社会安定，打击异端和异教徒，为履行职责不惜一死。骑士应首先服从和效忠教会；当教会和国王冲突时，骑士要站在上帝（教会）一边，不应跟随腐败和与教会作对的君主。

在基督教的旗帜下，很多教会的行为准则也成为骑士的准则，一个骑士首先必须是一个虔诚的基督徒。骑士必须对上帝进行祈祷和忏悔，骑士就是上帝的战士和教会的卫士。剑是十字架的象征，盾代表着保护教会的职责，剑的双刃则代表了正义和杀敌。

骑士崇尚荣誉胜过自己的生命，认为荣誉和爱情是高于一切的。荣誉并不是中国人常说的面子，就如同爱情并不是婚姻一样。

所谓的"骑士风度"，往往是一种发自内心的、骨子里的美德和教养，如彬彬有礼、慷慨仁慈、勇敢正直、忠贞不渝。为了信仰，随时准备奉献生命和一切。

应当注意的是，骑士精神的忠诚不是无条件的忠诚，而是受誓约束缚的，但也仅限于誓约。绝不是中国古代的"君命不可违"，更不是"君叫臣死，臣不得不死"。骑士精神的荣誉感与现代"公民"的个人尊严一脉相承。如果受辱，他可以要求决斗；可以受惩罚，但不得有损个人尊严。中国皇帝的廷杖和宫刑对骑士来说，绝对是不可思议和不可接受的。

任何一种制度都离不开一些精神性和仪式化、貌似"无用"的东西，这对具有宗教色彩的骑士制度来说尤其如此。

如果对一个民族来说，它的社会体系是由其男性群体决定的话，那么西方现代社会的文明，就是几百年前那一群站在马镫上的"骑士"创造的。

文明只能建立在理性和自由之上，而不是建立在暴力和奴役之上。从这个意义上，文明和文化都注定是精英的，而非大众的。在传统看法里，中世纪的欧洲平民忙于生计，无暇修身养性，从而被认为在人品上无法与骑士相提并论。

在教化意义上，骑士阶层对礼节和仪表风度的过分注重，促使欧洲的社会风气逐渐转向文明礼貌和温文尔雅。……一个野蛮的群体是无法有理有节地与专制权力斗争的，因为他们只能理解暴力这一种语言。谈判，而且是不流血的谈判，始终是西方贵族与王室权力斗争的重要方式。假如没有骑士精神与绅士风度的支撑，类似"光荣革命"这样的历史任务是根本无法完成的。

············

在骑士精神中，对爱情的崇拜具有更独特的社会意义。这种情圣精神不仅构成骑士文学的主要内容和基本格调，同时也成为社会生活中人们所追求的一种理想。在某种意义上，"爱情"这个词就来源于中世纪骑士对贵妇人的感情。在欧洲传统观念中，骑士的爱情是一种特别的爱情，以谦恭、礼让、婚外恋和爱的宗教化为特征。骑士们以爱情的名义，一次次拜倒在贵妇人的石榴裙下，爱情与婚姻的战争，最后确立了中世纪欧洲独有的一夫一妻制。

一夫一妻制来自古老的日耳曼传统。骑士精神要求必须严守一夫一妻制，尊重妇女和保护妇女。

西方历史常常讽刺路易十五的情妇绯闻，不过，路易十五虽有情妇，却没有三宫六院七十二嫔妃。但一夫一妻制似乎并不妨碍骑士们去婚姻之外寻找"爱情"，有时候，一位骑士倾慕的常常是另一位骑士的妻子。当时的风气，贵族对婚姻的态度有着不可思议的宽容；因妻子红杏出墙而生气是"愚蠢的"。

对一个骑士来说，费尽心机去勾引一位良家妇女，这甚至被认为是一种勇敢的冒险行为。这种冒险与其说是出于生理需求，不如说是为了展现其男性魅力。很多时候，这是一种自作多情的"柏拉图式的爱"。

在一部骑士小说中，圣殿骑士波阿—基尔勃跪在美女蕊贝卡面前，如此海誓山盟：

> "如果我在那生死攸关的比武场上出马作战，"波阿—基尔勃道，"你就一定要被缓慢而残酷地处死，这样死去的罪人，据说是在阴司里还要受苦。如果我不出马比武，我就会受人指摘，说我沾染了妖术，和异教徒私下往来，我就成为一个丧失体面的骑士：我不仅盖世英名付诸流水，还要受人唾骂。我将丧失威望——丧失荣誉——丧失帝王们都难以达到的伟大前途；我将牺牲掉我的伟大理想——我将撕毁我的高与天齐的计划；可是，蕊贝卡，"他跪到她的面前，继续说道，"我宁愿牺牲我的伟大前途——宁愿抛弃我的无比威望——宁愿撒下这几乎已经到手的巨大权力，只要你说一声：波阿—基尔勃，我要你做我的爱人。"[1]

1-［英］司各特：《艾凡赫》，刘尊棋、章益译，人民文学出版社1978年版，第388页。

骑士的遗产

作为一种战争的产物，骑士制度产生了军人的荣誉感和欧洲社会的尚武风气。回顾这段历史，马镫创造的骑士文化，融合了修道者的虔诚与贵族的气质，深刻地影响了整个西方的社会。

中世纪的人们相信，人类堕落后，战争和罪恶降临到这个不幸的混乱世界，天降大任，骑士们应运而生。他们的职责是抑制邪恶、保护人民，只有最强壮、最忠诚、最具高贵精神者才可被选为骑士。他们的战马是动物中最高贵的，他们的武器和装备是最精良的，还有忠诚的扈从为他们服务。他们每顿饭都离不开肉食，而农民只有黑面包。

这些驰骋在战场上的骑士，全身上下都被包裹在光亮坚固的金属外壳里，他们身上集中体现了一种"受约束的男性气质"。骑士制度不仅把一部分人造就成精英，并赋予他们较高的社会地位和荣誉，也推动了整个社会尚武的荣誉感。

在骑士的支持下，教会与世俗王权相互制衡，从而阻止了专制统治的失控。十字军东征结束了，但骑士精神并没有消失。再经过一段时间，骑士阶层就彻底没落了，代之以新的文明群体——绅士。

绅士继承了骑士的多数传统，他们谦卑、有怜悯心和正义感、诚实、公正、勇敢而克制，这些都是绅士的表现。绅士是对骑士、学士和教士等三种角色的整合，他不仅是传统贵族的延续，也是现代公民精神的先行者。

随着阿克王国的陷落（1291 年），东方最后一个拉丁王国被消灭，轰轰烈烈的十字军运动终于偃旗息鼓。

圣女贞德被烧死之后，把英国人最终赶出欧洲大陆的不是法国那些傲慢的贵族骑士们，而是另一种新出现的专业士兵。他们没有什么社会地位，仅仅是一个低微的士兵，但他们的名字叫炮兵。

尽管堂·吉诃德至死也不会承认，然而只要火炮一出现，骑士们马革裹尸的神圣战争就随即成为明日黄花。

到了 14 世纪，骑士的城堡时代终于走向终点。

在法国和英国，国王的权力越来越大，通过国家和政府，国王的统治无远弗届，只有王室或者他忠实的臣子才可以建造

保存至今的德国纽伦堡古堡

城堡。新的宫殿式城堡越来越大，建造和维护它需要大量的资源，普通贵族和小地方根本无力承担，必须动用整个国家的财力。从温莎堡到罗浮宫，君主以国家的名义赋予其新的权力中心地位。

与此同时，城市和商品经济的迅速发展，也使西欧以自然经济为基础的采邑制走向瓦解，骑士制度的崩溃已无可避免。

摆脱领主束缚的农民成为骑兵和步兵的主要来源，此外还有不少无业游民和苦役犯，他们手持火枪，拉着大炮，跟随着国王进行征战。

随着专制王权的加强和专制国家的出现，城堡和骑士日渐淡出历史，正如恩格斯在《德国农民战争》中所说："骑士栅寨的围墙，在被新式大炮轰开以前很久，其墙脚即已为货币所破坏。"[1]

据《贵族的危机》统计，在 16 世纪，英国有 75% 的男性贵族参加过战争，而到了 17 世纪中叶，也就是英国内战之前，这个比例只有 20%，在一些时期这种下滑更为剧烈。[2]

17 世纪中期，路易十四尚且年幼，法国政治掌握在他的

1-［德］恩格斯：《德国农民战争》。转引自韩瑞常：《论西欧骑士制度》，《求是学刊》，1982 年第 6 期，第 98 页。

2-［英］劳伦斯·斯通：《贵族的危机 1558—1641 年》，于民、王俊芳译，上海人民出版社 2011 年版，第 130 页。

母亲安娜王后和首相马萨林手中。为了推翻马萨林的统治和日益专制的君主独裁体制，法国贵族们发动起义，试图复兴贵族骑士制度。这就是法国历史上的"投石党革命"。

但很不幸，王权获得最后的胜利，而骑士们失败了。从此以后，军事上拥有自治权力的贵族在法国正式消亡。

对欧洲来说，文艺复兴象征着中世纪的结束，传统的封建采邑经济受到了强烈的冲击，很多骑士为了生计甚至抛弃贵族的尊严，当起了强盗。

在德国，贵族子弟更多地转任中下层军官。腓特烈大帝时，689个高级军官中，667人都是贵族出身。也有一些中产出身的普通军官，在证明自己拥有"贵族精神"后，被擢升为贵族。

一些骑士顺应潮流，将手中的骑枪换成手枪。在相当长的一个时期，这种手枪骑士一直活跃在欧洲的历史舞台。大仲马的《三个火枪手》写的就是这样的传奇故事。

在16世纪中叶，英国马匹的平均交易价格接近100先令，而好的战马更贵，一副普通的骑兵铠甲也要价40～50先令。而一把轮燧手枪只需10先令，实在算不上什么大的投资，但是却能让他们继续投入火热的战争。因此，一个手枪骑士往往会配备四五把手枪。

老派的骑士虽然远去了，但战争仍在继续。

进入火器时代后，各种新式武器不断涌现，杀伤力和破坏力以几何倍数增长，现代战争无疑要比中世纪战争残酷得多。面对战争，人们只能从历史中寻找经验，骑士精神因此成为一份珍贵的遗产。

1625 年，荷兰政治家胡戈·格劳修斯撰写了《战争与和平法》，首次提出了"正义战争理论"，不仅诉诸战争要基于理性、正当，战时行为也要正当合理，战士只能对合法目标，即实际作战者使用恰当的武力。1863 年，美国总统林肯向联邦军队颁布《利伯守则》。二战后，基于国际法和人道主义精神的《海牙公约》《日内瓦公约》正式确立。

战争虽然不能避免，但如果让战争重新回到道德伦理的约束之下，那么战争的危害程度无疑将大为减小。

军人珍爱荣誉胜过自己的生命，只有合乎应有的道德伦理，军人才能与暴徒区别开来。真正的军人并不意味着要杀人，而是要保护生命，他保护的不是自己的生命，而是别人的生命。

麦克阿瑟说："军人，无论是敌是友，都负有保护手无寸铁的弱者的责任。如果他违背了这个神圣的信任，他就亵渎了自己的整个文化。"

这个"文化"不只是"军人文化"，也是"骑士文化"。

罗兰之歌

在筚路蓝缕的中世纪，战争、比武、宗教、典雅、爱情、思想以及宫廷文化等诸多因素，共同催生和培育了骑士精神。

虽然中世纪是一个鄙视人的肉体、注重灵魂的时代，但也不是没有例外。当人们视肉体为臭皮囊时，骑士却以健美的身体为荣。

学术、信仰和骑士，被誉为欧洲中世纪的三朵鲜花。

可以说，中世纪是魔鬼与天使的结合，腐败与纯洁，放荡与忠贞，无知与博学，野蛮与侠义，酷刑与艺术，既矛盾又统一。如果说中世纪奠定了基督教对西方文化的支配地位，那么骑士精神正体现了这个时代的思想观念和道德精神。

与塞万提斯的《堂·吉诃德》(1605 年) 不同，丢勒的《骑士、死神与魔鬼》(1513 年) 对骑士精神有着更深刻的诠释。无论是面对魔鬼还是死神，骑士都显得那么孤独和落寞，但又那么坚定和刚毅，只有远处的城堡才是他归去的方向。

在金戈铁马、战火纷飞的年代，骑士们留下了无数可歌可泣的传奇。他们是优雅的绅士、强悍的勇士和虔诚的信

丢勒著名的铜版画《骑士、死神和魔鬼》

徒。骑士精神重塑了西方的道德伦理，深刻地影响着人们的观念和行为。

一切都会逝去，变成历史。在人们的记忆中，曾有这样一些人，他们举着长剑，跨着战马，为捍卫自己的尊严而决斗；他们扶危救困，勇敢无畏；他们横枪立马，征伐异教徒时冷酷无情；他们在爱情面前缠绵悱恻，彬彬有礼……一切都充满了浓厚的理想主义神秘色彩。

在一个没有印刷书的口语时代，骑士独特的行为准则和行为方式，他们与教会、领主、贵妇之间忠贞不贰的关系，为人们留下了无限遐想的空间。

当中国人将缠绵悱恻的词曲文化发挥到登峰造极之时，12 世纪的欧洲也正是骑士文学的狂热时代。

战争与爱情，构成骑士时代绝对的主旋律。无论是农夫还是乞丐，每个人都在做着一个抱打不平、英雄救美、跨马走世界的骑士梦。人们用最美好的语言和感情，歌颂骑士的忠诚、勇敢、侠义、爱情和荣耀。[1]

在手抄本时代，虽然骑士也与大多数人一样是文盲，但这并不妨碍人们用口口相传的传说，为骑士树立起一座座关于神圣和理想的完美口碑。

在民间传说中，骑士成为一个时代的英雄典范。《罗兰之歌》写于第一次十字军东征时期，讲述骑士罗兰舍生取义，明

1- 有关骑士的史诗、小说、散文数不胜数，亚瑟王和他的圆桌骑士成为一个《水浒》般的美丽神话，《亚瑟王和一百个骑士》《亚瑟王与梅林》《亚瑟王之死》等等，让欧洲乡村城堡里的人们如醉如痴。法国的《罗兰之歌》、德国的《尼伯龙根之歌》、西班牙的《熙德之歌》等，不同国家、不同语言的人们，都对神圣勇武的骑士津津乐道。

知危险，但仍誓为光荣而死，不愿屈辱而生。在《罗兰之歌》中，包含了慷慨、名誉和对荣耀的追求，以及对艰苦、疲惫、痛苦和死亡的蔑视。

在骑士文学的鼓吹下，中世纪的国王们无不身先士卒：英国狮心王理查一世勇猛好斗，自称对手就是他获得荣誉的必要媒介；英王爱德华三世在进军法兰西时，不但组建嘉德骑士团，他还跻身其中，以享受身先士卒的荣耀；法王腓力二世在布汶战役中与敌交锋，被打下马，几乎被杀；英王理查三世则战死沙场，临死前还在喊：给我一匹马……

荣誉高于生命，这不仅是骑士们时刻牢记的座右铭，也是他们英勇气概的直接精神来源。这种中世纪骑士精神的鲜明性格，已深深地烙印在每一个传统欧洲人的灵魂深处。

中世纪后期，骑士不再像前辈那样尚武好斗，而是充满高雅资产阶级的情趣。伴随着文艺复兴运动的到来，古老的骑士成为即将到来的资本主义时代绅士阶层的原始出处。

随着教会权力被国家权力取代，骑士制度走向解体。宗教改革使西欧社会走向世俗化，在很大程度上消解了"上帝的战士"的神圣性。孔武有力的比武和决斗无可挽回地走向平庸与没落。

从文艺复兴到启蒙运动，曾经的骑士精神逐渐被人们视为粗野无知的"匹夫之勇"，而"绅士"则更为传神地诠释了理性时代一个完美男人的含义。

十字军战争结束后不久，走向城市的骑士们就已经开始远离戎马生涯，他们洗去手上的血污，马放南山，解甲归田，沉醉于美酒佳人的上流生活。少年轻狂的骑士们喜欢鹅毛笔更甚于刀剑，喜爱美妇更甚于骏马，在一个红杏出墙的年代里，从来不乏四处猎艳的吟游诗人。

方兴未艾的文艺复兴标榜了一种新的审美，骑士们改头换面，成为新一代儒雅的绅士，笔挺的西装就是他们新式的铠甲。

智慧比肌肉更加可贵，世界最早的大学出现了，理性思维成为新阶层的一种高尚乐趣。文艺复兴时代的人文主义泰斗彼得拉克说：每个男人都应该将自己装扮成有教养的绅士，而不是武士，让优雅和学问成为粗鲁和暴力的替代美德。

老去的骑士们纷纷将自己的孩子送进大学，学习科学和法律，印刷时代的精英教育，逐步取代了骑士时代的贵族传统。

骑士的年代已经远去了，效忠国王的激情在百年战争中消耗殆尽，只剩下普罗旺斯的吟游诗人用浪漫主义文学为骑士精神涂上最后一抹红晕。

从堂·吉诃德到鲁滨孙

历史是一种传承。

启蒙运动其实就是一场欧洲一体化的全民教育过程，年轻的贵族带着他忠诚的仆人，走出古老的城堡，去遥远的城市旅行。正如卢梭所说：大家都是欧洲人，"都有同样的趣味，同样的热情和同样的生活方式"。

可以这样说，宗教也是"地理大发现"的主要动因，历史学家约翰·霍布森甚至称其为"第二次"十字军东征。

作为耶稣会的首领，葡萄牙的恩里克王子利用骑士团的巨大财富，为他前往大西洋和非洲海岸的探险提供经费，最终使他能够绕过非洲到达印度。他们的船帆上印有骑士团的红色十字，船队在 1488 年抵达好望角，1498 年来到印度，1500 年到达巴西。同样，哥伦布前往美洲的三艘船的船帆上也印有耶稣会的十字。

无论从哪一个角度来说，大航海时代无疑揭开了欧洲历史和世界历史的新篇章。

随着城市的崛起，资产阶级成为一个代表自由精神和现代文明的新兴群体。借助古登堡推动的印刷革命，骑士文学再度回光返照。

骑士成为大无畏的探险者，他们肩负传播上帝福音的神圣使命，拯救愚昧的异教徒。

在早期的骑士故事里，搭救落难少女等行为通常都会被刻画为无私的骑士精神。但是在一般骑士法则里，骑士必须要用金钱、礼品和战利品来证实自己的荣誉。也就是说，骑士必须有钱。有时候，有钱也会自动成为骑士，比如1241年，英王亨利三世颁布法令，将所有拥有足够财产的男性尽数赐封为骑士。

15世纪末16世纪初，新大陆的发现刺激着人们一夜暴富的梦想，骑士传奇风靡了整个西班牙社会。这些故事都以财富为主题，讲述在遥远的一块大陆上，住着很多乐天的富裕民族，那里有数不尽的黄金和财富。

在16世纪的西班牙人看来，"尊贵之人靠征战获得财富，要比卑贱之人靠劳动挣钱更光荣，更快捷"[1]。骑士的冒险传奇，点燃了每一个人对财富的欲望。骑士文学在印刷机的推波助澜下，一纸风行，营造出冒险外向的社会氛围。这种勇于探索的骑士精神，深深植根于西班牙殖民者的灵魂深处。

在相当一段时期里，从新大陆运回西班牙的是黄金和白银，从西班牙运往新大陆的是骑士文学。

实际上，西班牙的气候和地理条件非常不适合养马，再加

1-[美]阿尔伯特·赫希曼：《欲望与利益：资本主义走向胜利前的政治争论》，冯克利译，浙江大学出版社2015年版，第58页。

西班牙首都马德里著名的堂·吉诃德塑像，后面跟着骑驴的随从桑丘

上西班牙作为国家出现得比较晚，属于欧洲骑士文化的边缘地带。但有时候越是边缘，越容易出现狂热的文化认同。西班牙人就极其迷恋骑士文学。

在文学史上，伟大的塞万提斯成为骑士文学甚至骑士文化的终结者。

堂·吉诃德，一个神情悲伤的老骑士，骑着一匹羸弱的瘸马，穿着锈迹斑斑的盔甲，戴着纸做的头盔，不是大战风车，就是冲向羊群，直到最后一点梦想彻底破灭。

令堂·吉诃德颠倒沉迷的骑士小说，有点类似于中国人所痴迷的武侠小说和言情小说——

> 他如此喜爱阅读骑士小说，以至于他忘记了打猎，也没有心思去经营自己的庄园。为了买更多的骑士小说，他甚至卖掉自家的玉米地……最终，他一天到晚躺在骑士小说的书堆里，从早到晚地看书，最后看到大脑迟钝、疯疯癫癫。[1]

自《堂·吉诃德》问世以后，西班牙乃至欧洲的骑士小说很快便销声匿迹了。

塞万提斯虽然想用一部小说来怀念正在逝去的骑士精神，但却无意中用文字敲响了骑士时代最响亮的一声丧钟。

在工业时代的风车下，苍老的堂·吉诃德已经成为一个远去的传说。在小说的最后，骑士那华丽的甲胄被拍卖后，用于还债。

堂·吉诃德这个人物虽然可笑和可悲，但同时又令人同情和尊敬。到了 18 世纪，法国人则把这个西班牙骑士改装成一位以理服人、以德服人的法国绅士。其实很多人没有留意，这部小说确实有个副标题——"异想天开的绅士"。

1-[西班牙]塞万提斯：《堂·吉诃德》，屠孟超译，译林出版社 1995 年版，第 12—13 页。

进入现代社会之后，骑士和他的中世纪仍是人们津津乐道的有趣话题，提供着源源不断的童话和故事，以至于成就了迪士尼这个世界级的"梦想制造者"。

随着迪士尼乐园的扩展，古老的城堡重新构建了梦幻般的传奇中世纪。

从精神上来说，大仲马的《三个火枪手》等小说仍然属于骑士文学，只不过武器已经换成了火枪。

从文化史的角度来说，火药的传入虽然把骑士阶层炸得粉碎，但是中世纪骑士所体现的，并且被理想化的骑士精神，却在近代西方文化中得以保留。

当骑士摇身一变成为绅士后，骑士文学随之也被绅士文学所取代，其中最为著名的就是《鲁滨孙漂流记》。

鲁滨孙是一位敬奉上帝、重情重义和知恩图报的英国绅士，他历经坎坷和磨难，终于走出困境，成为腰缠万贯的富翁。这部妇孺皆知的"英国和欧洲第一部小说"中，星期五既是他的奴隶，也是他的扈从，而野蛮的食人族就是异教徒。

鲁滨孙已经完全成为殖民时代的上帝化身，而不仅仅是一个上帝的骑士或者绅士。

············

最后的贵族

骑士作为最普遍意义上的草根贵族，使"贵族精神"对整个社会产生了普遍而深刻的影响。

所谓贵族精神，仍然体现了传统骑士所应有的基本特点：首先就是文化教养，不为物欲所诱惑，不以享乐为人生目的，追求高贵的道德与信仰的精神。其次是社会担当，作为社会精英，富于正义感，对弱者侠肝义胆，不怕牺牲。最重要的是具有自由的灵魂和独立的意志。用托克维尔的话来说，"贵族精神的实质是荣誉"。

菲利普·西德尼爵士（1554—1586）是一位典型的英国贵族，曾就学于牛津大学，伊丽莎白女王封他为骑士。西德尼无论是上对女王，还是下对乞丐，他的言谈举止都中规中矩。据说男子对他无不钦羡，女子无人不愿为他而死。

1585 年，西德尼被任命为荷兰法拉盛地区的总督。在援助荷兰对抗西班牙的战争中，西德尼身受重伤，弥留之际，有人把一瓶水送到他嘴边。他发现不远处有一个垂死的敌方士兵，于是就拒绝喝水——"他比我更需要这瓶水"。

人之将死，其言也善。按照世俗的理解，西德尼的让水举动只是一种"善",其实这是"真"。这里没有任何矫揉造作和虚伪,而是他一生人格自发的最后体现。

这种牺牲精神在贵族身上极其明显。在"一战"中,参战的贵族子弟的死亡率要远远高于平均死亡率。

一个人怎么活着,证明的是一个人的能力;一个人怎么死去,显示的是一个人的教养。在真正危难的最后关头,一个人真正的风格和气度往往显露无遗,守财奴临死也要手握钱袋,独裁者临死也要手握权柄,只有真正的贵族视人格与道义重于一切。

…………

英国的贵族制度之所以能延续至今,是因为得到了社会各阶层的认可。

在英国人看来,贵族精神代表了一种尊严,一种高尚的品行。英文里的noble,除了"贵族"之意,还有"出身高贵的""高尚的""伟大的""崇高的""卓越的""辉煌的"等含义。[1]

在欧洲骑士精神盛行之时，骑士的数量只占人口的一小部分，但正如爱默生所说："英国文学里半数的戏剧和全部的小说，从菲利普·西德尼爵士到沃尔特·司各特爵士，无一不在描绘这个绅士形象。"[2]

在法国同样如此，被称为"法兰西良心"的维克多·雨果，在他的小说里描绘了各式各样的绅士：无论是《悲惨世界》中的冉阿让、沙威，还是《巴黎圣母院》里的卡西莫多，他们都是侠肝义胆、悲天悯人的骑士和绅士。

....

14 世纪的英法战争中，英军围困法国加来市长达两年，加来城内弹尽粮绝，只能乞降。英王要求交出 6 名有声望的加来市民，手持城门钥匙自缚前来受死，这样可免全城遭屠。最后，加来城 6 名最为富裕的人挺身而出，自愿赴死，他们被称为加来义民。

贵族文化虽然是少数特权阶层的文化，却由于其强势特征而受到社会大众的崇拜，并因此而受到人们普遍的努力效仿和

1- 一般而言，"贵族精神"包括高贵的气质、宽厚的爱心、悲悯的情怀、清洁的精神、承担的勇气，以及坚韧的生命力、人格的尊严、人性的良知、不媚、不骄、不乞、不怜，始终恪守"美德和荣誉高于一切"的原则。

2- ［美］拉尔夫·沃尔多·爱默生：《谈礼貌》，转引自［日］新渡户稻造：《武士道》，周燕宏译，译林出版社 2011 年版，第 74 页。

追捧，进而成为一种得到社会多数成员认同的道德标准，同时也形成以极少数上层统治者为载体的"精英"文化。

贵族文化不仅在贵族统治的年代里成为高品质文化的代名词，而且这种影响一直延续到现代社会。

对欧洲来说，贵族文化的影响是极其深远的，以至于许多传统的保守主义者认为，现代社会许多弊端的根源就在于贵族精神的消失。

与托克维尔一样，"知识贵族"奥尔特加很赞赏传统的精英主义思想："不管人们愿意与否，人类社会按其本质来说，就是贵族制的；甚至可以这样说：只有当它是贵族制的时候，它才真正成其为一个社会；当它不是贵族制的时候，它根本就算不上一个社会。当然，我这里说的是社会，而不是国家。"[1]

奥尔特加对"贵族"的解释是："在我的心目中，贵族就等同于一种不懈努力的生活，这种生活的目标就是不断地超越自我，并把它视为一种责任和义务。"[2]

培根指出了一个有趣的历史规律，他认为，没有贵族就难以形成民主制度，但贵族阶层对于民主社会并不重要——

1- [西] 奥尔特加·加塞特：《大众的反叛》，刘训练、佟德志译，吉林人民出版社 2004 年版，第 14 页。

2- 同上书，第 59 页。

遗留至今的中世纪的贵族城堡

　　在君主制度下，如果没有贵族阶级的存在，那么这个国家就只能成为独裁专制的帝国——像东方的土耳其那样。因为贵族的存在可以牵制帝王的权力。贵族控制部分人民，也就分减了帝王的权势。但在民主制度下，贵族就没有存在的必要。没有贵族阶级的存在，将使民主制度更易保持稳定。因为在民主制度下，人们所重视的不是血统与门第，而是学识和能力。[1]

"民主主义会树立一位天生王者成为领袖，而贵族政治则把王者的精神注入民众之中。"[2] 事实上，贵族往往首先基于一个人的出身和血统。

对传统的世袭贵族而言，最大的遗憾是，才智与德行是无法遗传的，即使严格的教养也不能完全弥补。从"少数人的暴政"到"多数人的暴政"，悲观一点看，人类始终走不出"大众没有头脑，精英没有良心"的历史困境。

启蒙运动的思想家伏尔泰说：地球上的万物都改变了，可是唯有美德从未改变。这种美德应该包括古老的骑士精神。

作为骑士精神的进一步提升，贵族精神意味着克己奉公。在西方语境中，贵族代表着尊严和品行，也代表着规则与风度。

1- [英] 培根：《培根人生随笔》，何新译，人民日报出版社 2007 年版，第 51 页。

2- [日] 新渡户稻造：《武士道》，周燕宏译，译林出版社 2011 年版，第 73 页。

玉帖镫

文明是普世的，无论中西，从人性上都有着相似性。古代骑士们树立起来的这种贵族精神，其实也普遍地出现于古代中国。

春秋战国时代的中国，虽然礼崩乐坏，但是旧有的贵族世家仍然存在，他们的"君子"观念也影响了一个时代，这些战车上的贵族，在历史中同样扮演着举足轻重的角色。

从根本上说，骑士文化实际是一种中产阶级文化，它独立于国王的权力之外，又高于底层的平民文化。当自由的骑士成为一个社会主导者时，自由独立的社会意识就成为最大共识；也就是说，欧洲的世俗统治者无法以专制来进行统治。他们被迫给予一些人以"权力的自由"，最初是授予那些贵族，后来是给予资产阶级。

与中世纪的西方统治者授予贵族们采邑（世袭土地权）形成对比的是，东方贵族阶级完全受制于官僚制度和薪俸制度，这种集权体制严重阻碍了中等阶级权力的形成和巩固。

仅从社会阶层来说，中国传统的官吏群体构成东方社会的中等阶级和中产阶层，但因其人格依附而缺乏独立，同时也使社会出现权利真空和人格沙漠，因而不能类比为西方式的中产阶级。

自古以来，中国缺乏类似西方基督教那样极具影响力的宗教体系。虽然儒家思想也常常被称为"儒教"，但从本质上来说，它不是一种宗教，其核心是极其世俗的社会道德。

传统时期的中国社会中，上层阶级的男人以"忠孝"为志，一生要忠于世俗权力。

....

鲁迅先生批评说："中国一向就少有失败的英雄，少有韧性的反抗，少有敢单身鏖战的武人，少有敢抚哭叛徒的吊客；见胜兆则纷纷聚集，见败兆则纷纷逃亡。"[1] 说到底，其根源在于贵族精神的缺失。

于是我们看到，在相同的一只马镫面前，产生了西欧的封

1- 鲁迅：《这个与那个》，载《鲁迅全集》第三卷，《华盖集》，人民文学出版社 2005 年版，第 152—153 页。

三代之后有乱无治，中国古代所谓的贵族常常以声色犬马为荣

建制和东方的集权制，并且都延续达千年之久。

　　虽然中国是马镫的最早出处，但中国却几乎没有出现过类似的"骑士"和"骑士精神"，正如韦伯所说："中国和埃及与美索不达米亚一样，骑士战斗的技术从未导致像荷马时期的希腊或西方中世纪时那么强烈的个人主义式的社会制度。"[1]

1-[德]韦伯：《中国的宗教；宗教与世界》，载《韦伯作品集》第五卷，康乐、简惠美译，
　广西师范大学出版社 2004 年版，第 58 页。

贵族文化或者说骑士精神，从本质上是完全与专制思想相背离的。

随着技术的进步，贵族精英所垄断的军事优势，最终将被弓箭和火枪所打破，贵族精英的人格独立性也最终会被专制权力所压倒。这种历史的变化和趋势，无论在东方还是西方都在发生，只是在中国比欧洲来得更早。

先秦时期的慎到说："圣人之有天下也，受之也，非取之也；百姓之于圣人也，养之也，非使圣人养己也。"[1]

在先秦时期，"百姓"指的是贵族。上古时期，炎黄联盟打败九黎族，炎黄联盟百余氏族都以各自所在的地名或封号为姓，故称百姓，"百姓，百官族姓也"。被炎黄联盟打败俘虏的九黎人没有姓，都统一称为黎民，二者形成贵族和奴隶关系。随着贵族的繁衍和井田制的瓦解，许多有姓的贵族沦落成贫民，到秦以后，"百姓"便为平民了。

秦国发展较晚，但其专制制度却发展很早。秦国几乎没有什么贵族和文化。按照司马迁的说法，秦始皇本人就是商人吕不韦的私生子。自秦始皇创立郡县体制后，传统的贵族教育"君子六艺"走向没落，"士不敢弯弓而报怨，民气之摧残，自

1-《慎子·威德》。大意是：圣人能够统治天下，是接受了人民的重托，不是自己私自窃取的。百姓对于圣人，是奉养他，而不是靠圣人来养活自己。

兹时矣"[1]。

秦汉时期，中国社会已经走向平民化，正如陈胜在大泽乡所言："王侯将相，宁有种乎？"吕思勉在《秦汉史》中写道："古者平民登庸，仅止于士，大夫以上，即不在选举……至秦而父兄有天下，子弟为匹夫；及汉，更开布衣卿相之局；实为旷古一大变。"[2] 不仅是布衣卿相，刘邦更是开创了布衣天子的先河。

楚汉之争，用阶级斗争的话语来说，完全是一场贵族与平民的战争，出身贵族的项羽算得上是一位典型的中国骑士。

项羽乃楚国名将项燕之后，从小受到非常完整的骑士教育，后来举兵反秦，留下破釜沉舟的美谈；巨鹿一战，击败数倍于己之虎狼秦军，几乎是以一己之力而颠覆强秦，"楚人一怒，可怜焦土"。

司马迁在《史记》中，明显比较欣赏项羽而不是刘邦。项羽攻占咸阳，有人劝他定都关中，项羽说："富贵不归故乡，如衣锦夜行，谁知之者！"

楚汉争霸，眼见"丁壮苦军旅，老弱罢转漕"，项羽向刘邦提出，以两人决斗来结束战争："愿与汉王挑战决雌雄，

1- 梁启超：《中国之武士道》自叙，载《饮冰室专集》之二十四，中华书局 1936 年版，第 20 页。

2- 吕思勉：《秦汉史》，商务印书馆 2010 年版，第 675 页。

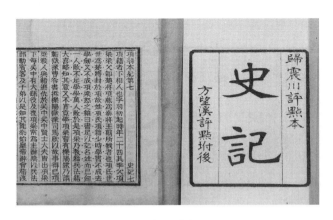

在《史记》中，司马迁对项羽的欣赏溢于言表

毋徒苦天下之民父子为也。"（《史记·项羽本纪》）这种骑士式的决斗竟被刘邦嘲讽为"匹夫之勇"——"吾宁斗智，不能斗力"。

最后刘邦背盟，袭击楚军，项羽兵败乌江，临危仍拒绝苟且逃生："籍与江东子弟八千人渡江而西，今无一人还，纵江东父兄怜而王我，我何面目见之？纵彼不言，籍独不愧于心乎？"（《史记·项羽本纪》）

他将心爱的坐骑托付给亭长："吾骑此马五岁，所当无敌，尝一日行千里，不忍杀之，以赐公。"（同上书）然后自刎而亡。

力拔山兮气盖世，

时不利兮骓不逝。

骓不逝兮可奈何，

虞兮虞兮奈若何！

李清照以诗赞项羽：生当作人杰，死亦为鬼雄。

现代中国人大都知道梅兰芳演的《霸王别姬》，连项羽的
爱情也这样惊天地泣鬼神。这几乎与西方中世纪的骑士传奇毫
无二致。

对中国骑兵史来说，楚汉战争具有里程碑的意义，骑兵作
为战争的决定性力量便由此开始。

刘邦组建了一支精锐的骑兵部队，称为郎中骑兵，以灌婴
为将，这支部队在击败项羽并统一全国的战争中屡建奇功。垓
下一战，项羽带着骑从 100 余人突围，刘邦派出追击并最后
消灭楚军残部的，正是灌婴率领的这支骑兵。刘邦麾下另一个
著名的骑兵将领是阳陵侯傅宽，他在随刘邦进入汉中时，已经
是"右骑将"了。

《世说新语》中记载："谢中郎在寿春败，临奔走，犹求玉
帖镫。"与当年的项羽相比，世代贵族的谢万载在仓皇逃跑之
际，仍忘不了要用一对镶玉的马镫，贵族堕落以至于此。

值得一提的是，这也是汉字中马镫的"镫"字第一次出现。
时值南北朝，即公元 4 世纪。

严谨的历史学者一般也都认为，实用性的马镫也是在这时

才真正出现。

需要说明的是，在相当一个时期里，汉字马镫的"镫"字常常写作"橙"字，其偏旁并不是"金"字边，而是"木"字边。[1]可见早期的马镫并不是金属的，但非金属的马镫在经历很长时间后，往往很难保存下来。

1- 东汉许慎在《说文解字》中说：镫者，锭也。又说锭中有灯曰镫，"镫"又作"灯"解。可见没有马镫之意。

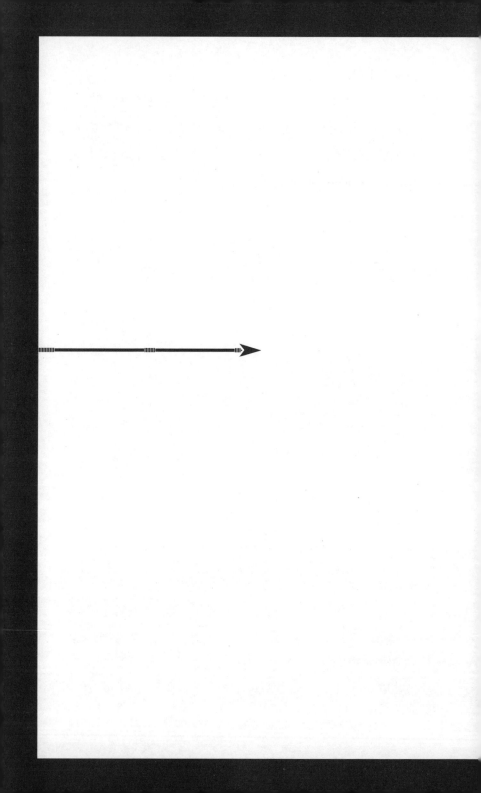

第六章　士的精神

中国的士

骑士制度是欧洲封建时代的标志，对中国来说，所谓的"封建"（封邦建国）时代应当是春秋战国时期。"汤与桀战于鸣条之野，武王与纣战于牧野之中，大破九军，卒裂土封诸侯。"（《商君书·赏刑》）

这一时期的中国，也是一个"士"的时代。

夏、商、周（三代）时期，中国有"国人"和"野人"之分："国"的意思是城市，"野"指田野；"国人"和"野人"的意思也就是"城里人"与"乡下人"。按照"礼"，"国人"属于贵族，"野人"属于贱民；军事和政治是"国人"的专利和特权，"野人"则被排除在外。

类似的还有"君子"与"小人"。所谓"君子"，原先指的是国君之子，如"战国四君子"，春秋以后成为士大夫的统称，平民则称为"小人"。"君子劳心，小人劳力"。"君子"原本是指一个社会阶层，后来孔子赋予其道德含义，即具有高尚道德品格的人，如"君子喻于义，小人喻于利"。这与西方的贵族精神有相似之处。

在中国古代的贵族文化中，军事与政治密不可分，文武之道，就是仁义之道。

西周初期，贵族阶层就通过学习"六艺"，来培养智识与武力兼备的武士。"六艺"科目不仅有礼、乐、数的知识，还有严格艰苦的军事训练，如射箭和驾车；训练的目的，不仅是为了培养一名合格的战士，而且更注重培养"国人"的合作意识和自律精神。

从文化演进来说，"国人"是"士"的重要出处，至少从精神上如此。从"国人"到"国士"，便有了"士"这个社会精英阶层。

《墨子·杂守》篇把士分为谋士、勇士、巧士、使士。《商君书·算地》把士分为谈说之士、处士、勇士、技艺之士、商贾之士。《庄子·徐无鬼》把士分为知士、辩士、察士、招世之士、中民之士、筋力之士、勇敢之士、兵革之士、枯槁之士、法律之士、礼教之士和仁义之士等。一般而言，中国的"士"主要指武士，比如选士、练士、锐士、精士、良士、持戟之士、射御之士、材伎之士、虎贲之士、剑士、死士、甲士、爪牙之士、教士、庶士和吏士等；但也包括文士、隐士和侠士，乃至一些低级官吏。文士包括文学之士、游学者、法术之士、智术之士、有方之士、法律之士、弘辩之士、游说之士、游宦之士、察士、巧士、博士、智士、贤能之士、策士、任举之士和倾危之士等。隐士包括居士、处士、山谷之士、江海之士、岩穴之士、贵生之士、高士和闲居之士等。《韩诗外传》中说："君子避三端：避文士之笔端，避武士之锋端，避辩士之舌端。"梁启超受日本武士道启发，提出中国的"武士道"概念。所谓中国的"武士"精神，应当来源于古老的"虎贲"。《孟子·尽心》注疏曰："虎贲，武士为小臣者也。"这里的"武士"，实际就是君主的卫队。"虎贲氏"是武士最古老的称呼，在《尚书》和《周礼》中就已经出现。《尚书·牧誓》："武王戎车三百辆，虎贲三百人，与商战于牧野。"在战车时代，这300名"虎贲"其实就是中国的"骑士"。《尚书正义》中说："虎贲三百人，勇士称也，若虎贲兽，言其猛也。皆百夫长。"《周礼》说："虎贲氏，下大夫。"下大夫位居上大夫和诸侯之下，贵为百夫长。

东周晚期，也就是春秋战国时期，无疑是一个"士"的黄金年代。

冯友兰先生认为："所谓士之阶级，即是一种人，不治生产，而专以卖技艺才能为糊口之资……士字之本意，似是有才能者之通称。"[1] 孔子说："士志于道。"这与柏拉图的"道德即

<hr />

1- 冯友兰:《冯友兰谈人生》，长江文艺出版社 2009 年版，第 166 页。

知识"颇为相似。

中国所谓的"士",更多是一种道德上对人的定义。[1] 士作为"四民"[2]之首，那么何谓真正的"士"？

> 尹文曰："今有人于此，事亲则孝，事君则忠，交友则信，居乡则悌。有此四行者，可谓士乎？"齐王曰："此真所谓士已。"（《吕氏春秋·正名》）

在天下无道之时，只有"士志于道"。孔子说："小人谋食，君子谋道。""君子"也即"士"。余英时先生认为，"士"属于低级贵族，"君子"高于"士"，但低于"圣人"。顾颉刚在《武士与文士之蜕化》一文中说："吾国古代之士，皆武士也。士为低级之贵族，居于国中（都城中），有统驭平民之权利，亦有执干戈以卫社稷之义务，故谓之'国士'以示其地位之高。……谓之'君子'与'都君子'者，犹曰'国士'。"[3]

"六国之时，贤才之臣，入楚楚重，出齐齐轻，为赵赵完，畔（叛）魏魏伤。"（《论衡·效力》）周室式微，列国逞强，诸

1- 道德之士常常被称为通士、公士、直士、志士、修士、善士、信士、廉士、劲士、正士等。

2- 《考工记》称"国有六职"，虽亦分农、工商，而未尝别立士之一职。《逸周书》曰："士大夫不杂于工商。"春秋之时，授田制渐废，始有"四民"之分。《春秋穀梁传·成公元年》记载："上古者有四民：有士民，有商民，有农民，有工民。"

3- 顾颉刚：《人间山河：顾颉刚随笔》，北京大学出版社2009年版，第247页。

子百家四方奔走，各国君主和封建领主争相蓄养"食客"和"门客"。《吕氏春秋·察贤》说："魏文侯师卜子夏，友田子方，礼段干木。"意思是说，以老师的待遇、朋友的感情和礼的精神对待卜子夏、田子方和段干木这三位士人。齐威王在都门稷门下设学官，招天下之士上千人，均待之以礼，这些士人中就包括荀子。

不仅六国养士，秦国亦如此。

从卫国的商鞅、魏国的张仪，到楚国的李斯，这些来自他国的士人集思广益，对秦国的崛起功不可没，甚至"一字千金"的《吕氏春秋》，也出自吕不韦供养的门人之手。

李斯在《谏逐客令》中说：

> 昔缪公求士，西取由余于戎，东得百里奚于宛，迎蹇叔于宋，来丕豹、公孙支于晋。此五子者，不产于秦，而缪公用之，并国二十，遂霸西戎。……夫物不产于秦，可宝者多；士不产于秦，而愿忠者众。（《史记·李斯列传》）

按苏轼的说法，春秋时代的士人可以分为智、辩、勇、力四种：智士和辩士用头脑，勇士和力士靠体力。余英时先生说，"士"在先秦是"游士"，秦汉之后则是"士大夫"。

"士不可以不弘毅，任重而道远。仁以为己任，不亦重乎？死而后已，不亦远乎？"（《论语·泰伯》）在世道衰微的

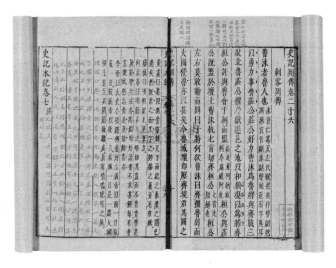

《史记》专为刺客作传，可谓空前绝后

春秋之世，富于牺牲精神的武士，最能体现"士"的精神，这或许也是司马迁在《史记》中写作《刺客列传》和《游侠列传》的原因。

"良弓难张，然可以及高入深；良马难乘，然可以任重致远；良才难令，然可以致君见尊。"[1]春秋战国间，曹沫、专诸、豫让、聂政和荆轲等武士，因为受领主贵族厚待和器重，比如鲁庄公厚待曹沫、智伯施恩豫让、严仲子器重聂政、吴公子光

1- 出自《墨子·亲士》。意思是说，好弓不易拉开，但可以射得很远很深；好马不易骑，但不怕任重道远；真正的人才不那么听话，但却能让国君受人尊敬。

礼遇专诸、燕太子丹打动荆轲，这些武士不惜英勇献身，以报答知遇之恩。

"年年桥上行人过，谁有当时国士心。"[1] 豫让为晋国智伯家臣。晋出公二十二年（前453年），赵、韩、魏共灭智氏，赵襄子还把智伯的头盖骨做成饮具。为了给智伯报仇，豫让数度行刺赵襄子，以至被赵襄子擒获。赵襄子感其"天下之贤人也"而释之。豫让自己毁容后再度狙杀赵襄子，结果失败再次被擒。

赵襄子不解地问："过去你投奔范氏，后来才投奔智伯，为何只忠于智伯呢？"豫让道："智伯以国士待我，我故以国士报之。"

司马迁这样记载："襄子大义之，乃使使持衣与豫让。豫让拔剑三跃而击之，曰：'吾可以下报智伯矣！'遂伏剑自杀。死之日，赵国志士闻之，皆为涕泣。"（《史记·刺客列传》）

豫让之后，"士为知己者死"已经成为中国士时代最崇高的信条。

豫让不认为自己是任何一个贵族的附属品，他追求的是一个人的平等与尊严，即使在贵族面前。

《史记》记载："孟尝君曾待客夜食，有一人蔽火光。客怒，

1- 唐·胡曾《咏史诗·豫让桥》：豫让酬恩岁已深，高名不朽到如今。年年桥上行人过，谁有当时国士心？

以饭不等，辍食辞去。"[1] 即使在吃饭和座位这样的小事上，一个有尊严的人也不能容忍任何不平等。

1- 孟尝君招待宾客吃晚饭，有个人背着火光在黑影里吃，宾客中有个人很恼火，他认为吃的饭食不相等，放下碗筷就要辞别而去。孟尝君马上站起来，亲自端着自己的饭食与他的相比，那个宾客觉得惭愧，就用刀割脖子自杀了。原文后半句为："……孟尝君起，自持其饭比之。客惭，自刭。"

文武之道

　　无论东方还是西方，传统文明社会一般都保持着"士农工商"的类似结构。"士"作为社会各阶层之首，在不同文明中却有着不同的含义："士"在中国指"儒士"，在日本指"武士"，在西欧则包括城堡的骑士、大学的学士和教会的教士这三种社会中坚角色。

....

　　在中国文化中，"士"原指持干戈的武士，后来逐渐成为文人的代称；实际上，"士"的本意是指受过贵族教育的精英，因为教育的内容改变，"士"的含义也就随之发生改变。

　　孔子说：三军可夺帅也，匹夫不可夺志也。孟子说：民为重，社稷次之，君为轻。可以想见，"士"作为一种高贵的人格精神，在早期中国是一种普遍存在的社会共识。吴越之战拉开了从春秋到战国的历史大幕，国破家亡，贵族没落，士人离散，文武分道。

　　文士谓之"儒"，武士谓之"侠"；儒重名，侠重义。"儒侠对立，若分泾渭，自战国以迄西汉殆历五百年。……及汉代统一既久，政府之力日强，儒者久已尽其润色鸿业之举，而游侠犹不驯难制，则唯有执而戮之耳。故景帝诛周庸，武帝族郭解，而侠遂衰；举贤良，立博士，而儒益盛。范晔作史，不传游侠，知东汉而后遂无闻矣。"[1]

就对权力的反叛精神而言，"以武犯禁"的"游侠"精神，与西方中世纪的骑士精神比较相似。

侠之小者，行侠仗义、济人困厄；侠之大者，为国为民，鞠躬尽瘁，死而后已。在《史记·游侠列传》中，司马迁赞扬游侠"其言必信，其行必果，已诺必诚，不爱其躯，赴士之厄困，既已存亡死生矣，而不矜其能，羞伐其德"。

程婴和杵臼舍命保护赵氏孤儿的故事，充分体现了中国传统的侠士精神："救人于厄，振人不赡，仁者有乎；不既（失）信，不倍（背）信，义者有取焉。"（《史记·太史公自序》）

这个故事在欧洲启蒙运动时期，被伏尔泰写成戏剧《中国孤儿》，在欧洲引发共鸣，可见侠士与骑士之间的契合。

1- 顾颉刚：《人间山河：顾颉刚随笔》，北京大学出版社 2009 年版，第 252 页。

春秋时期，文武尚不分制，军将即卿相，军佐即大夫。春秋末期，新兴士大夫崛起，为战国文武分职奠定基础。战国百家争鸣，文士游说纵横，或入国为相，与发于卒伍的将军明显不同。

所谓将相分职，也就是文武分职。在相之下，开始形成一套文官系统；在将之下，也开始形成一套武官系统。

在赵国，蔺相如以一"贱人"而飞黄腾达，位居上卿，这让屡立战功的廉颇极为不满，后来才引出"将相和"的故事。

…………

战国纷争无疑是文士与武士分立的一个重要历史背景，接下来秦始皇焚书坑儒，杀豪杰；后来汉朝打击游侠，独尊儒术，文士逐渐成为主流。最终，文士走向官僚和士大夫，武士被边缘化。

…………

仰禄之士

秦始皇以武力横扫六国，一统天下，随即展开了一场声势浩大的巡游。刘邦和项羽都看见了，刘邦赞叹道："嗟乎，大丈夫当如此也！"项羽不屑道："彼可取而代也！"

…………

鲁迅曾经讥讽说：项羽要"取"的，其实也就是刘邦所说的"如此"，所谓"如此"，简单地说，就是兽性和欲望的满足，如威福、子女、玉帛等。

《史记》中记载，未央宫修成后，群臣庆贺，刘邦对他父亲说："始大人常以臣无赖，不能治产业，不如仲力。今某之业所就孰与仲多？"意思是说，父亲常说我是流氓，没有出息，不积攒家业，没有二哥本事大，你现在比一比，是二哥的家业多，还是我的家业多？

秦汉以后直至清末的漫长时期里，官僚统治桎梏了整个社会，掌控权力的只有两个相对强大的组织力量，一个是上层文士（儒）构成的士大夫，一个是底层武士（侠）组成的流氓。

文士最大的弱点是狭隘不合，比如李斯妒忌韩非，庞涓忌妒孙膑。暴秦一起，"诸生传相告引，乃自除犯禁者四百六十余人"（《史记·秦始皇本纪》）。这里的"传相告引"，就是互相告密揭发。所谓"坑儒"之祸，说刻薄一点，乃是文士之间的一场内讧。

士大夫群体自负傲慢，互相钩心斗角，相对而言，远不如流氓群体基于江湖义气，更善于组织和团结，结党以营私。

在稳定的和平时代，官僚的士大夫组织主导着中国社会，流氓群体只能给他们做打手和鹰犬。一旦进入乱世，社会权力必然会落入流氓组织的手中，因为他们更加务实，而且做起事来没有任何道德和心理障碍，反过来，士大夫蝇营狗苟，只有做幕僚的份儿。

刘邦曾经说："夫运筹策帷帐之中，决胜于千里之外，吾不如子房。镇国家，抚百姓，给馈饷，不绝粮道，吾不如萧何。连百万之军，战必胜，攻必取，吾不如韩信。此三者，皆人杰也，吾能用之，此吾所以取天下也。"（《史记·高祖本纪》）

颇为讽刺的是，流氓与士大夫之间，一方面要互相利用，另一方面又互不信任。范蠡和文种帮助越王勾践灭掉宿敌吴国之后，范蠡便悄然离去，并劝文种一起走。文种不以为然。不久，勾践就赐给文种一把剑，并质问他说："你有七个灭人国家的方法，我只用了三个就把吴王国灭掉，还剩下四个，你打算对付谁？"文种只好自杀。

韩信知恩图报，曾留下"一饭千金"的美谈，最终却死在"忘恩负义"的刘邦之手。临死之前，韩信慨叹道："果若人

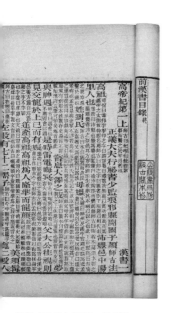

依照《史记》记载，刘邦是一个出身市井的流氓，但《汉书》却描绘了一个传奇天子的政治神话

言，'狡兔死，良狗烹；高鸟尽，良弓藏；敌国破，谋臣亡。'天下已定，我固当烹！"（《史记·淮阴侯列传》）其实，韩信到死也不知道自己为什么会被杀。

唐太宗曾问李靖，刘邦为什么要杀韩信，李靖回答说："臣观刘、项，皆非将将之君。当秦之亡也，张良本为韩报仇，陈平、韩信，皆怨楚不用，故假汉之势，自为奋尔！至于萧、曹、樊、灌，悉由亡命，高祖因之以得天下。设使六国之后复立，人人各怀其旧，则虽有能将将之才，岂为汉用哉？臣谓汉得天下，由张良借箸之谋，萧何漕挽之功也。以此言之，韩、彭见诛，范增不用，其事同也。臣故谓刘、项皆非将将之君。"（《唐太宗李卫公问对》）

…………

刘邦以布衣提三尺剑而取天下。不仅刘邦出身平民，其功臣集团也大多出身低微。除了张良，其余如萧何、曹参、任敖、周苛都是秦朝小吏，陈平、王陵、陆贾、郦商、郦食其、夏侯婴等皆白徒，樊哙是个杀狗的屠夫，周勃给人织席，还兼职为办丧事的人家吹箫，灌婴是贩缯者，娄敬是推车者。

人们一般说汉承秦制，即秦国打破了贵族政治的传统，汉初已经完全形成布衣将相的局面，这是前所未有的。用赵翼的话说，"盖秦、汉间为天地一大变局"（《廿二史劄记》）。

…………

秦虽然从形式上统一了中国，但仅仅维持了短暂的15年，人们几乎没有多少对国家和政权的认同。应当说，中国真正的统一是在汉武帝时期，具有了强烈的国家和民族认同，人们不再是秦人、楚人、齐人、燕人，而是"汉人"。

…………

到了魏晋时期，九品中正制导致"豪门无布衣，寒门无上品"，由此一直延续到唐朝的"贵族制"，并没有给中国带来安宁，反而是门阀政治和藩镇割据。

…………

"就如同印度的婆罗门一般，中国的士人正是体现文化统一性的决定性人物。……两千多年来，士人无疑的是中国的统治阶层，至今仍然如此。"[1]应该承认，作为读书人的主流身份，士人在中国权力等级中，居于承上启下的支柱地位。

1－[德]韦伯：《中国的宗教；宗教与世界》，载《韦伯作品集》第五卷，康乐、简惠美译，广西师范大学出版社2004年版，第164页。

钱穆先生说，西方社会有阶级，无流品，中国社会则有流品，无阶级。表面上看中国人阶层秩序分明，其实当中有很微妙的清浊之分、雅俗之辨。

战国时的荀子，曾将知识官僚称之为"仰禄之士"，与传统的"正身之士"相对。"正身之士，舍贵而为贱，舍富而为贫，舍佚而为劳，颜色黎黑而不失其所，是以天下之纪不息，文章不废也。"（《荀子·尧问》）

从春秋进入战国之后，私学兴起。孔子以"有教无类"广招平民子弟，甚至还有盗贼、乞丐之流，只要能拿得出"束脩"（十块干肉）做学费，就教以御射礼乐等贵族技能。在以后的历史里，这些出身卑微的文士取代贵族，服务于君主，成为职业官僚，"士"与"大夫"合流，所谓"士大夫"。如此一来，士风为之大变，游学舌辩之士离乡背井，行走天下，寻求封侯拜相，君无常臣，臣无常君。

这其中，尤以苏秦、张仪、李斯为典型。

张仪游说楚相，被怀疑盗璧，掠笞数百，张仪遍体鳞伤回到家，妻子怜其辱，张仪说："视吾舌尚在不？"妻曰："舌在也。"仪曰："足矣。"（《史记·张仪列传》）李斯离开他的老师荀子时说："故诟莫大于卑贱，而悲莫甚于穷困。久处卑贱之位，困苦之地，非世而恶利，自托于无为，此非士之情也。"（《史记·李斯列传》）

这些文士大多就是荀子所说的"仰禄之士"，干谒权门，叨食利禄。

廉颇在长平被免职后，门客都走了。等他重新被用为将，门客又来了。其中一个门客还为自己的"势利"辩解："天下以市道交，君有势，我则从君，君无势则去，此固其理也，有何怨乎？"（《史记·廉颇蔺相如列传》）

权谋时代，政治功利化，所谓"正身之士"几无容身之地，屈原自沉，庄子落魄，像鲁连、侯嬴这样的贤士无所作为。在《盐铁论》中，士大夫毫不掩饰地说："士不在亲，事君不避其难，皆为利禄也。儒、墨内贪外矜，往来游说，栖栖然亦未为得也。故尊荣者士之愿也，富贵者士之期也。"[1]

············

秦汉以降，儒士成为中国唯一的"士"，这种中国特色的知识分子以出卖才智、服务于体制为目标，熟读儒家著作，通过科举制度的资格选拔后跻身仕途，这几乎是他们的唯一出路。

用郭建龙的说法，朝廷控制官僚最重要的手段是财政。除了朝廷，一般地方是无权收税的，也无权发行货币，也就不能给官员发放俸禄。这样，由朝廷任免的官员就成为统治工具，

1- 大意是说：这些士人不关心自己的亲人，为侍奉国君不避艰难，都是为了追求财利和俸禄。那些儒家和墨家的徒子徒孙，内心贪婪而表面上自夸无欲，到处游说奔波忙碌，也是为了得到还没有得到的东西。所以，士人所向往的是尊贵荣誉和富贵荣华。

明代《徐显卿宦迹
图》之《金台捧敕》。
该系列长卷表现的
是一个中国古代士
人的日常生活

朝廷通过官僚机构控制民间。[1]

官僚体系是帝国统治的重要基石。"坐而论道，谓之王公；作而行之，谓之士大夫。"（《周礼·考工记第六》）用王安石的话说，"夫士，牧民者也"。

汉武帝采纳董仲舒、公孙弘等人的建议，置太学，从中选拔博士弟子编入官僚集团，所谓"设科射策，劝以官禄"[2]。唐

1- 郭建龙：《中央帝国的财政密码》，鹭江出版社 2017 年版，第 3 页。

2-《汉书·儒林传》称："武帝立五经博士，开弟子员，设科射策，劝以官禄，讫于元始，百有余年，传业者浸盛，支叶蕃滋，一经说至百余万言，大师众至千余人，盖禄利之路然也。"

太宗创办考试制度，在第一次接受天下士人的朝拜时不禁得意地说："天下英雄尽入吾彀中！"

"秦以焚书而五经亡，本朝以取士而五经亡。"（《清·顾炎武《日知录》》）一部中国政治史，也是一部帝王将相的宫廷史，传统的士大夫"竭忠尽智，以事其君"，所谓"学而优则仕"，"士"变成了"仕"。正如韦伯所言："中国的士人一般皆以出仕于君王作为其正规的收入来源与活跃机会……随着中国国家制度之日趋俸禄化，士人原先的精神自主性也就停止发展了。"[1]钱穆先生说："应科举觅仕宦的，全只为的是做官，更没有丝毫以天下为己任的观念存在胸中。"[2]

…………

在孔子、孟子、荀子这样的先贤看来，作为"士"，应该心存高远，而不是为了眼前利益而蝇营狗苟。有恒产者有恒心，无恒产而有恒心者，唯士为能。知识分子当以道自任，"古之贤人，贱为布衣，贫为匹夫，食则饘粥不足，衣则竖褐不完，然而非礼不进，非义不受"（《荀子·大略》）。

田子方是战国时的名士。魏国太子路遇田子方，下车向其行礼，田子方却不还礼。太子很生气，问田子方：富贵者和贫

1-［德］韦伯：《中国的宗教；宗教与世界》，载《韦伯作品集》第五卷，康乐、简惠美译，
　　广西师范大学出版社 2004 年版，第 171 页。

2- 钱穆：《国史大纲》，商务印书馆 1996 年版，第 862 页。

贱者，哪个更有资格骄人？田子方回答：当然是贫贱者，富贵者哪敢骄人！国君骄人就亡国，大夫骄人就败家，无国无家，他们就什么都不是。士虽贫贱，说话没人听，做事没人用，就穿上鞋走人，到哪里还不是一样贫贱！[1]

在中国传统文化中，"士"和"君子"首先意味着一种刚毅不屈、慷慨悲壮、光明磊落的精英人格。《淮南子·泰族训》云："知过万人者谓之英，千人者谓之俊，百人者谓之豪，十人者谓之杰。"也就是说，"士"即使身份上不一定是贵族，但其精神完全是贵族化的，属于一种高贵的人格。

一个社会离不开文化的支撑，尤其是精英文化。修身、治国、平天下的士大夫文化，构成中国传统的绅士精神，并产生了文天祥、陆秀夫这样刚烈的文士。

关中大儒张载，世称"横渠先生"，他用四句话概括了一位中国传统知识分子的精神与使命："为天地立心，为生民立命，为往圣继绝学，为万世开太平。"用钱穆先生的说法："'士'是中国社会的中心，应该有最高的人生理想，应该能负起民族国家最大的责任。更重要的，是在他们的内心修养上，

1-《资治通鉴·卷一》：（魏太子）子击出，遭田子方于道，下车伏谒。子方不为礼。子击怒，谓子方曰："富贵者骄人乎？贫贱者骄人乎？"子方曰："亦贫贱者骄人耳，富贵者安敢骄人！国君而骄人则失其国，大夫而骄人则失其家。失其国者未闻有以国待之者也，失其家者未闻有以家待之者也。夫士贫贱者，言不用，行不合，则纳履而去耳，安往而不得贫贱哉！"

应能有一副宗教精神。"[1]

孔子说：君子之仕，行其义也。在孔子时代，出仕是为了对国家做出贡献，但后来读书人做官，主要是为了自己的功名富贵。孔子也预见到了这种堕落："道之不行，已知之矣！"（《论语·微子》）

总体而言，古代中国的传统儒士构成一个智力精英集团，它一方面产生了适应帝国要求的官僚政治人才、儒家学者，也产生了对其职业具有道德批判力量的官吏，但另一方面，儒家文化和法家体制对人性的桎梏，又使古代中国缺乏自由的土壤，难以生长出真正的"士"。

…………

孔子说，"天下有道则见，无道则隐"（《论语·泰伯》）；"邦有道，则仕；邦无道，则可卷而怀之"（《论语·卫灵公》）；"贤者辟世，其次辟地，其次辟色，其次辟言"（《论语·宪问》）。孟子说，"穷则独善其身，达则兼善天下"（《孟子·尽心上》）。庄子说，"天下有道，圣人成焉；天下无道，圣人生焉。方今之时，仅免刑焉"（《庄子·人间世》）。

相濡以沫，不如相忘于江湖。逃避现实体制的隐士成为中国古代历史中最具特色的一种社会现象，"苟全性命于乱世，不求闻达于诸侯"。

1- 钱穆：《中国历史精神》，九州出版社 2012 年版，第 59 页。

士的没落

　　植物离不开土地，动物离不开植物。人类社会也存在着一个看不见的食物链。从这个角度看，士和贵族本身都是古代封建制度的产物。

　　傅筑夫先生指出，西周是典型的封建制度，而战国以后变为"变态封建制度"。中国历史的特殊性就在于，典型的封建制度很早就被资本主义经济成分破坏，其后造成了一种变态的封建社会。[1]

　　无论中西，在古代社会中，士必须依赖贵族和农民的供养，一旦封建（井田）制度崩溃，士就流离失所，只能沦为"门客"或"食客"，出卖自己的智力和武力。

　　许倬云先生通过对春秋战国时期的政治活动家统计研究，发现了一个有趣的事情：在春秋时期（前770—前476年），出身微贱者只占26%，而在战国时期（前475—前221年），这一比例达到了55%；也就是说，平民出身的士

1- 可参阅：傅筑夫《中国古代经济史概论》，中国社会科学出版社1981年版。

人增长了一倍。[1]

在封建制度下，士以忠义为荣，"为人臣者，主丑忘身，国丑忘家，公丑忘私。利不苟就，害不苟去，唯义所在"（《新书·阶级》）。

> 鬻拳强谏惧威刑，
> 退省怀惭不顾生。
> 双刖忍行留痛恨，
> 惟君适足见忠诚。[2]

鬻拳是楚文王的臣。楚文王在息侯的配合下擒获了蔡侯，准备将其烹杀，鬻拳劝谏。楚文王不听，鬻拳遂以兵器相加，文王恐惧，只好放了蔡侯。事后鬻拳自刖其足。楚文王敬佩其忠贞，让他做了大阍，管理城门，并尊称"大伯"。数年后，巴人攻楚，楚文王出战大败。守门之吏鬻拳见楚王败回，闭门不纳。楚文王无奈，率军伐黄，凯旋途中病亡。鬻拳闻讯，亦自杀而死。

在《左传》的记载中，鬻拳并不是孤例，像他这样的忠勇

1- 许倬云：《变迁中的古代中国》，转引自《剑桥中国秦汉史》，中国社会科学出版社
　　1992 年版，第 42 页。
2- 唐·周昙《咏史·鬻拳》。

士人作为四名之首，基本代表中国古代社会的精神状态

之士灿若群星。

晋灵公残虐不君，对佐政大夫赵盾的苦谏充耳不闻，反而派遣力士钼麑去刺杀赵盾。天还没亮，钼麑就潜入赵宅，发现赵盾已经大开房门，一身盛装准备上朝；因为时间还早，正闭目养神。赵盾的勤勉和恭敬让钼麑大为感动，不禁感叹："不忘恭敬，民之主也。贼民之主，不忠；弃君之命，不信。有一于此，不如死也。"（《左传·宣公二年》）钼麑遂碰死在一棵槐树下。

像豫让、鬻拳和钼麑这样的君子，绝不是粗暴无知的匹夫武士，他们深明大义，文武兼备，甚至擅长赋诗和外交辞令，远非后世聂政、荆轲那样单纯依靠武力的刺客可比。

"封建"，顾名思义是封地自建。在三代上古时代，受交通等技术水平的限制，天子能够实际控制的区域非常有限，多数土地都是由当地大氏族或者是天子身边的有功之臣实际控制，天子则通过"分封"，赋予这种实际控制以"合法性"，换来的则是封地诸侯名义上的臣服。诸侯们除了象征性地向天子进贡，在自己的封地内拥有经济、司法外交、军事的绝对主权。

公元前 221 年，秦统一中国，标志着中国"封建时代"（封邦建国）的终结。从"既封且建"（有爵位、有土地、有世袭），发展到"封而不建"（不分封、不世袭），土地和附属权力逐渐分离，所有权力都集中于皇帝控制的朝廷来管理。

武士（骑士）本是"封建"制度的产儿，一旦"封建"制度不存在，武士阶层也就失去了其社会基础和政治合法性。顾炎武说："封建之失，其专在下；郡县之失，其专在上。古之圣人，以公心待天下之人，胙之土而分之国；今之君人者，尽四海之内为我郡县犹不足也，人人而疑之，事事而制之，科条文簿日多于一日，而又设之监司，设之督抚，以为如此，守令不得以残害其民矣。"（《顾亭林诗文集》）

"入国而不存其士，则亡国矣。"（《墨子·亲士》）秦始皇终结了中国的"封建时代"，也为中国古代的士打上了第一根镣铐，士从此逐渐走向穷途末路。

…………

秦汉以降，儒家正统思想对战争是极其鄙夷的，并因此获得了一种道德基础，中国思想从此打下了轻武的烙印。"宋、元来儒者却习成妇女态"，宋代以降，理学倡言"主静"和"守雌"，儒家六艺仅剩下一个"书"。[1] 从宋儒讲明性理之学以来，士的地位越高，名气越重，而这些明哲保身的"士大夫"与现实距离越远。

当士沦为精神的阉者，历史就成为一个放大的禁宫，精英

1- 清初儒家颜元抨击程朱理学带来的重文轻武之风："耗气劳心书房中，萎惰人精神，使筋骨皆疲软，天下无不弱之书生，无不病之书生。"因此颜元主张复兴孔门六艺，包括射箭（射）和驾车（御），以"健人筋骨，和人血气，调人性情，长人信义"。

群体在精神上被集体去势，只能望眼欲穿地等待权力的临幸。晚清时代，中国内忧外患，士大夫们大多泥古守旧，沉迷于鸦片情色，清朝首位驻外使节郭嵩焘直言："士者，国之蠹也。"

特别是太平天国以后，来自民间的湘军和淮军几乎是全国唯一可以作战的军队，曾国藩、左宗棠、李鸿章等精英领袖虽深知世界文明之大势，却跳不出"忠君"的主奴思想，任由国家糜烂。[1]

> 中国传统文化里，以儒家理想平衡国家暴力，无非依靠一批不为权势屈服、不受利禄收买的"士"来撑持文化的良心。经过元、明、清三个暴力政治的持续，社会精英渐渐消沉，文化活力也随之衰没。[2]

1- 据说湘军将领曾有意拥护曾国藩做"曹操"，但"一代名臣"曾国藩以一联相拒："倚天照海花无数，流水高山心自知。"

2- 许倬云：《说中国：一个不断变化的复杂共同体》，广西师范大学出版社 2015 年版，第 189 页。

无士之兵

历史非常有趣的地方，就在于它在不同的时间或者不同的地点，却总是会出现许多相似甚至相同的事情。比如中国春秋时代的文化质地就与欧洲骑士时代非常相似。

春秋时代，列国在郑国虢地曾召开过一次"弭兵大会"，其目的是罢兵停战，呼吁"世界和平"。各国都派代表参加。开会期间，突然传来鲁国出兵攻打莒国的消息，这令各国代表感到愤怒，以至于要杀掉鲁国代表叔孙豹，以此来表示对鲁国破坏停战的惩罚。

晋国代表乐桓子想救叔孙豹，但却遭到叔孙豹的拒绝。叔孙豹很平静地表示，他愿意接受这样的惩罚。

闻听此事，晋国国君说："临患不忘国，忠也；思难不越规，信也；图国忘死，贞也；谋主三者，义也。有是四者，又可戮乎？"（《左传·昭公元年》）大家深以为然，叔孙豹因此安然无恙。

据《左传》记载：范宣子曾问叔孙豹，什么是死而不朽？叔孙豹的回答是："'大上有立德，其次有立功，其次有立言。'虽久不废，此之谓不朽。"（《左传·襄公二十四年》）

国之大事，在祀与戎。在春秋时代，军队和战争完全是贵族化的，战争是"士"的权利。

传统的封建贵族从小接受严格的教育，所谓仁、义、礼、智、信，他们以战争为最大的荣誉和乐趣。无论《左传》还是《国语》，凡是贵族几乎没有一个不上战场的，国君更是身先士卒。

可作为对比的是，骑士精神对欧洲社会的这种广泛影响，恰好是秦汉以后的中国古代社会所没有或缺乏的。

由春秋到战国，战争发生了巨大变化，步战逐步取代车战，兵员大量增加。秦国率先取消国野之别，所有适龄男子都要从军，"有军功者，各以率受上爵"。在授田制与军功爵制下，秦军不仅使用平民，还征发无赖之徒。至秦统一，这种倾向最甚，士兵中即使是身份下等者，也可得到重视。其结果，就是出身于世禄之家者，被身份为罪人者消灭。"秦人，其生民也陕隘，其使民也酷烈，劫之以势，隐之以阸，忸之以庆赏，鳅之以刑罚，使天下之民所以要利于上者，非斗无由也。"（《荀子·议兵》）不管是什么人，都可以通过战争来改变命运。

秦汉时期，钢铁兵器开始普及，战争已没有了贵族时代的克制和底线，军队的主体基本都是来自社会底层的流民，甚至是被抓来的壮丁和囚犯。

古代常以"充军"作为对犯罪者的严厉惩罚；在犯人脸上或身上刺字的"墨刑（黥面）"，也常常用来防止军人逃亡。对这样的军人来说，谈不上多少对战争的尊严感和神圣感，更不用说正义精神。[1]

　　战国时代，列国纷争，军事国家化，国家军事化，已经近乎全民皆兵，军民不分。[2] 秦始皇灭六国，天下一统，收天下兵器铸成铜人，因戍边远征劳民伤财，"于是罪人、奴隶与异族之降者杂用"[3]。

　　秦汉之后，实行募兵制，从军民分立到军民对立，再到兵匪不分，甚至大量招募羌胡雇佣兵，这使中原地区走向病弱，

<hr />

1- 以明代为例，军人尤其是士兵的地位极其低下，为一般人所看不起。利玛窦便注意到这种现象。他写道：这个国家中大概没有别的阶层的人民比士兵堕落和更懒惰的了。军队的每个人必定过的是一种悲惨的生活，因为他们应召入伍并非出自爱国心，又不是出自对皇上的忠诚，也不是出自任何想获得声名荣誉的愿望，仅仅是作为臣民不得不为雇主劳作而已。军队中大部分人是皇上的奴隶，他们服奴役，有的是因为自己犯过罪，有的则是为其祖先赎罪。当他们不从事军事活动时，他们就被派去干最低贱的活计，例如抬轿、饲养驮畜以及其他这类的奴婢行业。只有高级官员和军事长官才在军队范围内有一定威权。供给军队的武器事实上是不能用的，既不能对敌进攻，甚至不能自卫。除了真正打仗时，他们都只携带假武器，发给他们假武器是为了在演习时不致完全没有武器。我们已经描述过，无论是官是兵，也不论官阶和地位，都像小学生一样受到大臣鞭打，这实在荒唐可笑。（［意］利玛窦、金尼阁：《利玛窦中国札记》，何高济、王遵仲、李申译，中华书局 2010 年版，第 96 页。）

2-《国语·齐语》中说：齐国军制，"五家为轨，轨为之长；十轨为里，里有司；四里为连，连为之长；十连为乡，乡有良人焉。以为军令：五家为轨，故五人为伍，轨长帅之；十轨为里，故五十人为小戎，里有司帅之；四里为连，故二百人为卒，连长帅之；十连为乡，故二千人为旅，乡良人帅之；五乡一帅，故万人为一军，五乡之帅帅之"。

3- 吕思勉：《秦汉史》，商务印书馆 2010 年版，第 705 页。

以至屡屡被游牧民族征服和奴役。

在抵抗游牧民族入侵的传统时代，全民皆兵是保全民族与国家的最好办法。国家的强弱，当然不完全取决于军队；军队的强弱，也不必然在制度，但如果有好的民兵制度，平常只要略加以训练，就可以防御盗贼，也可以抗击北方游牧民族的侵略。

东汉以后，"部曲"[1]性质的私兵成为"家天下"的特殊产物，从"岳家军"到"戚家军"，直到晚清的湘军和楚军，这种游离于体制边缘的私人武装，反而比正式的官军更具战斗力。从后来的历史来说，中原地区不是陷入军阀割据，就是落入被游牧民族奴役的境地，其原因

戚继光在《纪效新书》中感叹军人地位卑贱

1- "部曲"原意是指秦汉时期的军队编制方式。将军手下有若干个"部"，每部设一名校尉管理。每个部下面又有若干个"曲"，每曲设一名军候管理。东汉末年，"部曲"成为私兵的代称。

都与民兵制度的缺失有关。

古人说，可马上得天下，不可马上治天下，所以治世文胜于武，乱世则武胜于文。一旦有外敌侵扰，或社会动乱，不识兵戈的文人常常于事无补，宋帝国就是一个典型，前有靖康之耻，后有崖山之亡。[1]

重文轻武，武人地位低下，也必然素质低下，如遇乱世，必然趁火打劫，任性作恶，使社会彻底沦丧。明朝末年便是这种景象。

在汉字中，"兵"字本义为"双手持斤"，斤即斧。如果说石斧是人类最早的武器，那么早在石器时代，便有了"兵"。在文明社会，兵来源于士，当"士"集体行动时，便成了"兵"，即现代的"士兵"。

如果人民重文轻武，都不愿入伍当兵，自然对国家也不负

1- 吴晗在《说士》中写道：经过晚唐五代藩镇割据之乱，宋太祖用全力集权中央，罢诸将军权，地方守令都以文士充任，直隶中枢，文士治国，武士作战，成为国家用人的金科玉律。由之文士地位日高，武士地位日低，一味重文轻武的结果，使宋朝成为历史上最不武的时代。仁宗时名将狄青南北立功，做了枢密使，一些文士便群起攻击，逼使失意而死。南宋初年的岳飞致力收复失地，也为宰相秦桧所诬杀。文武不但分途，而且成为对立的局面。明代文武的区分更是明显，文士任内阁部院大臣，武士任官都督府卫所，遇有征伐，必以文士督师，武士统军陷阵。武士即使官为将军、总兵，到兵部辞见时，对兵部尚书必须长跪。能弯八石弓，不如识一"丁"字。（吴晗：《历史的镜子》，九州出版社 2008 年版，第 53 页。）

一将功成万骨枯。中国古代每个王朝的建立，都是战争的结果

责任。"爱国的观念消灭，爱天下的观念流产，人民渐多不愿入伍，结果就产生了一个麻木昏睡的社会"；"没有真正的兵，也就是说没有国民，也就是说没有政治生活"。[1] 历史学家雷海宗将这种消极传统称为"无兵的文化"，因为"尚武"精神和"武德"消失了。

在中国古代，当兵是大多数穷人走投无路的选择。孙膑颇有嘲讽地说：人的烦恼有两种：嫌命短而钱多，或嫌命长而钱

1－雷海宗：《中国文化与中国的兵》，商务印书馆 2001 年版，第 19、102 页。

少。打仗就是让钱多的富人出钱，让命长的穷人当兵，这样穷人得到钱，富人得到命，皆大欢喜。(《孙膑兵法·行篡》)

在韦伯看来，中国在军事上非常早熟，"军队从英雄的格斗转变为训练有素的部队，这种社会学上的基本变化，中国在史前时期就已经完成"[1]。孔子曾说："善人教民七年，亦可以即戎矣。"(《论语·子路》)意思是说，平民接受七年教育，才可以成为军人。

晚清时期，西风东渐，中国在取消科举制度的同时成立了"新军"。中国传统的四民结构"士农工商"至此已经变成"兵农工商"。

在传统知识分子("士")被边缘化的同时，军人("兵")开始占据现代政治舞台。那些本来应该在科举之路上攀爬的青年精英进入军队后，打响了辛亥革命的第一枪。

科举的废除，也使中国传统的士大夫结构走向断裂和崩溃，从而造就了一个武夫当国的北洋时代。

…………

1-[德]韦伯：《中国的宗教；宗教与世界》，载《韦伯作品集》第五卷，康乐、简惠美译，广西师范大学出版社 2004 年版，第 228 页。

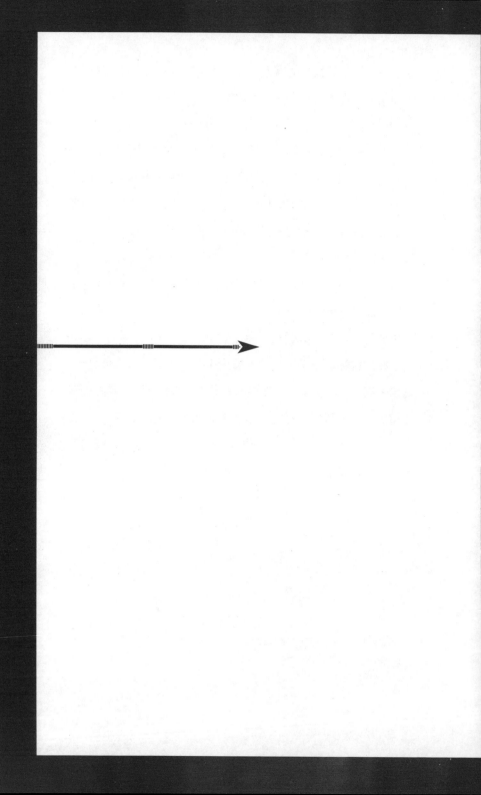

第七章　马的终结

日本武士道

百日维新失败后，流亡日本的梁启超深受刺激，"泰西日本人常言，中国之历史，不武之历史也，中国之民族，不武之民族也"[1]，愤而撰写了《中国之武士道》一书。

在这本书中，他以 70 多个春秋战国时期的人物为典型，上至君王将相（如赵武灵王、信陵君、蔺相如等），下至村姑渔夫，诠释了已经遗失的"中国武士道"精神。这些超拔豪迈、慷慨悲歌的仁人志士，为了个人的名誉、人格的独立或国家的利益，不屈不挠，勇于牺牲，宁为玉碎，不为瓦全，这种铮铮风骨，令人想起曾经的中国。

按照日本学者江上波夫的"骑马民族国家论"，魏晋南北朝时期中国北方骑马民族对东亚大陆、朝鲜半岛以及日本列岛产生巨大影响；在这场民族大迁徙中，迁往日本的骑马民族建立了日本的古代国家。[2]

1- 梁启超：《中国之武士道》自叙，载《饮冰室专集》之二十四，中华书局 1936 年版，第 17 页。

2- 可参阅：[日] 江上波夫《骑马民族国家》，张承志译，光明日报出版社 1988 年版。

如果说中国是世界的例外，那么日本则是东方世界的例外。

日本虽然没有所谓的骑士时代，但却在同一时期（幕府时代）出现了类似的武士文化，并形成了一种影响深远的武士精神——"武士道"。

梁启超认为，武士道是日本崛起的主要精神力量。杨度在给梁启超《中国之武士道》一书写的序言中说：

> ……日本之武士道，垂千百年，而愈久愈烈，至今不衰，其结果所成者，于内则致维新革命之功，于外则拒蒙古，胜中国，并朝鲜，仆强俄，赫然为世界一等国。[1]

实际上，日本的武士道曾受中国文化深厚的滋养，"孔子

1- 梁启超：《中国之武士道》杨叙，载《饮冰室专集》之二十四，中华书局 1936 年版，第 5 页。

日本武士的正式装束中，武上刀是必不可少的

的教诲就是武士道的最丰富的渊源"[1]。作为日本封建时代的产物，武士道混合了中国儒家思想、佛教以及日本神道。

日本武士被称为"侍者"，它与西方的骑士有着同样的社会地位和文化特点，比如都是凌驾于农民之上的低级贵族，都服务于庄园领主，都专职战斗，都勇敢忠诚，都有强烈的尊严感，也都有一定的资格限制，甚至他们也有独特的城堡、盔甲和章徽文化。

从文化现象上说，日本武士就是日本骑士，只不过他们并不像欧洲骑士那样，胯下都有全副武装的高头大马，手中有骑枪。

日本武士不一定要有马，这背后存在一定的客观原因。

首先，日本国土狭小，适合养马的草场很少，只有东北地区有少许。这导致养马成本很高，养一个骑马武士的费用，足够供养好几个步下武士。其次，日本四周环海，再加上长期锁国，与外界孤立，东亚大陆的草原马也不容易流入。因此，只有高级武士才有财力饲养战马。有些高级武士落魄时，也不得不卖掉马。

日本同样盛行武士文学。标榜日本武士精神的"四十七义

1- [日] 新渡户稻造：《武士道》，周燕宏译，译林出版社 2011 年版，第 7 页。

士"，与欧洲骑士的"罗兰之歌"、中国侠士的"荆轲刺秦王"都是类似的故事。

这些历史传奇体现了一种超凡脱俗的高尚人格，"在一个流行着动辄以阴谋诡计为战术，以弄虚作假为战略的时代，这种率真而正直的男子汉的美德，是闪耀着最大光辉的一块钻石，受到人们的最高赞誉。"[1]

日本武士之间的战争与欧洲骑士战争也非常类似，都认为交战不仅是蛮力的斗争，同时也是智慧的竞赛。

在 11 世纪末的衣川之战中，东国的军队战败，首领安倍贞任落荒而逃。获胜的源义家在后面追赶，他高声喊道："你竟是个背向敌人逃跑的败类，转过身子来！"

看到贞任勒马返身，义家便大声吟出一句"战袍经线已绽开"，话音刚落，败军之将的贞任便从容地对上一句"经年线乱奈我何"。义家听罢，便把拉满的弓放下，转身走开，任凭对手逃之夭夭。

有人问起时，义家答道："我不忍心去侮辱一位在受到敌人猛追时，仍不失其内心平静的刚强之士。"

日本封建社会是一个复杂的等级社会，皇族和贵族之下有四个等级：武士、农民、工人、商人。

1-［日］新渡户稻造：《武士道》，张俊彦译，商务印书馆 1993 年版，第 24 页。

武士像牧羊犬一样，在日本社会中担任着重要的精英角色。

在大名的战争中，除了武士，还有比较低级的"足轻"，这是由流民组成的士兵，没有马也没有盔甲，故名"足轻"。此外，日本的僧兵也曾经显赫一时，他们甚至组建了日本第一支火枪兵团，而忍者作为特种部队，在日本也有悠久的历史。

从精神上来说，武士道对美德有极高的要求，这是足轻、忍者和僧兵都不具备的。这种精英文化也远远高于一般民众的平均水准。

战国时代的武士宇喜多能家，在一场战斗中，率领70名骑马武士，一举击败了7000人的农民军。当时，武士的长刀、大马和威武的铠甲，无不让平民们敬畏。但随着近代化来临，西方的枪炮让这一切都荡然无存。

1836年，即日本天保七年，大阪地区发生严重饥荒。担任"町与力"的大盐平八郎上书地方官，恳请开仓赈灾，结果遭到斥责。次年春，大盐平八郎号召饥民发动起义，其檄文称：

> 达官要人之间，贿赂公行，甚至不顾道德仁义，以内室裙带之缘，奔走钻营，得膺重任。求一人一家之私肥，课领内百姓以重币。……昔有诸侯名葛伯者，夺民人之食而杀民人之子……我等蛰居草野，虽无汤、武之势，孔、孟之德；然而事至于此，忍无可

忍，不得已敢以天下为己任，冒灭族之祸患。今结集
有志之士，起而诛戮此辈殃民官吏。

起义失败后，大盐平八郎父子等四人落荒而逃，遭到官
府的围剿。在两个同伴剖腹自杀后，大盐平八郎的儿子试图逃
跑，大盐平八郎大骂"懦夫"，先刺死自己的儿子，然后自刎
而亡。时值 1837 年 5 月 1 日。

作为最后的世袭武士，大盐平八郎被日本人奉为英雄。他
深受王阳明思想影响，一生都为自己的武士身份而感到光荣，
并坚信贵族对穷苦农民负有道义责任，这远比贵族对民众享有
特权更重要。

著名导演黑泽明的电影大多与武士有关，一些甚至直接将
莎士比亚的历史剧移植过来，这种"脱亚入欧"的方式，也说
明了日本武士与欧洲骑士具有相似的封建主义文化背景。

在电影《七武士》中，身为武士的勘兵卫说："武士啊……
就像风一样，不过是从这大地上吹拂漫卷，一扫而过；大地，
是永远不动的，那些农民始终和大地在一起，永远活下去。"

菊花与刀

对日本来说，从 1192 年源赖朝开创的镰仓幕府统治时代算起，直到 1868 年江户幕府最后一位将军德川庆喜"大政奉还"为止，有长达 7 个世纪之久的日本武士时代。

历史是承上启下的，这段漫长的"中世纪"，孕育了一个近代化的日本。

从政治上，日本国家政权从宫廷贵族手中转移到地方武士集团的手中；在经济上，贵族庄园经济走向封建领主经济；在文化思想上，贵族控制的宗教文化走进民间，社会的价值观念和意识形态发生大转变。

福泽谕吉被称为日本现代化的"建筑师"。早期的穷武士生活，对福泽谕吉性格的形成很有帮助。

福泽谕吉有过非同寻常的身体训练，例如舂米、伐木，而出身低下的地位，也使他养成了自给自足的精神。他虽然贫穷但内心孤傲，让自己成为一个讲求实效、多才多艺的工匠，一个日本版的富兰克林。这对他后来学习西方科学技术非常有用。

相对于同一时期整个东亚儒家文化，可以说武士道和武士制度为后来的明治维新奠定了基础。

在西方历史学家看来，在很多方面，日本都不同于中国。首先，他们习惯于从外部世界把东西借用过来，他们的文化很大程度上来自中国。其次，1868 年的明治维新期间，过去曾经享有特权的武士阶层认识到，他们应当向西方学习，应当废除特权。而在 19 世纪的中国，如果开展大规模的现代化，官僚阶层将会失去很多，而所获有限。因此，出于自身利益考虑，他们没有选择日本武士阶层所选择的道路。[1]

在这场古今之变中，坂本龙马堪称传奇。他以日本西南部土佐地方的一个下等武士，却独身促成"萨长联盟"，一致倒幕；他提出大政奉还、船中八策，确立了现代日本国家政体；并以和平方式终结德川幕府三百年专制，开启明治维新大幕。

"二战"时期，美国学者鲁思·本尼迪克特用"菊花与刀"来典型地概括日本的国民性。菊花是日本皇室家徽，倭刀则象征日本武士文化。如同欧洲骑士忠于教会，日本武士则忠于天皇。

日本的武士刀堪称冷兵器时代的完美武器。它用上等钢料，经过反复加热、折叠、锻打而成，就像揉面一样，一层变两层，两层变四层，四层变八层，折叠 15 次，就会达到不可

1－［英］萨利·杜根、戴维·杜根：《剧变：英国工业革命》，孟新译，中国科学技术出版社 2018 年版，第 156 页。

思议的 32000 多层。经过这样反复折叠、捶打，最终可以锻造出一把既像斧子一样结实，又像刀片一般锋利的武士刀。

武士刀从形制上受中国汉代环首刀和唐代横刀的影响，它既像剑又像刀，单面开刃像刀，细长灵巧像剑。

关于武士刀，有一套内容博大并被上升到哲学高度的学问，谓之"剑道"。对日本武士来说，凶狠凌厉的武士刀不仅是他的武器，也是他作为"高贵的武士"的身份象征，这比欧洲骑士的马更高一层，刀甚至是武士的灵魂所在。

武士依赖于贵族领主，如果领主破产，武士就失去生活来源和身份归属，沦落为无主的"浪人"。有的武士贫困潦倒，甚至卖掉武士刀，这是极其可耻的事情。小林正树的电影《切腹》所表现的就是这种悲剧。

在传统年代，日本武士既是职业军人，也是行政管理者。他们不仅武艺高强，而且精通东方文化中的儒学、禅学、茶道和棋道。

1615 年的德川幕府《武家诸法度》中说："左文右武，古之法也，不可不兼备矣。"因此，不仅是武士，即使日本"读书人"，也常常身佩双剑，将武士与儒者合二为一，所谓人剑一体，剑禅合一。

"生不可喜，死不可悲"，与西方的骑士相比，日本武士更加勇敢，甚至残忍，而少了些浪漫，"当死之时，必敢于死；当征讨时，必敢于征讨"。武士道对生命的理解，体现为"樱

日本末代武士。其时摄影技术已经诞生，并传至日本

花凋零"般灿烂的向死而生。

对于我们现代人来说，对武士道印象最为深刻的就是切腹自杀。按新渡户稻造的解释，这不单纯是一种自杀的方式——

> 它是法律上和礼法上的制度。作为中世纪的发明，它是武士用以抵罪、悔过、免耻、赎友，或者证明自己忠实的方法。它在被命令作为法律上的刑罚时，竟用庄严的仪式来执行。那是经过洗练的自杀，

没有感情上的极端的冷静和态度上的沉着，任何人
也不能实行。[1]

武士道崇尚义、勇、仁、礼、诚、名誉、忠义，这与骑
士精神极其相似。用本尼迪克特的说法，如果欧洲骑士精神是
"罪恶感文化"的话，那么日本武士道则是"耻辱感文化"。

武士道的训练包括剑道、柔道、马术、枪术、兵法、书
法、伦理、文学和历史。武士精神不是功利的，它甚至以贫困
为荣。从这些特征来说，武士和武士道完全是一种典型的中世
纪文化。
　　随着火器时代的来临，日本武士与欧洲骑士殊途同归，一
起消逝于历史的尘埃之中——

　　　　指出骑士道的死亡时间是困难的，正如决定其
　　开始的准确时间是困难的一样。米勒博士说，骑士道
　　是因法国的亨利二世在比武中被杀的 1559 年而被正
　　式废除的。在我国，1870 年（明治三年）的废藩置
　　县的诏令就是敲响武士道的丧钟的信号。在此 5 年后
　　发布了废刀令，便喧嚣地送走了作为"无偿地获得一

1- ［日］新渡户稻造：《武士道》，张俊彦译，商务印书馆 1993 年版，第 68 页。

生恩宠、低廉的国防、男子汉的情操和英雄事业的保姆"的旧时代，喧嚣地迎来了"诡辩家、经济学家、谋略家"的新时代。[1]

武士文化与欧洲的骑士文化之所以相似，源自二者的背后都是贵族统治封建社会，这与亚洲其他国家，特别是中国有着极大不同。

社会学家涂尔干将日本的现代化看作欧洲历史的另一个版本，日本的演变，在很多方面印证了欧洲的社会演变。

近代以来，日本之所以能够率先实现现代化，以至于"脱亚入欧"，这与其武士文化的历史影响是密不可分的，日本的力量建立在封建的忠诚、骑士的荣誉与现代技术的结合上。

明治维新时，日本政府颁布"废刀令"，禁止除军人和警察外的普通公民佩带武士刀。但接下来，对武士道进行的"和魂洋才"式改造，使其成为帝国军人的精神支柱。在一种全民皆兵的兵役制下，武士道便顺理成章地转变为全体国民必须遵守的道德规范和行为准则。这对日本历史的近代走向具有不可估量的决定意义。

从倒幕运动到明治维新时期，一批野心勃勃的武士，如大

1-［日］新渡户稻造：《武士道》，张俊彦译，商务印书馆1993年版，第103页。

久保利通、西乡隆盛、大隈重信、伊藤博文、山县有朋、井上馨等，通过控制军队成为控制日本的"寡头"。

西乡隆盛出身于武士家庭，他一方面致力于创建一支现代化军队，同时又十分留恋传统的武士生活。

1877 年，西乡隆盛和他的武士被一支由农民组成、但装备了步枪和火炮的现代化军队击败。西乡隆盛选择了切腹自杀。死去是西乡隆盛成为日本历史中一个抹不去的"符号"，他代表了日本在现代化过程中的纠结与矛盾，一切并不是"脱亚入欧"那么简单。

打败西乡隆盛的是山县有朋，他将日本陆军完全控制在自己的手中，并凌驾于政府之上。山县有朋一死（1922 年），失控的军队将日本带上了战争的不归路。[1]

在战争末期，日军发起自杀式袭击的"神风特攻队"以及"玉碎计划"，都带有强烈的武士道精神。

从英勇尚武的武士道到穷兵黩武的军国主义，原来只有一步之遥。

1- 可参阅：[美] J. 马克·拉姆塞耶 等著《寡头政治：帝国日本的制度选择》，邱静译，江苏人民出版社 2013 年版。

骑士的挽歌

当年，来自诺曼底的威廉公爵以骑士征服了英国；300 年后，英国国王爱德华三世（黑王子）还以颜色，率领 10000 多名步兵在诺曼底登陆，展开了征服法国的百年战争。

1346 年 8 月 26 日，爱德华三世与法国国王腓力六世相战于克雷西。

当时，法国拥有欧洲最为精锐的重骑兵。法国骑士都来自精英阶层，战斗极其英勇。英国步兵以长弓兵为主，基本无法有效伤害到全副武装的法国重装骑士。相对于英军，法军具有压倒性优势，人数是前者的三倍，而且是以逸待劳的主场迎战。

但在此战中，英军利用地形优势，打败了法军的 16 次冲锋。密集的拒马和威尔士长矛兵使英军阵地前沿成为法国骑士的死地。在近战中，法国骑士根本不敌英国的重装步兵和下马骑士。

这场战争几乎成为一场一边倒的大屠杀。

战斗的结果，法军总共损失了 1524 位贵族和骑士，还有 15000 多名骑兵、弩兵和步兵。英军仅伤亡约 200 人。

此战之前，法王腓力六世被人们认为是"糟糕的国王"，但却是"优秀的骑士"。此战之后，他不仅是一个受伤的骑士，更是一个"糟糕的骑士"。

克雷西战役不仅是世界战争史上一次以弱胜强的典范，也成为骑士时代的转折点。后来的普瓦捷会战（1356年）和阿金库尔战役（1415年）几乎就是克雷西之战的重演。

实际上，除了狮心王理查曾经于1191年在阿尔索夫打败萨拉丁，法国人的十字军骑士在和阿拉伯人以及土耳其人的战斗中，大部分都是以失利告终。

从某种意义上来说，骑士战争的声望直接来源于欧洲历史上人们对于骑士阶层的信赖，仿佛骑在马上的贵族仅依靠他们的勇气，就能够把敌人吓跑。但真实的战争是如此残酷，以至于整个骑士阶层最后也无法挽回地走向衰落。

对传统悠久的法国骑士们来说，他们失去的不仅是诺曼底，还有他们的特权和地位。主导了欧洲数百年的骑士制度和骑士精神盛极而衰，无可挽回地走向没落，辉煌的或者黑暗的中世纪行将终结。

对法国来说，骑士的"旧制度"终于被火枪的"大革命"所摧毁——

　　十字军东征和几次对英战争，消灭了十分之一的贵族，分散了他们的土地。地方自治制度，把民主的自由带进了封建的君主政体。枪炮的发明，使平民和贵族在战场上处于平等的地位。[1]

即使在骑士时代的巅峰期，阵容豪华的骑士们也逐渐发现，他们必须面对有能力击败他们的平民步兵。

在 1066 年的哈斯丁战场上，英国战斧手砍翻了诺曼人的骑士。1302 年法国的考尔垂附近，雷米士步兵团的战士们用狼牙棒击败了法兰西骑兵。1314 年，迈斯·司考特长枪阵在班诺克博又一次让骑士们败北。

从 12 世纪开始，在一个半世纪里，瑞士山民用他们廉价的长矛和十字弓，曾多次击败阵容强大、来自奥地利和勃艮第的骑士兵团。

在 1476 年的格朗松之战中，勃艮第重装骑兵遭遇瑞士步兵兵团，第一回合就败下阵来。

1-［法］托克维尔：《论美国的民主》，董果良译，商务印书馆 2010 年版，第 6—7 页。

瑞士人取胜的秘诀在于他们设计的阵型：长枪方阵。

这种方阵最多可编入 6000 步兵，士兵手中的长枪枪杆是长约 5.5 米的白蜡木，顶端装有 1.2 米长的钢制枪尖。步兵肩并肩向前推进，将紧密的阵型作为他们唯一的防御手段。所有士兵都身无片甲，兵团的机动性极强。轻装步兵可以跑步前进，可以灵活地使阵型朝向侧面或后方，矛尖也可以对准前后左右任何一个方向。他们在战场上坚定地快速推进，就像一头巨大的豪猪。

面对这样的阵型，骑士们束手无策。马是动物不是机器，它看到尖锐的东西会本能地害怕和躲闪。即使巨大的惯性让马冲入方阵，长枪也会刺穿战马，把身披重甲的骑士挑落马下，然后，步兵可以轻而易举地杀死他们。

大胆查理率领的重骑兵，虽然比对方多出一倍的兵力，而且全部装备重甲，却在古老的长枪方阵面前撞了南墙，数万人丢盔弃甲，一哄而散。查理连自己的马也丢弃了。

长枪方阵的成功，预示着一个现代步兵时代的来临，届时，长矛将被带刺刀的火枪取代。

进入热兵器时代之后，骑兵越来越经不起训练有素的步兵围攻。

15 世纪的波希米亚战争中，威武雄壮的条顿骑士团被躲在大篷车后面的火枪手打得一败涂地。

一般情况下，重装骑士完全依赖装甲的防护性和马的冲击力，但因甲胄过于烦琐沉重，几乎无法进行长途奔袭，甚至对于敌人的突袭也往往缺乏足够的快速反应，这使马机动灵活的优势根本无法发挥。

战争不是一两个人的单打独斗，战争过程是非常复杂的，需要侦察、谋划、进攻、支援、后勤以及多兵种协调。仅从军事角度来说，贵族化的重装甲骑士团只是一个功能非常单一的兵种，除了冲锋时雄壮威武，在其他复杂的战斗格局下，显得极其呆板、脆弱，甚至有点银样镴枪头，华而不实。

就如同中国古老的战车时代一样，骑士只有对骑士时，才会有一场精彩的战斗或比武。

在变化万千的实际战争中，重装甲骑兵除了自己带有充当步兵和轻骑兵作用的扈从，还需要相当数量的其他兵种加以配合，基本不能独立完成一项综合的作战任务，哪怕是一场像样点的战役。

一位英国历史学家嘲讽说："在数百年的时间里，东方人将战争视作一门艺术来加以研究，而西方人只是把战争看作决斗。在法兰克贵族中间，只要一位青年能够安坐在战马上，驾驭住自己的骑枪和盾牌，就算是可以从战争的学院中毕业了。"[1]

1-［英］查尔斯·威廉·欧曼：《中世纪战争艺术史》，王子午译，台海出版社 2018 年版，第 171 页。

从骑士到骑兵

从现代回望中世纪，骑士制度如同一座跨越野蛮和文明海湾之间的桥梁，为现代人留下一个充满高尚情感和丰富原则的宝藏。

英国政治家埃德蒙德·伯克曾经有句著名的预言："骑士时代已一去不返了，而诡辩家、经济学家和精于计算的人如日中天，欧洲的（骑士）精神灰飞烟灭了。"[1]

《费加罗的婚礼》成为一场革命风暴即将到来的预言，一个平民时代已经来临。

费加罗对他的贵族老爷"康迪诺先生"说："因为你是一个了不起的贵族，所以你就觉得自己是个了不起的天才。事实上，你除了花了一点力气出生，你什么都没有做。"

在文明的演变来说，现代是一场去贵族化的过程，平民构成了现代社会的主流，所谓英雄不问出处。

1- 傅勇：《加尔布雷斯：经济学骑士精神回归者》，载《第一财经日报》2006年5月10日。

进入火药时代，新出现的军事学校实现了职业军人的大批量生产，现代战争需要的是一台冷血的杀戮机器，而不是一个高贵的人——

机器时代的战争不可能养育骑士气概、勇敢、荣誉感、男子气等等美德，它强加给人的只是赤裸裸毁灭的经历，以及在屠杀的巨轮之下只能成为微不足道的小东西的卑屈感觉。[1]

应当承认，骑士本身的出现，并不是为了应对战斗力至上的"现代战争"，因此，当他们遭遇到蒙古骑兵和枪炮时溃不成军，也属正常。

进入火器时代后，骑士与骑士在现实战斗中很难相遇，骑士比武与战争渐行渐远，也就失去了意义。到了 17 世纪初，骑士们曾经热衷的马上比武便彻底消失了。

骑士时代的远去，并不意味着人们可以离开马镫。

贸易时代的雇佣兵和火药为骑士举行葬礼，然后他们跳上骑士的马镫，成为近代史上的骑兵。如果将欧洲中世纪的骑士也包括在内，那么可以说骑兵是冷兵器时代长期占据主导地位

1-［美］汉娜·阿伦特：《极权主义的起源》，林骧华译，生活·读书·新知三联书店 2008 年版，第 427 页。

火枪骑兵的出现，
一度成为战场上的
明星

的兵种，甚至可以说是处于绝对支配的地位。

1858 年，恩格斯为《美国新百科全书》写词条，关于"骑兵"一词他是这样写的：

> 骑兵在整个中世纪一直是各国军队中的主要兵种；在东方各国，经常起主要作用的是非正规的轻骑兵；在西欧各国，决定这一时期内每次会战胜负的兵种则是由骑士组成的正规重骑兵。……无论步兵在会战中起多大作用，骑兵仍然是、而且将永远是一个必要的兵种。现在，像过去一样，任何军队如果没有一支能骑善战的骑兵，就不能指望作战胜利。[1]

1-《马克思恩格斯全集》第十四卷，人民出版社 1974 年版，《骑兵》，第 306、326 页。

在战争中，重装骑士的机动性其实并不好，早期的加农炮和火器在对战草原游牧民族时，效果很差，但用来打击骑士却很有效。正像托马斯·卡莱尔所说，火药让所有的人变得一样高。

既然盔甲不能像阻挡弓箭一样挡住子弹，再穿着沉重的盔甲就失去了意义。随着三十年战争[1]的结束，盔甲作为战斗装备遭到淘汰。在三十年战争中，重装骑兵作为一个实战兵种其实已经基本消亡，只有波兰和匈牙利还有所遗存。

装备精良的骑士最终消失了，为了对抗大炮，轻型骑兵和中型骑兵出现了。没有了盔甲，但骑士的炫耀心理并没有消失。很快，各种样式纷繁、徽章醒目、鲜艳如火鸡的新式制服就粉墨登场了。

在17世纪的欧洲军队中，几乎近半数都是骑兵，而同期的中国，明朝正覆灭于满族八旗的铁骑之下。

在英国皇家陆军中，骑兵与步兵的比例仍然大约为1:2，而在议会党人的军队中则大约为1:3。在英国内战时期，新军中的骑兵主要有两种：火绳枪骑兵和龙骑兵。

法国路易十四的骑兵部队包括重骑兵、轻骑兵、马枪队和

1- 三十年战争（1618—1648年），是由神圣罗马帝国的内战演变而成的一次大规模的欧洲国家混战，也是历史上第一次全欧洲大战。这场战争是欧洲各国争夺利益、树立霸权的矛盾以及宗教纠纷激化的产物。战争以哈布斯堡王朝战败并签订《威斯特伐利亚和约》而告终。

龙骑兵，其中龙骑兵有 43 个团，士兵总数达到 16000 人。

所谓龙骑兵，听起来高大上，实际是一种随便什么样的马都骑的低级骑兵，将他们叫作骑在马上的步兵也不为过。不过龙骑兵集步兵和骑兵于一身，机动性很强。

龙骑兵在战前负责执行侦察任务，在进军和撤退时担任保卫工作；他们也常常下马成为步兵，以支援骑兵作战。

在 1811 年的半岛战争中，英国骑兵与法国骑兵仍免不了要遭遇冷兵器的肉搏战。参加过这次战争的一位英国骑兵回忆当时的战斗：

> 一位法国军官向可怜的哈里·威尔逊的身上刺了一刀，这一刀刺穿了他的身体。我坚信威尔逊在被刺中之后很快就毙命了，虽然他仍能感觉到马刀在穿透他的身体，但是凭着顽强的毅力，他死死盯住前方的敌人，从马镫上站起身来，向着法国人的头部重重一击，把敌人的黄铜头盔和头颅砍成两半，另一半脑袋则只剩下了下巴。这是我看到的最骇人的杀戮，他和他的敌人都受到重创，落到马下，死在了一起。[1]

在电报电话出现之前，轻骑兵在战场上往往担负着侦察

1- [英] 克里斯·麦克纳布：《100 件武器中的世界简史》，北京大学出版社 2015 年版，第 68 页。

和传令等重要使命。军事指挥官要获取战场信息，做出决策，并将命令传达给分散行动的各支军队，只能依靠行动迅速的骑兵。

卡莱之战，克拉苏的罗马军团到来之前，帕提亚骑兵就已经掌握了他们的情报，而罗马人却对对方一无所知。成吉思汗西征时，也极其善于利用骑兵来获得敌人的信息，对其弱点了如指掌。

同时，骑兵还有能力阻止敌方的侦察和传令，使其无法提前预警。在某种意义上，骑兵发挥了现代雷达的作用。对现代战争来说，没有雷达和预警，就如同"盲人骑瞎马，夜半临深池"。

在美国内战期间，尽管交战双方都放弃了用骑兵冲击步兵的传统战术，但仍保留了大量骑兵，这些骑兵可以叫作下马步兵。当时还没有飞机，这些骑兵除用来进行侦察外，他们还常常进行远距离偷袭，破坏对方的铁路和交通线。

在第二次布尔战争（1899—1902年）中，英国人面对布尔人的游击战，同样苦不堪言。这些布尔人都骑在马上，来无影去无踪。最后，英国人用8000公里带刺的铁丝网和9000个碉堡，将整个南非分割成无数个隔离区，用这种办法先抑制住马的活动，然后才消灭了布尔人。

遇见机枪

在现代机动车出现之前，骑兵始终具有其无法替代的机动性。曾经在拿破仑手下担任将军的约米尼在他所著的《战争艺术》中写道：

> 骑兵的主要价值就是他们具有较大的速度和行动上的自由，此外还有它"猛烈的冲击力"。……骑兵的主要任务就是打开达到胜利的大门，或是完成胜利的结果。他们可以追击敌人，迅速地增援，抢救我军感受威胁的地点，摧毁毫无秩序的敌方步兵，并且掩护我方步兵和炮兵的退却。一支军队若是缺乏骑兵，那么就很难获得伟大的胜利，并且在退却时更会感到十分的困难。[1]

拿破仑战争期间，骑兵仍是战场上军事机动和冲锋陷阵

1- [瑞士] 安东·亨利·约米尼：《战争艺术》，钮先钟译，战士出版社1981年版，第224页。

拿破仑一生几乎都是在马上度过的，他试图在马上征服世界

的主力。如果说拿破仑的胜利一半归功于炮兵，那么另一半则要归功于骑兵。在拿破仑的大军团中，高峰期骑兵占总兵力的23%。火器战争使得战马的消耗非常大，在远征俄国时，骑兵只有 5% 左右。

在埃及，拿破仑与马穆鲁克骑兵多次交手，他发现了一个奇特的事情，就是一个马穆鲁克骑兵可以对付三个法国骑兵，一个马穆鲁克骑兵连可以对付一个法国骑兵连，而一个法国骑兵团就可以对付三个马穆鲁克骑兵团。

也就是说，马穆鲁克骑兵缺乏严密组织，擅长单打独斗，但却不适应大规模的战争，尤其是现代火器战争。

在金字塔战役中，拿破仑以火枪步兵方阵再加上大炮，轻而易举就打败了七倍于己的马穆鲁克骑兵。

拿破仑虽然打败了马穆鲁克骑兵，但却在英国人面前一败涂地。

在 1745 年的丰特努瓦战役中，英国步兵排成三行，轮流装弹开火，依靠不间断的火力，击败了法国骑兵一次又一次冲锋。法国人后来描述，他们骑着马冲向英军的感觉就像"冲向一座喷火的堡垒"。

让拿破仑折戟沉沙的滑铁卢战役（1815 年），堪称是"骑兵史上最凶猛、最英勇的战斗"。一位英国骑士回忆自己的遭遇时说："一个枪骑兵把长矛刺进我战马的头部，我从他身边骑过时，朝他的胳膊砍去。我看到剑上的血迹时，才知道砍中了他，而我则免于一死。我看着他时，他正用手枪对准了我——我听说过枪骑兵有时也会这么使用手枪的。"[1]

拿破仑时代，火炮统治着战场，火炮配合马的速度大大提

1- ［英］埃里克·杜尔施米德：《转折因素：机遇和愚蠢怎样改变了历史》，陈玉芳译，东北师范大学出版社 2008 年版，第 53 页。

枪炮时代的战争对马来说堪称一场大屠杀

高了机动性。[1] 对一个炮兵连来说，最重要的不是火炮也不是
人，而是马；马经常成为对方攻击的目标，一旦没有马，火炮
就难以移动太远，很容易被敌人俘获。

1- 马在战场上需要消耗大量粮草，按说骡子比马好养，但遇到炮声时，马能保持镇定，
   最多尥几下蹶子，而骡子则会发狂失控，因此只能用马。

　　火器战争一方面放大了战争的规模，另一方面也无数倍地
放大了战争的消耗。要往前线运送弹药和给养，仍然只能依靠
传统的四轮马车或两轮马车。

　　拿破仑进攻俄国时，其辎重部队所用的马车就达 3 万多
辆，挽马超过 18 万匹；法国军队渡过莱茵河进入德意志地区
时，又征集了 15 万匹马。

火器战争中，马像弹药一样变成了快速消耗品，或者说是"炮灰"。每一场战争，无论哪一方获胜，对马来说都是一场大规模的屠杀。

经过 20 年几乎从不间断的战争，法国的马资源已被消耗殆尽。在拿破仑帝国的后期，法国骑兵的衰落，标志着整个法国军队已经走上了下坡路。

第一次世界大战时，俄国组建了 30 万人的哥萨克骑兵军团，他们背上斜挎步枪，腰间悬挂马刀，在尘土中浩浩荡荡冲向战场，成为骑兵战史上最惨烈悲壮的一页。

在现代化的机枪、大炮和坦克面前，人与马的血肉之躯显得如此不堪一击。此前的布尔战争实际就已经成为骑兵的告别秀。

"步枪虽然很有效，仍然不能取代马匹速度、冲锋气势和冷兵器威力所产生的效果，这必须作为原则接受。"尽管英国 1907 年的骑兵训练手册这样说，但在现代火力、碉堡和铁丝网面前，骑兵冲锋已经明显毫无用处。"日俄战争期间，一名英国观察者，之后成为将军的伊恩·汉密尔顿爵士（Sir Ian Hamilton）报道说，在牢不可破的机枪面前，骑兵唯一能做的只有为步兵当炊事班。"[1]

在滑铁卢战役中，骑兵对步兵发起一次次冲击，最后基本

1- ［美］约翰·埃利斯：《机关枪的社会史》，刘艳琼、刘轶丹译，上海交通大学出版社 2013 年版，第 122 页。

都失败了。唯一一次例外，是因为有一名龙骑兵在径直向前冲刺的过程中，连人带马被子弹击中，由于惯性的作用，又像自动机器一样继续向前冲了几步，直冲到前排士兵的刺刀跟前，才轰然倒地。前排的士兵被撞倒，于是方阵被撞开了一个口子，剩下的骑兵乘隙而入。在这个过程中，活生生的血肉无法做到的，被这匹死马实现了，那是作为一个巨大的肉弹。

一封当时的战地书信中写道："在霰弹的威力之下，我看到四五匹马像纸牌一样叠压到一起，骑马者甚至还在马鞍之上。"[1]

战争是在一定的空间发生的。骑兵虽有一定的速度优势，但在同样宽度的战场上，步兵人数比骑兵人数多得多，一个骑兵要面对 4 个步兵的枪口。而且，这些步兵常常对着目标更大的马射击。当马倒地后，身披胸甲的骑兵在地上根本跑不动，只能被俘。

在后来一段时期，虽然马退出了前线，但在后方运输中仍然非常重要。"一战"中，英国陆军拥有将近 60 万匹马和 20 多万匹骡子。在"二战"时期，德国陆军尽管已经有许多坦克、汽车和摩托车，但仍有 300 多万匹马担任运输任务，一个步兵师必须有 5000 匹马才能移动。德军进攻莫斯科时，征用的

1- ［英］约翰·基根：《战争的面目》，马百亮译，中信出版集团 2018 年版，第 151 页。

1918年，美国士兵向"一战"中死掉的800万匹马、驴和骡子致敬

马匹数量远远超过当年拿破仑的骑兵。

当时，纳粹德国拥有包括第一骑兵师、第八弗洛里安·盖尔骑兵师在内的多个骑兵师。

在机枪出现后，骑兵已经无力冲击敌人的防线，仅仅是作为战场的机动力量存在。

"二战"中，苏联骑兵将领多瓦托尔率领3000名骑兵，快速迂回到德军后方，然后下马，以步兵攻击德军。从战术上来说，这是骑兵最古老的战法。同一时期的美军则频繁使用101空降师，马完全被飞机和汽车所取代。

　　战马给骑兵队带来的速度优势是毋庸置疑的。第一次世界大战期间，一个使用阿拉伯马的法国骑兵部队一天能走40～60公里，而当时的步兵部队行军的标准是一天24公里，急行军为一天40公里。

　　············

新大陆传奇

　　成吉思汗之后，马与骑士最后的回光返照出现在新大陆。正如思想家芒福德所说，最后的骑士精神在这场不平等的争夺和胜利者的屠杀中消失殆尽。

　　据说马最早起源于美洲，但当欧洲殖民者跨越大西洋，来到与世隔绝了数万年的新大陆时，马却成为一种可怕的传说，就如同 3000 多年前古希腊人的半人半马神话一样。

　　因为这里没有马，也没有铁，甚至没有轮子，人们只能步行和背运物品。

　　对那些暴力冒险家来说，虽然用帆船运载身体庞大的马匹到美洲代价极其巨大，但其作用却同样是惊天动地的。

　　印第安人从来没有见过像马这般巨大、强健和快捷的动物；与马相比，美洲人的羊驼简直是小巫见大巫。玛雅人和印加人把马当成一种可怕的巨兽，而骑在马上的白人近乎神人——因为他们能让"巨兽"乖乖地听命和任意驱使。阿兹特克人甚至相信，这些巨兽以人肉为食，因此马的嘶鸣令他们魂不附体。

　　曾经跟随哥伦布进入新大陆的天主教神父拉斯·卡萨斯对

西班牙人屠杀印第安人极为不满。作为历史学家，他在《印第安人史》中有一个貌似夸张的记载：区区一名骑兵的战斗力，一个小时就可以杀死2000名印第安人。

可以想象，当马上的欧洲人展开血腥追杀时，这些美洲土著是怎样的在劫难逃，两条腿如何跑得过四条腿。

可以说，马的介入使新大陆的征服几乎不再有任何悬念。

西班牙征服者因为有马而占据巨大的优势。

西班牙编年史对科尔特斯的马和它们给阿兹特克人带来的恐怖着墨甚多，其中一份记录写道：

> 一打骑手就能给一大群印第安人造成巨大破坏，这令人印象深刻：事实上，似乎骑手并不是直接造成伤害的，而是这些"半人马"（用迪亚斯·德尔·卡斯蒂略的话说）的突然出现导致了印第安人士气大为低落，从而让他们胆怯，让西班牙步兵能够以新的力量向他们冲击……印第安人不知道应当如何对付这个

超自然的、半人半动物的野兽，只是麻木地站在那里，让猛击的马蹄和闪耀的刀剑把他们击倒。[1]

按理说，骑兵最适合在开阔的大平原冲锋，但中南美洲存在大量山地，此外还有许多热带雨林和沼泽地带，这些地区都不适合骑兵作战。但在安第斯山区，由于印加帝国建设了良好的道路体系，这让骑兵可以快速行动，无论进攻还是撤退都很方便。

在库斯科战役（1537 年）中，西班牙远征军全靠对周围地区闪电般的马上突袭来搜寻粮食，这让他们坚持到最后胜利。实际上，欧洲远征军仍以步兵为主，科尔特斯的手下只有 10% 的人骑着马，但就是这些为数不多的骑兵发挥了决定性的作用。

对马上征服者来说，骑兵可以很容易地超越印第安哨兵，使他们来不及向后面的印第安人发出警报；骑兵还可以用马把印第安人撞倒，用马蹄把他们踩死。一匹马在冲锋时的冲击力和机动性，使得空旷地带的步兵根本无力招架。

但到 1536 年时，得到马匹的印加人就开始反叛。北美的印第安人从荷兰商人那里买到马匹之后，英国殖民者也就不能百战百胜了，有时竟被印第安骑士打得大败，他们不得不禁止

1- ［美］维克托·戴维斯·汉森：《杀戮与文化：强权兴起的决定性战役》，傅翀、吴昕欣译，社会科学文献出版社 2016 年版，第 331 页。

荷兰人卖给印第安人马匹。

无论对欧洲人还是对马来说，新大陆这块处女地都像是上天馈赠的一份礼物。无人管理的马任意游荡，迅速繁殖，到18世纪末，野马已经遍布整个北美大陆，远及加拿大的北部边疆。100多年后，这里的马群已经超过150万匹。

印第安人一旦开始驯养野马，很快就爱上了这种动物，以至于将马视为他们传统文化的一部分。

在随后的历史中，马匹成为美国西进运动的关键力量，并书写了壮丽的西部传奇。无数牛仔像当年的骑士一样驰骋在荒漠戈壁之上，只是将长矛换成了左轮手枪。在好莱坞，这立即成为最能体现男子汉气概的西部英雄电影的主题，经久不衰。

实际上，西部荒原的罗曼史很快就落幕了。没用多长时间，这些马上猎人就将这块大陆上的所有动物和土著民族赶尽杀绝，用铁丝网将这块原始土地改造成农田、村庄和城市，复制了另一个欧洲。

马在农业时代是不可或缺的，尤其是大规模种植的美国农场。在1840—1910年，美国的马匹数量增速相当于人口增速的两倍。在1880年，美国农场的农用马是1100万匹，而到了1915年则达到2100万匹，美国有三分之一的农地被用来养马。

应当承认，在尚未发明铁路之前，所谓运输常常就是马的

达拉斯开拓者广场的牛仔塑像，这就是当年的"光荣与梦想"，象征着美国的一种精神

事情，这几乎是人类除了依靠自己的双腿，在陆地上移动的唯一办法，不是马镫就是马车。

在蒸汽机内燃机和电动机这些人造动力出现之前，马力是一种最为高效、方便、可控的动力来源。因此，马镫时代的人们并不需要多么平坦坚实的道路，就可以轻松快速地移动。

电报发明以后，迅速覆盖了美国东海岸和西海岸人口较多的城镇，但内陆地区因为交通不便，电报传递依然只能靠驿马快信，常常是一匹马跑累了就换一匹。在最快的情况下，东西海岸之间传递信息的时间可以被压缩至 10 天以下。在当时，

1900 年的美国纽约，林荫道旁"车水马龙"

虽然已经有了火车，但马匹比这些现代交通工具更加灵活，可以轻易地穿越溪谷，或在狭窄的山道上盘行。

工业革命与世界贸易的崛起，催生了人类的城市化热潮，城市就成为马的城市，城市的道路叫作马路。嘚嘚作响的马蹄声是每一个城市的通用背景音乐，每一个城市也都弥漫着马粪的味道。

这样的城市容貌，直到 100 年前的巴黎和伦敦依然如此，甚至马的数量还要超过人口。

马这种动物从史前时期就已为人所用，在历史的长河中，骑马逐渐成为一种极富魅力的出行方式，如此高端优越、彰显自由的特性使之成为贵族身份的象征。19 世纪，骑马出行的受欢迎程度达到了巅峰状态。然而，畜养马匹却颇费功夫，除马厩、草料、麦秆之外，还需要长期雇用专人打理，如此开销恐怕只有贵族阶级与大资产阶级才负担得起。出租马车和依靠马力的老式轻轨曾一度走向大众，但它们的花费仍旧偏高。从某种程度来说，马具有一定的速度优势，可它们很快就会疲累，所以综合算下来，也并没有真正比步行快很多。更大的问题是它们常给城市带来诸多不便：马粪虽然有些利用价值，但会把路面弄得又脏又臭；驾驶马车事故频发且容易造成拥堵，外加马蹄铁带来的嘈杂声等，这一切都令人不堪其扰。[1]

1899 年，一篇名为《马的终结》的文章写道：

有了它（自行车），再也不用准备一箩筐燕麦、干草和秸秆了，连马厩都没有必要了，更不再需要面对那些狡猾的饲马员和饲料商——就连心眼最好的人

<hr>

1 -［法］弗雷德里克·赫兰:《自行车的回归: 1817—2050》，乔溪译，中国社会科学出版社 2018 年版，第 24 页。

都得提防着他们，小心他们狼狈为奸合起伙来捞你口袋里的钱。有了自行车，我们再也不必担心它会不会累坏，它可以随时整装待发。[1]

1- [法] 弗雷德里克·赫兰:《自行车的回归: 1817—2050》, 乔溪译, 中国社会科学出版社 2018 年版, 第 27 页。

尾 声

回首波澜壮阔的人类战争史，骑兵或者说骑士当仁不让地扮演着主角，马镫这一微不足道的细节，就这样改写了人类文明史，不能不令人惊叹。

虽然马镫没有被列入"四大发明"，但它的历史意义却丝毫不逊色。在同样的历史面前，中国与欧洲又呈现出完全不同的走向和结局，这不能不令人深思。

50 年前，顾准先生第一个将林恩·怀特的《马镫与封建主义——技术造就历史吗》翻译成中文。他在评注中写道：

愈深入到历史的细节，我们可以发现，某种欧洲兵制连同其意识形态，即使在其形成过程，也受到生产力—生产关系的决定性的影响，不过，一旦这种上层建筑凝固成型了，仅仅新的生产力一个因素，对兵制简直起不了变革的作用，对社会经济也同样如此。它甚至可以顽固地拒绝这种生产力。明末引入的红夷大炮，与传统武器之间的差异，比之马镫的应用，真是一在天上，一在地下。可是红夷大炮挡不住清兵进关；进关以后的清兵，对红夷大炮所代表的新技术也还是无动于衷。甚至鸦片战争中中国人发现的坚船利炮，也还延迟了七八十年之久，才真正产生了某些影响呢。……多少技术发明始于中国，众所周知的有火药、指南针、印刷术、造纸，但是没有引起某种新文明的兴起。[1]

1- 顾准:《顾准文集》，华东师范大学出版社 2014 年版，第 63 页。